AF223277

ISBN: 978-3-944610-81-8
ISSN: 0942-7244
1. Auflage 2021 / Novo Band 134
© Novo Argumente Verlag,
Brönnerstr. 17, 60313 Frankfurt 2021
www.novo-argumente.com
Covergestaltung und Satz: www.elenareiniger.de
Druck und Bindung: Orthdruk, Bialystok
Printed in Poland

THILO SPAHL (HG.)

SAG, WAS DU DENKST!

Meinungsfreiheit in Zeiten
der Cancel Culture

INHALT

7
THILO SPAHL
Einleitung

283
Autorenübersicht

1.
MEINUNGSFREIHEIT

19
FRANK FUREDI
Skepsis ist heute
wichtiger denn je

30
Mick Hume
Ein Hoch auf die Ketzer
und Querulanten

40
ALEXANDER HORN
Demokratie ohne Volk

60
SABINE MERTENS
Die sexuelle Revolution
frisst nicht nur ihre Kinder

2.
MEINUNGSVIELFALT

87
ROBERT BENKENS
Schule als Safe Space?

106
KOLJA ZYDATISS
Die Rückkehr der
Orthodoxie

120
SEBASTIAN LÜNING und FRITZ
VAHRENHOLT
Kritik am Klima-
alarmismus: Zwei Bücher
und ihre Folgen

128
MICHAEL BROSS
Meinungsfreiheit in der
multipolaren Gesellschaft

3.
MEINUNGSBILDUNG

145
KARIM DABBOUZ
Das große Ordnen

161
CHRISTOPH LÖVENICH
Fakt ist…?

174
CARLOS A. GEBAUER
Ich fordere
Deinungsfreiheit!

186
MICHAEL VON PROLLIUS
Vom Wert der alternativen
Perspektiven

4.
CANCEL CULTURE

211
MILOSZ MATUSCHEK
Das Verführte Denken und
seine Helfer

220
Interview mit KARO VOORMANN
„Der Zweck ist
Einschüchterung aller
anderen"

237
COLIN WRIGHT
Cancel Culture am eigenen
Leib erfahren

250
Interview mit NICK BUCKLEY
„Die Denunzianten sind
Feiglinge"

256
DETLEF BRENDEL
Kampf der Kulturen

269
ILKA BÜHNER
Vorsicht, Humor!

Sag, was Du denkst!

9. März 2021 in Deutschland: Eine Volontärin beim Bayerischen Rundfunk beschreibt in einem kurzen Videokommentar für das ARD-„Mittagsmagazin", warum sie von gesprochenen Gendersternchen nichts hält. Sie endet mit den Worten: „Ich finde, wir sollten die Sprache endlich in Ruhe lassen und versuchen, das richtige Leben gerechter zu machen. Meine Meinung! Und Ihre?"[1]

Sie wird daraufhin von einem Redakteur der Frankfurter Rundschau mit folgenden Worten öffentlich abgekanzelt: „Dieser Kommentar von @juliaruhs ist ein schönes Beispiel für schädlichen Journalismus. Die Kollegin argumentiert völlig jenseits des wissenschaftlichen Forschungsstandes und ventiliert ihre Ressentiments – und das noch mit rechten Kampfbegriffen wie „Genderunfug"."[2] In seinem Twitterprofil beschreibt sich der Redakteur so: „Journalist. Würde gern weniger über rechten Terror schreiben müssen." Er hat immerhin über 27.000 Follower.

9. März 2021 in Frankreich: Zwei Dozenten der französischen Hochschule Science Po Grenoble stehen seit Montag unter Polizeischutz. Zuvor hatten Studierende dort Plakate aufgehängt, auf denen die beiden mit vollständigen Namen als „Faschisten" und als „islamophob" bezeichnet worden waren. Fotos der Plakate wurden von einer Studentengewerkschaft im Internet veröffentlicht. Einer der beiden ist

---

[1] Video in einem Tweet des ARD Mittagsmagazins, 09.03.2021.
[2] Tweet von Hanning Voigts, 10.03.2021.

der deutsche Germanist Klaus Kinzler. Die Angriffe folgen auf einen Mail-Austausch mit einer Kollegin, in dem er den Begriff der Islamophobie kritisiert hat. Klaus Kinzler nimmt die Angriffe auf seine Person, gegen die ihn offenbar nur eine Minderheit seiner Kollegen zu verteidigen bereit ist, selbstbewusst und gefasst hin. In einem Interview äußert er sogar Verständnis für die Studenten. Diejenigen, die er kenne, seien „liebenswürdige Menschen, die mit Sicherheit nichts vortäuschen. Die fühlen sich wirklich verletzt. Einer von ihnen spricht im Unterricht immer von seiner Identität, die wir anderen nicht verstehen könnten. Der hat diese neue Doktrin komplett verinnerlicht." Sorgen macht er sich um seinen Kollegen, der ebenfalls ins Visier der Studenten geraten ist. Er sei ein konservativer Katholik, man könnte ihn im konservativen Flügel der CDU verorten, ein brillanter Kopf, der Unterricht mit Herzblut mache. Aber er kritisiere den Islamismus. „Und das ist einfach ein No-Go. Seine Frau hat große Angst um ihn. Da herrscht tatsächlich Panik zu Hause."[3]

9. März 2021 in England. Der Star-Moderator Piers Morgan äußert sich in seiner Show „Good Morning Britain" beim Sender ITV abschätzig über Meghan Markle, und nimmt nach einem heftigen Proteststurm seinen Hut. Das große Interview mit Meghan und ihrem Ehemann Prinz Harry lief am Vorabend im selben Sender, der dafür rund eine Million Pfund bezahlte. Morgan tweetet: „Ich habe am Montag gesagt, dass ich Meghan Markle nichts glaube von dem, was sie im Oprah-Interview sagte. Ich hatte Zeit, über diese Ansicht nachzudenken und glaube ihr immer noch nicht. Wenn Sie es anders sehen, O.K. Ich bin glücklich, auf dem Hügel der

3   Martina Meister: „Fällt der Begriff Islamophobie, wird nur noch geprügelt", Welt online, 09.03.2021.

Meinungsfreiheit zu sterben. Danke für all die Liebe und den Hass. Ich bin weg, um mehr Zeit mit meiner Meinung zu verbringen."[4]

Zu den Jobs von Meghan und Harry gehört es, für eine Million Dollar pro Auftritt Reden zu halten, die sich den Themen „Rassendiskriminierung, Geschlechtergleichheit, seelische Gesundheit, Frauen und Mädchen sowie Umweltschutz" (und „intersektionales Zusammenhängen dieser Themen") widmen.[5]

Die Momentaufnahme in drei Ländern zeigt uns also eine wissenschaftsfeindliche Journalistin im Dunstkreis des rechten Terrors, einen faschistischen Germanistikprofessor und einen rassistischen Fernsehmoderator. Nur: Die Journalistin ist überhaupt nicht wissenschaftsfeindlich, der Germanist ist überhaupt kein Faschist und der vermeintlich rassistische Moderator hat sich lediglich erdreistet, die Selbstinszenierung einer Fernsehprinzessin in der Opferrolle zu hinterfragen (im Gegensatz zur deutschen taz, wo man überzeugt ist, dass die Multimillionärin Markle im Gespräch mit ihrer Milliardärsfreundin Winfrey „den Alltag vieler Marginalisierter" beschreibt[6]).

Die drei Beispiele haben mit Machtausübung zu tun. Die Sensibilität der Einen rechtfertigt die Unterdrückung der Anderen, die damit beginnt, sie einzuschüchtern, sie zu zwingen, genau darauf zu achten, was sie sagen, und die auch

4 Zitiert nach: "Englands Presse in Aufruhr: Nächster Rücktritt wegen Meghan", BR online, 10.03.2021.
5 Paula Froelich: „Meghan Markle, Prince Harry set to make up to $1M per speech", Page Six, 27.06.2020.
6 Carolina Schwarz: „Oprah-Interview von Harry und Meghan: Eine Stimme für viele", taz online, 08.03.2021.

dazu führen kann, dass sie ihren Job, ihre soziale Existenz, im Extremfall ihr Leben verlieren.

Der Kampf gegen die Meinungsfreiheit

Neben dem Machtmissbrauch der Gesinnungswächter und ihrer Empörungsgehilfen, die im Namen von Personenkollektiven auftreten, die sie oft nicht darum gebeten haben, beobachten wir ein zweites Phänomen: den offenen Kampf gegen die Meinungsfreiheit mit der Begründung, es gelte Bedrohungen der Demokratie (und neuerdings der Volksgesundheit) in Gestalt von „Hassrede" und „Fake News" abzuwehren. Diese Haltung, die offensichtlich mit einer gewissen Demokratiemüdigkeit einhergeht, hat zuletzt erschreckende Ausmaße angenommen. Demonstrationsfreiheit wurde massiv eingeschränkt, die Zensur im Netz wurde massiv ausgeweitet, Beiträge in den sozialen Medien werden massenhaft gelöscht, Accounts werden in großer Zahl gesperrt und sogar gelöscht, ganze Kanäle werden zerstört, wie das Beispiel des Kurznachrichtendienstes „Parler" Anfang des Jahres zeigte. Kritiker von politischen Entscheidungen werden pauschal als Extremisten diffamiert.

Offene Diskussionen werden offenbar von einigen maßgeblichen Personen des öffentlichen Lebens als etwas ausgesprochen Lästiges betrachtet und daher als gefährlich denunziert. Kanzlerin Merkel hat schon zu Beginn der Pandemie den Begriff der „Öffnungsdiskussionsorgien" geprägt. Diskussionen sind unanständig, sind gefährlich, sind „überhaupt nicht hilfreich" (um ein weiteres geflügeltes Wort der Kanzlerin zu bemühen). Debatten sind immer dann gefährlich, wenn die falschen Menschen teilnehmen und diese die falschen Meinungen äußern.

Bezeichnend ist in diesem Zusammenhang der Wandel des Wortes „Querdenker". Bis Anfang 2020 war das ein positiv besetzter Begriff, mit dem man Menschen bezeichnete, die kreativ waren, sich über Konventionen hinwegsetzten und so die Diskussion belebten und das Aufbrechen verkrusteter Dogmen ermöglichten. Im Zuge der Corona-Krise ist der Begriff zum Ausdruck der Diffamierung geworden. Nun gut, könnte man sagen, die Verwendung von Wörtern unterliegt einem Wandel. Das ist nicht weiter schlimm. Und Auslöser dieses Wandels war die Vereinnahmung des Begriffs durch die nach ihm benannte Bewegung der Corona-Kritiker. Doch hier hat sich nicht nur der Begriff gewandelt. Es hat sich die Einstellung zu dem gewandelt, wofür er bisher stand. Wer die Orthodoxie herausfordert, ist heute kein Aufrüttler oder Innovator, sondern ein Verräter.

Weil sie falsche Überzeugungen haben (und zum Teil wirklich abstrusen Ideen anhängen), sollen immer mehr Menschen keine Bühne mehr haben. Als in Berlin im letzten Sommer eine große Corona-Demo verboten wurde, verdeutlichte Innensenator Andreas Geisel seine Haltung zur Meinungs- und Demonstrationsfreiheit mit den Worten: „Ich bin nicht bereit, ein zweites Mal hinzunehmen, dass Berlin als Bühne für Corona-Leugner, Reichsbürger und Rechtsextremisten missbraucht wird. Ich erwarte eine klare Abgrenzung aller Demokratinnen und Demokraten gegenüber denjenigen, die unter dem Deckmantel der Versammlungs- und Meinungsfreiheit unser System verächtlich machen."[7] Bis heute

---

7 „Berlin verbietet Corona-Demonstrationen", Pressemitteilung Berliner Senat, 26.08.2020.

funktioniert diese Deckmantel-Rhetorik erstaunlich gut. Wer will sich schon für Leugner und Extremisten einsetzen?

Noch besser als Geisel beherrscht Robert Habeck das Spiel. Er schafft es sogar, George Orwell für den Kampf gegen die Meinungsfreiheit ins Feld zu führen. Der ist 70 Jahre tot und so erlosch zum Ende des Jahres 2020 das Urheberrecht an seinen Werken in Deutschland. Daher erscheinen gleich sechs Neuübersetzungen seines berühmtesten Buchs „1984". Habeck schreibt im Vorwort einer dieser Neuübersetzungen, in dem er sich zur Hälfte dem Roman und zur Hälfte der AfD widmet: „[…] wir leben in der besten Demokratie, die es in Deutschland je gab, wir leben in der freiesten Gesellschaft, die wir je hatten –, und die Feinde der Freiheit, der Demokratie, des Rechtsstaats, sie zielen darauf, die Freiheit der Rede und der Gesellschaft durch gezielte Verantwortungslosigkeit zu zerstören."[8] Aus seiner Perspektive sind jene das Problem, die die Freiheit missbrauchen, um Böses oder Falsches zu sagen, und uns so zwingen, unsere schöne Redefreiheit einzuschränken. Orwell könnte mit einem Zitat aus „Farm der Tiere" antworten: „Falls Freiheit überhaupt etwas bedeutet, dann das Recht, Leuten zu sagen, was sie nicht hören wollen."

Das Versagen
der Medien

Die Medien hätten die Aufgabe, die Meinungsfreiheit zu verteidigen. Aber sie tun es zum großen Teil nicht, sondern schlagen sich auf die Seite der Empörungsaktivisten und

---

[8] George Orwell: „1984. Mit einem Vorwort von Robert Habeck. Neu übersetzt von Lutz-W. Wolf", dtv 2021.

jener Politiker, die die eigene Entfremdung von den Bürgern als heroischen Kampf gegen den Populismus umdeuten.

Ein Grund für das Versagen der Medien ist ihr Abwehrkampf gegen die sozialen Medien, die als Sprachrohr der Asozialen etikettiert werden. Diese Abneigung rührt zum einen daher, dass die kostenlosen Inhalte im Netz natürlich das Geschäftsmodell der traditionellen Medien untergraben. Zum anderen haben die alternativen Medien es geschafft, den etablierten bei einer der vornehmsten Aufgaben der Presse den Rang abzulaufen. Sie profilieren sich erheblich damit und erleben deswegen auch Zulauf, weil sie Kritik an den Herrschenden üben, also die Rolle der Vierten Gewalt übernehmen. Grund genug, sie zur Gefahr für die Demokratie zu erklären und Maßnahmen der Zensur zu befürworten.

Der öffentlich-rechtliche Rundfunk ist aufgrund der Finanzierung über Zwangsgebühren vor Wettbewerb geschützt, fühlt sich aber daher umso mehr dem Staat als Garanten dieses Einkommens verpflichtet und muss sich daher umso mehr den Vorwurf gefallen lassen, unkritisch zu sein. Aufgrund der politischen Orientierung eines offenbar großen Teils der Mitarbeiter hat er zudem das Problem der paternalistischen Tendenzen. Dies führt nicht nur zu viel wokem Programm, sondern auch zu teilweise peinlichen Versuchen, die Fortschrittlichkeit der Gesinnung durch gesprochene Gendersternchen u.ä. zu demonstrieren, oder Menschen, die sich gegen die Erhöhung der Rundfunkgebühren aussprechen, zu Feinden der Demokratie zu erklären.

Das Beschwören der Gefahr, die von falschen Meinungen ausgeht, führt unweigerlich dazu, dass Meinungsvielfalt und unterschiedliche Perspektiven im eigenen Programm möglichst weitgehend vermieden werden. Der „Tatort"-Regisseur Tom Bohn beschreibt die Situation beim Fernsehen:

„[…] ich denke, der Meinungskorridor in den Öffentlich-Rechtlichen ist zu schmal, auf beiden Seiten, nach links wie rechts. Sowohl im Feature- als auch im Nachrichtenbereich gibt es zu viel Political Correctness. […] Es hat sich ein System eingeschlichen, dass man sagt ‚bitte alles nur so, dass wir möglichst nirgendwo anecken', um auf keinen Fall für rechts, links, homophob, fremdenfeindlich oder sonstwas gehalten zu werden. Es gibt eine Mainstream-Fahrspur und wenn man die verlässt, wird man angegangen: Von Kollegen, von der Presse usw. – Das ist nicht korrekt. Für mich gehört es sehr wohl zur kreativen Arbeit, ebenso zur politischen Berichterstattung, dass auch mal kontroverse Thesen geäußert werden können."[9]

Das Versagen der Linken

Kämpfer für die Meinungsfreiheit waren in der Geschichte immer die Progressiven, also jene, die die jeweilige Orthodoxie infrage stellten, da sie wussten, dass die herrschende Meinung immer die Meinung der Herrschenden ist[10] und Freiheit immer die Freiheit der Andersdenkenden.[11] Es wäre auch

---

9   Tom Bohn: „Der Meinungskorridor ist zu schmal", Planet Interview, 11.02.2021.
10   „Die Gedanken der herrschenden Klasse sind in jeder Epoche die herrschenden Gedanken, d.h. die Klasse, welche die herrschende materielle Macht der Gesellschaft ist, ist zugleich ihre herrschende geistige Macht." Karl Marx: „Die deutsche Ideologie", MEW 3, 1932 [1846/], S. 46.
11   „Freiheit nur für die Anhänger der Regierung, nur für Mitglieder einer Partei – mögen sie noch so zahlreich sein – ist keine Freiheit. Freiheit ist immer Freiheit der Andersdenkenden. Nicht wegen des Fanatismus der ‚Gerechtigkeit', sondern weil all das Belebende, Heilsame und Reinigende der politischen Freiheit an diesem Wesen hängt und seine Wirkung versagt, wenn die ‚Freiheit' zum Privilegium wird." Rosa Luxemburg: „Zur russischen Revolution" in: dies.: „Gesammelte Werke", Bd. 4, Berlin 1974, S. 359.

heute eine Aufgabe der Linken, sich auf diese Tradition zu besinnen. Doch genau das Gegenteil ist zu beobachten. Der Kampf gegen die Meinungsfreiheit wird heute als „Kampf gegen rechts" betrachtet. Cancel Culture gilt entweder als notwendiges Korrektiv oder als nicht existent und „Erfindung der Rechten". Grotesk, aber wahr.

Meinungsfreiheit ist die Voraussetzung echter Demokratie. Demokratie besteht nämlich nicht darin, dass eine aufgeklärte Elite erstens dem Volk sagt, was richtig und falsch ist, und uns zweitens davor schützt, von anderen beleidigt oder verwirrt oder indoktriniert zu werden. Egal wie gut gemeint das sein mag, es ist dennoch Paternalismus und Entmündigung und damit letztlich Ausdruck der Verachtung normaler Menschen, die als schwach und anfällig für alles Böse betrachtet werden. Das hat mit Demokratie nichts zu tun. Demokratie basiert darauf, dass sich jeder frei eine Meinung bilden kann. Und es ist das Versagen der Linken, dass sie sich diesem paternalistischen Gesellschaftsbild viel zu sehr genähert hat. Und das Versagen der Liberalen, dass sie sich nicht klar gegen diesen Trend positionieren. Das Resultat ist, dass viele, dem Selbstverständnis nach linksliberale Menschen, einem Elitismus verfallen sind.

Glücklicherweise regt sich allmählich auch im linken politischen Spektrum Widerstand. Einer der überzeugendsten Kritiker dieser traurigen Entwicklung ist Bernd Stegemann. Er schreibt: „Die soziale Linke wollte die Menschen befreien, indem sie die beengten Verhältnisse aufsprengt. Die woke Linke will die Menschen erziehen und macht ihr eigenes Leben dabei zum Vorbild. Einst bedeutete ‚links' Emanzipation, heute bedeutet es Bevormundung."[12]

---

[12] Bernd Stegemann: „Die Doppelmoral der Disneyland-Linken", Welt online, 19.03.2021.

Wir haben in diesem Buch Beiträge versammelt, die die verschiedenen Aspekte des Kampfs gegen die Meinungsfreiheit beleuchten und gute Gründe für die Verteidigung der Meinungsfreiheit als Mutter aller Freiheiten vorbringen. Ich wünsche viel Spaß bei der Lektüre!

1.
MEINUNGSFREIHEIT

FRANK FUREDI

Skepsis ist heute wichtiger denn je

In einer Welt, in der in allen möglichen Bereichen, von Lockdowns bis Klimawandel, dogmatische Gewissheiten vorherrschen, sind kritische Fragen unbedingt erforderlich

Dank der Aufklärung, der Entwicklung des wissenschaftlichen Denkens und der Technik konnte sich der skeptische Geist in der Neuzeit weitgehend wohl fühlen. Aber das gilt jetzt nicht mehr, wie es scheint.

Denn die Meinungsfreiheit, auf die die skeptische Betrachtung der Welt angewiesen ist, ist in den letzten Jahren immer mehr unter Beschuss geraten. Sie wird zunehmend als ein Problem, ein Risiko, eine Bedrohung dargestellt. Freie Meinungsäußerung schadet den Schwachen, heißt es, und macht die Schwachen zu Opfern. Politiker, Akademiker und Kommentatoren sprechen heute routinemäßig von der „Militarisierung der freien Rede", meist durch ruchlose, rechtsextreme Kräfte. Eine Gruppe von Juraprofessoren von renommierten Ivy-League-Universitäten argumentierte kürzlich sogar, die Redefreiheit, die unter dem einst sakrosankten Ersten Verfassungszusatz geschützt ist, gefährde dank Trumps Gebrauch davon nun die Demokratie selbst.[1]

---

[1] Thomas B. Edsall: „Have Trump's Lies Wrecked Free Speech?", New York Times online, 06.01.2021.

Dass die freie Meinungsäußerung – die eigentliche Voraussetzung für die Demokratie – mittlerweile als Bedrohung für selbige dargestellt werden kann, verdeutlicht, dass diejenigen, die die kulturellen und politischen Institutionen kontrollieren, in zunehmendem Maße nicht mehr bereit sind, abweichende Meinungen zu tolerieren. Und wenn die freie Meinungsäußerung als so bedrohlich angesehen wird, dann folgt daraus, dass diejenigen, die sie praktizieren, eine Gefahr für die Gesellschaft sind. Besonders jetzt, während der Pandemie. Dies ist offenbar das Schicksal des zeitgenössischen Skeptikers.

Schauen wir uns nur an, wie zuletzt über sogenannte Lockdown-Skeptiker gesprochen wurde. Sie wurden beschuldigt, „Blut an den Händen zu haben" und „tödliche Überzeugungen" zu vertreten.[2] Sie sollten geächtet, zensiert und gedemütigt werden. Ein Kolumnist des Guardian forderte sogar, einem bestimmten Wissenschaftler, der den Lockdown-Konsens kritisierte, den Zugang zu den Medien zu verwehren, um zu verhindern, dass er seine Meinung öffentlich vertreten kann.[3] Skeptizismus wird nun routinemäßig als gefährlich dargestellt, als etwas, das unterdrückt werden muss, damit wir nicht alle leiden.[4]

Es ist nicht nur die Kritik an Lockdowns, die unter Beschuss gekommen ist. Kritik an weiteren Ansichten des Establishments wird auf ähnliche Weise behandelt – nämlich als gefährlich oder bedrohlich. Tatsächlich haben die

[2] Yasmin Anwar: „Coronavirus skeptics, deniers: Why some of us stick to deadly beliefs", Berkeley News online, 26.03.2020.
[3] Owen Jones: „Giving people false hope about the pandemic isn't ‚balanced' – it's dangerous", Guardian online, 01.01.2021.
[4] „The Guardian view on Tory lockdown sceptics: a dangerous trend" (Editorial), Guardian online, 04.11.2020.

Versuche unserer kulturellen, politischen und bildungspolitischen Eliten, jegliche Kritik zu dämonisieren, zur breiteren Dämonisierung von Skepsis im Allgemeinen beigetragen. Denken Sie an den Schwefelgeruch, der denen anhaftet, die als Euroskeptiker oder Klimaskeptiker bezeichnet werden. Sie werden nicht als bloße Verfechter abweichender Meinungen dargestellt, sie werden uns als moralisch minderwertig und potenziell gefährlich verkauft.

Ebenso werden ihre Bücher, Artikel und Rundfunkauftritte so behandelt, wie mittelalterliche Kirchenautoritäten mit ketzerischen Texten umgegangen sind: als Quellen des Verderbens. Nehmen wir Joseph Stiglitz' Rezension von Bjørn Lomborgs Buch „False Alarm: How Climate Change Panic Costs Us Trillions, Hurts the Poor, and Fails to Fix the Planet". Der Wirtschaftsnobelpreisträger erklärt, dass „es geradezu gefährlich wäre, wenn es [Lomborg] gelänge, jemanden zu überzeugen".[5]

Oder nehmen Sie die hysterische Kritik an den Autoren der „Great Barrington Declaration", die die Lockdowns in Frage stellt, und Lockdown-skeptische Einzelpersonen wie Sunetra Gupta, eine Professorin für theoretische Epidemiologie an der Universität Oxford. Sie werden persönlich und beruflich verleumdet, und – noch beunruhigender – ihre Kritiker wollen sie aus der Öffentlichkeit verbannen.[6] Dies hat alle Merkmale einer modernen High-Tech-Hexenjagd.

Natürlich redet niemand davon, die Skeptiker bei lebendigem Leibe zu verbrennen oder sie zu ertränken. Aber das kulturelle und akademische Establishment scheint zu

5 Joseph E. Stiglitz: „Are We Overreacting on Climate Change?", New York Times online, 27.07.2020.
6 Peter Geoghegan: „Now the Swedish model has failed, it's time to ask who was pushing it", Guardian online, 03.01.2021.

wollen, dass Skeptiker aus dem öffentlichen Leben entfernt werden. Insbesondere skeptische Wissenschaftler. Ihre Mainstream-Gegner fordern, dass Fernseh- und Radiomacher diese „randständigen" Wissenschaftler nicht mehr mit dem angeblich fadenscheinigen Argument der journalistischen Ausgewogenheit in ihre Sendungen einladen.[7] Die Ansichten der Skeptiker, so wird unterstellt, haben einfach nicht das gleiche akademische und wissenschaftliche Gewicht wie die des Mainstream-Konsenses.

Dieses Argument ist nicht neu. Besorgt über die Präsenz des Klimaskeptizismus in den Medien behauptete die amerikanische Wissenschaftshistorikerin Naomi Oreskes, dass die „Ethik des Journalismus nicht für die Wissenschaft funktioniert".[8] Sie bestand darauf, dass Debatten über wissenschaftliche Themen nur von bezahlten Mitgliedern wissenschaftlicher Institutionen geführt werden sollten, deren Argumente in Fachzeitschriften mit Peer-Review veröffentlicht wurden. Einem anderen Kommentator zufolge sei es eine Form von moralischer Feigheit, Klimaskeptikern Zugang zu den Medien zu gewähren, die vermutlich aus der Weigerung resultiere, sich auf die Seite der einen und einzigen Wahrheit zu stellen.[9]

Im vergangenen, von der Pandemie dominierten Jahr hat sich dieser Kreuzzug gegen die Skepsis verschärft. Zum Beispiel haben Big-Tech-Unternehmen wie YouTube, Twitter und Facebook die Zensur und Regulierung der Debatte über

---

[7] Guardian-Redakteurin Carole Cadwalladr twitterte z.B.: „Warum in aller Welt verspürte @BBCr4today das Bedürfnis, den Ansichten der Lockdown-Gegnerin @SunetraGupta ausgerechnet heute eine Plattform zu geben? Das ist nicht nur schlechte public health, sondern auch schlechter Journalismus." (05.01.2021).

[8] Jonathan Wolff: „The ethics of journalism don't work for science", Guardian online, 03.07.2007.

[9] Mark Lynas: „Neutrality is cowardice", New Statesman online, 30.08.2007.

die Corona-Politik mit der Bedrohung durch die Pandemie gerechtfertigt. Als YouTube-Chefin Susan Wojcicki ankündigte, dass alles, was den Empfehlungen der Weltgesundheitsorganisation widerspricht, entfernt werde, schien sie sich mit der Stimme Gottes auf Erden zu verwechseln.

Die moralische Abwertung des Skeptikers

Historisch gesehen wurde der Ruf nach Zensur damit begründet, dass ein Text entweder politisch subversiv oder moralisch verderblich sei. Diese Rechtfertigung ist heute ein wesentlicher Bestandteil des Anti-Skepsis-Dogmas.

In dieser Hinsicht ist es bezeichnend, dass Stiglitz Lomborg vorwarf, mit seinem Buch „False Alarm" „geistige Verschmutzung" zu verursachen. Dieser Begriff erinnert an die Anschuldigung, die in früheren Zeiten gegen ketzerische und moralisch verdorbene Literatur erhoben wurde – nämlich, dass sie moralisch verunreinigend oder eine Form von moralischem Gift sei. So unterschied Josiah Leeds in „Concerning Printed Poison" (1885) zwischen dem „obszönen" und dem „verderblichen Einfluss billiger Romane", die seiner Meinung nach zwar nicht „notwendigerweise schmutzig" seien, aber dennoch eine „giftige" Wirkung auf die Gesellschaft zeitigten.[10]

Natürlich werden die Skeptiker von heute nicht der Obszönität oder der moralischen Verderbtheit beschuldigt. Nein, sie werden des „Leugnens" beschuldigt.[11] Dies ist ihre böse Tat, ihre Ketzerei. Indem man Skepsis als Leugnung

---

[10] Zit. n. Frank Furedi: „The Power of Reading", Bloomsbury Academic 2015, S. 141.

[11] Keith Kahn-Harris: „Denialism: what drives people to reject the truth", Guardian online, 03.08.2018.

kategorisiert, schreibt man der Ausübung des Skeptizismus eine böse Absicht zu. Der Skeptiker stellt also nicht eine Position des Establishments in Frage oder zweifelt sie an, sondern er leugnet die Wahrheit der Position des Establishments. Die quasi-religiöse Kraft dieser Strategie ist so groß, dass der Guardian, der größtenteils den Positionen des Establishments anhängt, 2019 seinen Styleguide aktualisierte und darin festgelegte, dass Klimaskeptiker von nun an als „Leugner der Klimawissenschaft" bezeichnet werden sollten.[12] Es überrascht nicht, dass dieselbe rhetorische Strategie auch auf diejenigen angewandt wurde, die der Lockdown-Politik skeptisch gegenüberstehen, wobei Vorwürfe des „Corona-Leugnens" in den sozialen Medien und in der Presse mittlerweile gang und gäbe sind.[13]

Die Idee des Leugnens ist sicherlich theologisch aufgeladen, leitet sie sich doch von der einst unverzeihlichen Sünde des Leugnens von Gottes Wort ab. Aber ein großer Teil seiner heutigen moralischen Kraft beruht auf der Assoziation mit der Leugnung des Holocausts. Dies ist der Begriff, der auf diejenigen angewandt wird, die die menschliche Tragödie des Holocausts leugnen und dadurch zu dessen nachträglichen Kollaborateuren werden – ein Akt der Leugnung, der zu Recht als böse angesehen wird. Denselben Begriff auf diejenigen anzuwenden, die die Position des Establishments zu Lockdowns oder zum Klimawandel in Frage stellen, ist ein grober Missbrauch des Vermächtnisses des Holocausts.

Traurigerweise ist solch schamloser Missbrauch der Shoah Standard unter den Feinden der Skepsis. Sie haben

---

[12] Damian Carrington: „Why the Guardian is changing the language it uses about the environment", Guardian online, 17.05.2019.

[13] Paul Mason: „The Covid deniers have been humiliated but they are still dangerous", New Statesman online, 06.01.2021.

den Akt der Holocaustleugnung in ein allgemeines Übel verwandelt, eine frei schwebende Blasphemie, die allen möglichen skeptischen Positionen zugeschrieben werden kann. So formuliert z.B. eine Kommentatorin: „Leugnen ist schädlich und kann schlimme Auswirkungen haben. Die Leugnung des Klimawandels führt zur Unterlassung von Maßnahmen, die einen gesunden Planeten erhalten würden. Die Verleugnung von Masken führt zu einer erhöhten Ausbreitung und Sterblichkeit durch das Covid-Virus."[14]

Tatsächlich hat es oft den Anschein, die Moralapostel hätten sich so sehr daran gewöhnt, alles als Leugnung zu betrachten, dass sie nicht mehr wissen, wie eine Meinungsverschiedenheit aussieht. Das ist kaum verwunderlich. Der Vorwurf des Leugnens wird durch eine Intoleranz gegenüber jedem genährt, der die überlieferte Weisheit in Frage stellt.

Im Mittelalter war das Verbrechen der Ketzerei mit der Leugnung eines Glaubenssatzes der katholischen Kirche verbunden. Wenn Ketzer sich weigerten, von ihrem falschen Glauben abzulassen, wurden sie mit der Verbrennung auf dem Scheiterhaufen bestraft. Diese Praxis blieb auch nach der Reformation bestehen. In England z.B. zogen Bartholomew Legatt und Edward Wightman den Zorn der Kirche von England auf sich, weil sie die Gottheit Christi leugneten. Beide wurden 1612 auf dem Scheiterhaufen verbrannt. Wightman gilt als der letzte Ketzer, der in England auf diese Weise hingerichtet wurde.

Die heutigen Leugner werden nicht als Sünder behandelt, die auf dem Scheiterhaufen verbrannt werden, sondern oft als psychisch kranke Individuen, die von der

---

14 Prudy Gourguechon: „What No COVID Risk? No Climate Change? How To Overcome Toxic Denial", Forbes online, 19.10.2020.

Mainstream-Debatte ausgesperrt werden müssten, während sie auf eine Therapie warten. Tatsächlich ist dies eines der charakteristischen Merkmale des zeitgenössischen antiskeptischen Denkens: die Psychologisierung derjenigen, die sich des Leugnens schuldig gemacht haben. Skeptiker liegen nicht nur falsch; sie sind auch krank. So wurde auf einer akademischen Konferenz 2009 allen Ernstes die Frage gestellt, ob diejenigen, die den Klimawandel leugnen, „an einer Sucht nach Konsum leiden".[15]

Leugnen ist sogar Teil des Vokabulars der Psychologie geworden. Es wird als Abwehrmechanismus beschrieben, der einen Patienten von der Realität abschirmt.[16] Als quasi-diagnostische Kategorie eingesetzt, verwandelt der Leugnungsbegriff die Skepsis in ein psychologisches Problem. Mit dem Skeptiker, der als Leugner begriffen wird, darf nicht auf Augenhöhe debattiert werden. Er ist als moralisch und geistig minderwertig zu behandeln. So erklärt Celeste Kidd, eine Kognitionswissenschaftlerin in Berkeley: „Wir wissen noch nicht, ob man Menschen die Neigung, an zweifelhaften Überzeugungen festzuhalten, abtrainieren kann […]. Wenn Menschen sich ihrer Fehlbarkeit bewusst sind, könnte man ihnen beibringen, ihr Verhalten entsprechend zu mäßigen. Wir untersuchen die Realisierbarkeit dieser Idee. Wir werden es testen und sehen, ob es klappt. Denn so funktioniert Wissenschaft."[17]

Wenn „Wissenschaft" wie Gehirnwäsche „funktioniert", dann steckt die Gesellschaft in großen Schwierigkeiten. Es lohnt sich, daran zu erinnern, dass „Wissenschaft" in der

---

[15] Zit. n. Ken Mclaughlin: „Surviving Identity", Routledge 2012, S. 102.
[16] Vgl. Megan Marples: „Pandemic denial: Why some people can't accept Covid-19's realities", CNN online, 16.08.2020.
[17] Zit. n. Anwar, s. Anm. 1.

Sowjetunion so praktiziert wurde, dass diejenigen, die abweichende Ansichten vertraten, routinemäßig als psychisch gestört diagnostiziert wurden. Überraschend ist das nicht. Die Pathologisierung der Skepsis erlaubt es den in Machtpositionen Stehenden, Kritiker nicht nur als falsch, sondern auch als krank abzutun.

Was ist Skeptizismus?

In einer Zeit, in der Skepsis routinemäßig von den Verfechtern des Status quo verleumdet und verdammt wird, ist es wichtig zu klären, was der Begriff wirklich bedeutet und warum wir ihn verteidigen sollten.

Als philosophische Einstellung gibt es den Skeptizismus schon seit den alten Griechen. „Ich weiß, dass ich nichts weiß", sagte Sokrates. Er meinte damit, dass Unwissenheit der Ausgangspunkt für eine konsequente Suche nach der Wahrheit ist. Dies charakterisiert die bestimmende Haltung des Skeptikers: die Aussetzung des Urteils. Ein Skeptiker ist also jemand, der nicht entschieden hat oder nicht in der Lage ist, zu entscheiden, was wahr, richtig oder gut ist.

Diese Aussetzung des Urteils bedeutet nicht unbedingt eine Verweigerung des Urteils. Sie kann die Aufschiebung des Urteils bedeuten, während der Skeptiker das vorliegende Problem weiter erforscht. Im Gegensatz zum Zweifel, der ein negatives Urteil hinsichtlich der Wahrheit beinhaltet, stellt die Skepsis eine Vorform des Urteils dar. Sie steht im Gegensatz zu Dogmen und einer Haltung der unhinterfragten Gewissheit. In manchen Fällen kann die Aussetzung des Urteils natürlich ein Akt des Ausweichens sein. Aber die Aussetzung des Urteils kann auch ein Auftakt zu einer Verpflichtung sein, auf der Suche nach Klarheit und Wahrheit weiterzuforschen.

Als philosophische Orientierung stellt der Skeptizismus eine Herausforderung für die allzu menschliche Versuchung dar, sich einem Dogma hinzugeben. Für die alten Griechen ging es beim Skeptizismus nicht darum, eine bestimmte Behauptung nicht zu glauben oder zu leugnen. Der echte Skeptiker behauptete selten zu wissen, dass eine bestimmte Aussage falsch sei. Skepsis bedeutete Untersuchung. Obwohl er durch eine komplexe Reihe von Gründen motiviert sein kann, liegt dem Skeptizismus die Überzeugung zugrunde, dass die Wahrheit schwer zu entdecken ist.

Wie jede gute Idee sollte auch der Skeptizismus nicht dogmatisch verfolgt werden. Es gibt keinen Grund, die Idee des Wissens im Allgemeinen im Interesse einer unendlichen, skeptischen Untersuchung aufzugeben. Eine skeptische Vernunft akzeptiert die Ergebnisse z.B. wissenschaftlicher Forschung als wahrscheinlich und ist lediglich offen für die Möglichkeit, dass sie in Zukunft modifiziert und sogar verworfen werden müssen.

Dieses Potenzial, Wissen zu entwickeln, ohne den Anspruch auf Gewissheit oder die Entdeckung der Wahrheit zu erheben, ist in der heutigen, ausgesprochen unsicheren Welt von entscheidender Bedeutung. Es ist nicht nur für die Entwicklung der Wissenschaft essentiell, sondern auch für das Gedeihen eines demokratischen öffentlichen Lebens. Es kann keine Freiheit des Denkens geben ohne das Recht, skeptisch zu sein. Deshalb ist die heutige Dämonisierung des Skeptikers – als Leugner, Verderber, moralisch Minderwertiger – nicht nur Ausdruck polemischer Exzesse seitens der Unterstützer des Establishments; sie ist auch ein Angriff auf den menschlichen Forschergeist selbst.

Die Gesellschaft braucht Skepsis, um sich zu entwickeln. Skepsis ermutigt die Gesellschaft, Annahmen und selbstverständliche „Fakten" in Frage zu stellen, die sonst erstarren und zu Dogmen werden könnten. Sie ermöglicht es unserem intellektuellen Leben, sich neuen Erfahrungen zu öffnen. Kurz gesagt, sie ist das Gegenmittel gegen ein Übermaß an Gewissheit.

Eine skeptische Haltung ist gerade jetzt besonders wichtig. In diesem gefährlichen Moment, in dem die Menschheit mit der tödlichen Bedrohung Covid-19 konfrontiert ist, besteht die Versuchung, die Debatte zu schließen und die Redefreiheit einzuschränken. Unter den aktuellen Umständen können abweichende Meinungen leicht als Bedrohung für die Gesundheit der Menschen karikiert werden. Manche meinen gar, dass die Debatte selbst ein Luxus sei, den wir uns nicht mehr leisten könnten. Doch gerade in einer Notsituation wie der Pandemie werden Debatte und freie Meinungsäußerung unverzichtbar. Sie sind die Mittel, mit denen wir die Kreativität und die Weisheit der Menschen freisetzen können, um die Krise zu bewältigen, in der wir uns jetzt befinden.

Der Biologe Thomas Henry Huxley schrieb im 19. Jahrhundert, dass „Skepsis die höchste aller Pflichten ist; blinder Glaube die unverzeihliche Sünde". Heute mehr denn je ist es wert, diese Aussage zu beherzigen. Unsere zukünftige Freiheit könnte davon abhängen.

MICK HUME

Ein Hoch
auf die Ketzer und
Querulanten

**Redefreiheit ist nicht nur etwas
für die höflichen Verfechter
eines ‚zivilisierten' Diskurses.
Sie muss vor allem für jene gelten,
die anecken – die Häretiker**

Meiner Meinung nach – die ich hoffentlich immer noch äußern darf – konzentriert sich die Diskussion über Meinungsfreiheit heute zu sehr auf Themen wie „freie Rede und zivilisierter Diskurs". Gelehrte Experten halten Vorträge über die Bedeutung der freien Meinungsäußerung im Rahmen einer zivilisierten Debatte über wichtige Fragen der Gesellschaft, als Mittel, um unsere Differenzen zu überwinden und um zu einer rationalen, begründeten Schlussfolgerung zu gelangen.

Daraus folgt, dass sie die Meinungsfreiheit für respektable Wissenschaftler, Aktivisten der Zivilgesellschaft und BBC-Comedians verteidigen wollen, aber weniger die der schimpfend-rechthaberischen Online-Randalierer oder gar die eines Großmaul, das zufällig zum Präsidenten der Vereinigten Staaten gewählt worden war.

Manchmal scheint es, als ob die freie Meinungsäußerung Gefahr läuft, ein eher höfliches Mittelklasse-Thema zu werden, ein weiterer wichtiger Teil unseres kulturellen Lebens, der von den Experten und der kleinbürgerlichen Supper-Party-Avantgarde kolonisiert und monopolisiert wird. Kein Wunder, dass manche, darunter so glühende

Verfechter der freien Meinungsäußerung wie Lionel Shriver, sich inzwischen von der ganzen Debatte gelangweilt zeigen.[1]

Was die Free-Speech-Elite über die Wichtigkeit einer offenen Diskussion und eines respektvollen Diskurses sagt, stimmt soweit natürlich. Aber es geht nicht annähernd weit genug. Redefreiheit ist nicht nur zur Konfliktlösung oder zum Erreichen der richtigen Schlussfolgerung bedeutsam. Es geht nicht nur um Ergebnisse. Es geht um den Ausdruck von Freiheit, nicht nur als Mittel, sondern als Zweck an sich.

Orthodoxie und Häresie

Die Redefreiheit ist das, was uns in der Geschichte als eine Gesellschaft unabhängiger, moralisch autonomer Individuen auszeichnet. Wie sagte schon der große Niederländer aus der Zeit der Aufklärung, Spinoza, vor etwa 350 Jahren: „In einem freien Staat darf jeder denken, was er will, und sagen, was er denkt". Es ist der ultimative Ausdruck unserer Freiheit, dass wir für uns selbst denken dürfen, in welche Richtung das auch immer führen mag. Und wir müssen diese Freiheit für jeden, jede oder jeden genderfluiden Einzelnen verteidigen, oder für niemanden.

Aus diesem Grund gilt die Redefreiheit nicht nur für die Höflichen, die Nüchternen, die (nach eigener Einschätzung) Wichtigen oder die politisch Korrekten. Aus dem gleichen Grund führt die freie Meinungsäußerung, wo immer sie wirklich ausgeübt wird, dazu, dass Meinungen und Ideen geäußert werden, die für den Seminarraum einer Universität

[1] Lionel Shriver: „Free Speech and Why It Matters by Andrew Doyle review – why the free speech crisis is no joke", The Times online, 27.02.2021.

oder den Tisch einer Abendgesellschaft als ungeeignet erscheinen. So ist das Leben in Spinozas „freiem Staat".

Um dem Kampf für die Meinungsfreiheit heute mehr Leben einzuhauchen, sollten wir vielleicht versuchen, uns auf eine seiner Wurzeln zu besinnen, nämlich auf den Begriff der Häresie. Diejenigen, die als Ketzer und Gotteslästerer gebrandmarkt wurden, waren oft die Helden des historischen Kampfes für die Meinungsfreiheit. Was als Ketzerei angesehen wird, hat sich in verschiedenen Gesellschaften und Epochen verändert. Eine Sache, die geschichtlich relevante Ketzer gemeinsam hatten, ist jedoch, dass sie nicht auf einen höflichen Meinungsaustausch oder ein ruhiges Leben aus waren.

Ketzerei wird allgemein definiert als ein Glaube, der im Gegensatz zur orthodoxen religiösen Meinung steht; oder in nicht-religiöser Hinsicht als eine Meinung, die in tiefem Widerspruch zu dem steht, was allgemein akzeptiert ist. Ketzerei ist keine Eigenschaft, die man sich selbst zuschreibt; das Etikett „Ketzer" wurde den Betroffenen schon immer von jemand anderem angeheftet – in der Regel von Autoritätspersonen – als Zeichen, dass ihre Abweichung von der vorherrschenden Orthodoxie inakzeptabel ist und sie zum Schweigen gebracht werden sollten. Die Ursprünge des Begriffs Häresie im Altgriechischen sind aufschlussreich. Ein frühchristlicher Führer definierte seine Ansichten als „orthodox", was aus dem Griechischen stammt und „richtiger Glaube" bedeutet. Die falschen Ansichten seiner Gegner brandmarkte er als Häresie – dem Griechischen Begriff für „Wahl".

Da haben wir es. Was einen immer als Häretiker oder Ketzer gebrandmarkt hat, ist die Wahl zu treffen, intellektuell anders zu denken. Ketzerei ist der Wunsch, zu wählen, woran man glaubt, und vom autoritären Dogma des Tages abzuweichen, wie es einem beliebt. Welches bessere Argument für die Meinungsfreiheit könnte es geben als das?

Die als Ketzer Bezeichneten waren die Prügelknaben und Causes célèbres in vielen der großen Schlachten um die Redefreiheit. Dabei ging es um das Recht, völlig gegen den Strich der höflichen Gesellschaft zu gehen, von der respektablen Meinung abzuweichen und das Unhinterfragbare in Frage zu stellen. Das, was wir als das Recht, beleidigend zu sein, bezeichnen könnten, ist ein grundlegender Schlachtruf der Meinungsfreiheit, für den sich einige von uns seit mehr als 30 Jahren einsetzen.

Ein früher Proto-Ketzer war Sokrates, der wohl größte Philosoph des antiken Athens, der 399 v. Chr. hingerichtet wurde. Sokrates war der Philosoph, der alles in Frage stellte, oft zum Unbehagen seiner privilegierten Mitbürger, und sich weigerte, sich an die heiligen Traditionen der attischen Gesellschaft zu halten. Er wurde angeklagt, „die vom Staat anerkannten Götter zu leugnen" – mit anderen Worten, der Ketzerei – und „die Jugend zu verderben", indem er seine ketzerischen Ansichten weitergab.

Sokrates weigerte sich, sich zu fügen, und zog sich vor seinen Anklägern im Bürgergericht nackt aus, um zu zeigen, dass alles ans Licht kommen müsse. Er machte dem Gericht auch klar, dass er, selbst wenn sie für seine Begnadigung stimmten, weiterhin das Unsagbare sagen und die verbotenen Fragen stellen würde. Daraufhin stimmten die Bürgerrichter des demokratischen Athens mit 280 zu 221 Stimmen für seine Verurteilung und Hinrichtung. Sein Tod erinnert daran, dass selbst in einer Gesellschaft, die sich der Demokratie und der Gleichheit verschrieben hat (zumindest im Fall von Athen für seine freien männlichen Bürger), viele, die sich diesen Grundsätzen verpflichtet fühlen, zurückschrecken, wenn sie mit jenen freien Äußerungen konfrontiert werden, die mit nacktem Arsch und Zähnen und Klauen auftreten. Das ist ein Grund mehr, die Redefreiheit für Ketzer in unserer angeblich freien Gesellschaft zu verteidigen.

Aufrührer in England

Nach dem attischen Experiment wurde die Idee der Meinungsfreiheit in der modernen Welt erst im Zeitalter der Aufklärung wiederentdeckt; die erste urkundliche Erwähnung des Begriffs „Freiheit der Rede" erfolgte vor knapp 400 Jahren in Sir Edward Cokes „Institutes of the Lawes of England", veröffentlicht im Jahr 1628. Diejenigen, die der Ketzerei, Blasphemie oder „aufrührerischen Verleumdung" beschuldigt wurden, wurden natürlich immer noch verfolgt, eingekerkert, misshandelt, gebrandmarkt und auf dem Scheiterhaufen verbrannt, weil sie die falschen Worte im Zusammenhang mit Gott oder der Krone verwendet hatten. Kurz darauf jedoch entbrannte die Forderung nach Rede- und Pressefreiheit als Hauptthema in den Kämpfen zwischen König, Parlament und Volk, die zur Englischen Revolution und der Hinrichtung von Karl I. im Jahr 1649 führten. Im Krieg der Worte und im Kreuzfeuer der Pamphlete traten neue ketzerische Stimmen in den Vordergrund, die jede religiöse und politische Orthodoxie der alten Ordnung in Frage stellten.

Der berühmteste unter denjenigen, die Meinungsfreiheit forderten, war der Dichter John Milton, der 1644 sein Plädoyer für nicht lizenziertes Drucken, die „Areopagitica", veröffentlichte und das Parlament aufforderte, „mir die Freiheit zu geben, zu wissen, zu äußern und frei nach meinem Gewissen zu argumentieren, vor allen anderen Freiheiten".

Selbst Milton wollte jedoch nicht, dass die Freiheit, „sich frei zu äußern und zu argumentieren", auf diejenigen ausgedehnt wird, die er als Ketzer, teuflische Papisten und Ungläubige ansah. Das Prinzip der Toleranz war in seiner praktischen Durchsetzung schon immer eine heikle Sache.

Doch als die Forderung nach Gedanken- und Redefreiheit im 17. Jahrhundert explosionsartig zunahm, traten auch andere, weniger respektable, ketzerische Stimmen in den Vordergrund, deren Ansichten geeignet waren, einige von Miltons hochgesinnten Verteidigern zu beunruhigen. Wir haben oft den geschichtsträchtigen Kampf der Levellers hervorgehoben, deren Anführer wie etwa John Lilburne inhaftiert und gefoltert wurden, weil sie ein Ende der staatlichen Lizenzierung der Presse als „ausdrücklich gegen die Freiheiten des Volkes gerichtet und gefährlich" forderten.[2] Selbst im Angesicht der Anklage wegen Ketzerei und aufrührerischer Verleumdung bestanden sie darauf, dass die Freiheit an erster Stelle stehen müsse.

Aber bei den Ketzereien jener historischen Epoche ging es keineswegs nur um demokratische Prinzipien. Sobald der Geist aus der Flasche war, brachen alle Arten von blasphemischen und blutrünstigen Ideen hervor. Christopher Hills brillante Darstellung der radikalen Ideen während der Englischen Revolution, „The World Turned Upside Down", beschreibt detailliert die Vorstellungen, die bei den Levellers und radikaleren ketzerischen Gruppen wie den Diggers, Seekers und Ranters beliebt waren. Sie trafen sich in Bierstuben und kamen überein, dass das gemeinsame Essen von Fleisch und das Trinken von Bier genauso gut war wie das Einnehmen des heiligen Sakraments in der Kirche. Einige leugneten,

---

[2] Siehe: Brendan O'Neill: „In defence of ‚the poorest hee'", Spiked, 29.11.2016.

dass Rauchen oder Ehebruch eine Sünde sein könnte, oder sogar, dass Sünde existierte, und sahen die Vorstellung der Hölle lediglich als „ein Schreckgespenst, um die Menschen in Ehrfurcht zu halten". Und sie setzten sich für die Abschaffung der Kirche, des Landadels und aller Sozialschmarotzer ein.

Diese Ansichten waren viel zu ketzerisch, selbst für diejenigen Höhergestellten, die sich grundsätzlich für mehr Freiheit aussprachen. Aber das ist, was passiert, wenn die freie Meinungsäußerung zugelassen wird – sie ist dann eben, nun ja: frei. Das Letzte, was diese anrüchigen revolutionären Ketzer wollten, war eine gesittete Diskussion und Konfliktlösung. Dennoch war die Verteidigung ihrer Freiheit, zu zetern und zu schimpfen, ein entscheidender Teil des revolutionären Kampfes für mehr Meinungsfreiheit – und die Niederlage der wütenden Radikalen war ein historischer Rückschlag für diesen Kampf.

Ähnlich erging es im späten 18. Jahrhundert einem meiner Helden, John Wilkes, der den Kampf für die Pressefreiheit und das Recht, über die Aktivitäten der Abgeordneten und Lords im Parlament zu berichten, anführte. Wilkes war ein trinkfreudiger, ehebrecherischer Halunke, der sowohl vom Unterhaus wegen „aufrührerischer Verleumdung" verurteilt wurde, weil er die Regierung Seiner Majestät kritisierte, als auch von den Lords wegen „Obszönität", weil er pornografische Gedichte veröffentlichte. Über die journalistischen Methoden, die er in seinen oft unterdrückten Zeitungen anwandte, sagte er: „Gebt mir ein Körnchen Wahrheit, und ich werde es mit einer großen Masse von Unwahrheiten vermischen, so dass kein Chemiker in der Lage sein wird, die beiden jemals zu trennen".

Viele der heutigen Verteidiger der Meinungsfreiheit wären vielleicht genauso wenig bereit, den wilden Ketzer

Wilkes zu verteidigen, wie sie sich für die Rechte von Boulevard-Journalisten einsetzen. Doch als Wilkes' Verbündete 1771 nach Westminster gebracht wurden, um in den Tower geworfen zu werden, randalierten 50.000 Londoner und hängten fast den Premierminister, Lord North, auf, während sie „Wilkes und die Freiheit!" riefen. Es war der Schurke, Pornograf und wahrheitsverdrehende Ketzer Wilkes, der der seriösen Presse das Recht abrang, darüber zu berichten, wie die Großen und Gütigen den Rest von uns regieren.

Über die Redefreiheit

Selbst im 19. Jahrhundert, als sich die Demokratie weiterentwickelte, blieben die britischen und amerikanischen Gesellschaften unter einer Tyrannei des Konformismus, wo Meinungen, die zu weit gegen den Mainstream gingen, verboten oder informell als ketzerisch ‚gecancelt' werden konnten. Im Jahr 1859 veröffentlichte John Stuart Mill seinen Klassiker „On Liberty" („Über die Freiheit"), in dem er für Redefreiheit plädierte, nicht nur für respektable Ansichten, sondern auch für solche, die als extrem oder „exzentrisch" galten.

Mill schrieb: „Gerade weil die Tyrannei der Meinung die Exzentrizität zu einem Vorwurf macht, ist es wünschenswert, dass die Menschen exzentrisch sind, um diese Tyrannei zu durchbrechen [...] Die Menge an Exzentrizität in einer Gesellschaft war im Allgemeinen proportional zu der Menge an Genie, geistiger Kraft und moralischem Mut, die sie aufwies. Dass jetzt so wenige es wagen, exzentrisch zu sein, ist die größte Gefahr der heutigen Zeit."

Mills Botschaft über die Freiheit und den Mut, aus dem Mainstream herauszutreten, wurde unter den britischen Intellektuellen keineswegs allgemein akzeptiert. Im selben

Jahr, in dem er „Über die Freiheit" veröffentlichte, publizierte Charles Darwin schließlich sein Meisterwerk „Über die Entstehung der Arten". Das Buch wurde als gotteslästerlich aus der Bibliothek des Trinity College in Cambridge verbannt, der Universität, an der Darwin studiert hatte.

Am Ende des 19. Jahrhunderts, während der Zeit, die als „Goldenes Zeitalter des freien Denkens" in Amerika bekannt wurde, ging der Schriftsteller und Redner Robert G. Ingersoll – „der große Agnostiker" – noch weiter, indem er die Freidenker dazu aufrief, die Idee der Häresie, der Infragestellung aller Orthodoxien, als eine Kraft für das Gute zurückzufordern. „Ketzerei", erklärte er, „ist die ewige Morgendämmerung, der Morgenstern, der glitzernde Vorbote des Tages. Die Ketzerei ist der letzte und beste Gedanke. Sie ist die immerwährende Neue Welt, das unbekannte Meer, dem die Tapferen alle entgegensegeln. Sie ist der ewige Horizont des Fortschritts. Ketzerei erweitert die Gastfreundschaft des Gehirns für einen neuen Gedanken. Die Ketzerei ist eine Wiege, die Orthodoxie ein Sarg."

Natürlich sind viele der Ketzer, die heute als über die Grenzen des Anstands hinausgehend gelten, keine John Stuart Mills oder Robert G. Ingersolls. Aber das ist genau der Punkt. Sie haben vielleicht auch nicht die Weisheit von Piers Morgan oder den Intellekt von Prinz Harry. Aber sie haben immer noch den gleichen Zugang zur Meinungsfreiheit wie der Rest von uns. Andernfalls wird die freie Meinungsäußerung zu einem Privileg statt zu einem Recht. Und wer entscheidet, wie man es von oben herab verteilt?

Vor einigen Jahren wollte ein anderer Autor in einer Debatte über die Redefreiheit beim Cheltenham-Literaturfestival wissen, ob ich die Redefreiheit für ein Mittel zu einem lohnenden Zweck halte – in diesem Fall hätte sie sicherlich ihren Zweck erfüllt – oder für einen Wert an sich? Ich antwortete, dass die freie Meinungsäußerung für alle ein Wert an sich ist, unabhängig davon, was gesagt wird, weil sie der lebende Beweis für unsere Autonomie, Gleichheit und unser Recht ist, zu wählen, was wir glauben. Dieses Argument scheint mir heute noch wichtiger zu sein.

Letztendlich muss die Redefreiheit nur für diejenigen verteidigt werden, die als Ketzer und Extremisten gelten. Der Mainstream und das orthodoxe Denken können auf sich selbst aufpassen. Um der Meinungsfreiheit wieder etwas Leben einzuhauchen, ist es vielleicht an der Zeit, für das Recht einzutreten, ein Ketzer in all seinen Formen zu sein. Nicht nur, weil in einer demokratischen Gesellschaft spaltender Streit ebenso wichtig ist wie Kompromisse und Konfliktlösungen. Sondern auch, weil echte Freiheit niemals teilbar sein kann.

Es ist ein Zeichen gefährlicher Zeiten, dass, wenn Spinoza heute irgendwie auftauchen und verkünden würde, dass jeder frei sein sollte, zu denken, was immer er will, und zu sagen, was immer er denkt, selbst viele von denen, die behaupten, an die Meinungsfreiheit zu glauben, tönen und twittern würden: „Das darf man nicht sagen!"

ALEXANDER HORN

Demokratie ohne Volk

Im Kampf gegen Hass und Hetze geht es nicht um die Bewahrung von Demokratie und Meinungsfreiheit. Er ist ein Angriff auf die Bürger, denen fehlende Vernunft und moralische Defizite unterstellt werden

Der Sturm von etwa 800 Trump-Anhängern auf das US-Kapitol am 6. Januar 2021 wurde hierzulande mit großer Empörung aufgenommen. Völlig zu Recht, denn er richtete sich gegen die Idee der Demokratie und ihre Regeln und zielte darauf, den von der Mehrheit der Wähler gewünschten friedlichen Machtübergang zu blockieren.

Regierungspolitiker wie auch Repräsentanten des deutschen Staats nutzten die Gelegenheit, um zu behaupten, die Ereignisse seien eine gefährliche Bestätigung ihrer jahrelangen Warnungen vor aufkommendem Populismus. Dieser bringe „Hass und Hetze" mit sich und zerstöre die Demokratie. Bundespräsident Frank-Walter Steinmeier sprach von einem „Sturm auf das Herz der Demokratie", durchgeführt von einem „vom amtierenden Präsidenten aufgestachelten […] Mob". Er zog Parallelen zu den Vorfällen am Berliner Reichstag im August 2020, als Kritiker der Corona-Maßnahmen vor dem Eingang des Bundestags Fahnen geschwenkt haben, und leitete daraus seine Botschaft ab: „Hass und Hetze gefährden die Demokratie, Lügen gefährden die Demokratie, Gewalt gefährdet die Demokratie." Bundesfinanzminister und SPD-Kanzlerkandidat Olaf Scholz wie auch Außenminister Heiko Maas (SPD) sahen die Ereignisse als zwangsläufige Folge dessen, was passiere, „wenn Populisten Macht bekommen". Man sehe, dass die Demokratie sterbe, „wenn rohe Gewalt den anderen mundtot macht, wenn blanker Hass alle Grenzen von Anstand und Respekt sprengt."[1]

Meinungsführer
in der Krise

Seit den heftigen innenpolitischen Auseinandersetzungen im Zuge der Euro-Rettungspolitik 2012 und der Flüchtlingskrise 2015 ist Populismus in Deutschland gefürchtet. Die Brexit-Entscheidung der britischen Wähler am 23. Juni 2016 und die Wahl Donald Trumps zum US-Präsidenten am 8. November 2016 haben in den Augen des Establishments und für viele unerwartet das Potenzial populistischer Strömungen offenbart. Sie haben gezeigt, dass die Wähler gegenüber Auffassungen abseits des politischen Mainstreams nicht immun sind.

In Deutschland ergoss sich über Jahre ein regelrechter Shitstorm über die 17,4 Millionen britischen Wähler, die für den Austritt aus der EU votiert hatten. Uninformiert, nationalistisch, immigrationsfeindlich, rassistisch und einfach dumm waren die Attribute, die ihnen hierzulande von Politik und Medien zugeschrieben wurden. Klaus-Dieter Frankenberger schrieb in der F.A.Z.: „Der neue ‚Tag der Unabhängigkeit', den die EU-Gegner großspurig angepriesen haben, […] wird vielleicht als Tag des größten Irrtums Britanniens in

---

[1] Siehe: „Gewaltsame Stürmung des Kapitols: ‚Das passiert, wenn Populisten Macht bekommen'", SPD online, 07.01.2021.

die Geschichte eingehen, der Tag, an dem Hass und Unwahrheit den gesunden Menschenverstand verdrängt haben."[2] Das unbequeme Resultat hat bei den etablierten Parteien in Deutschland eine große Angst vor der Zurückweisung durch die Wähler erzeugt, eine Demokratie-Panik ist entstanden.

Um Entwicklungen wie in Großbritannien oder in den USA zu verhindern, rüstet die Bundesregierung seit Jahren sowohl verbal als auch mit Hilfe gesetzlicher Maßnahmen auf. Nachdem in wenigen Jahren drei umfangreiche Gesetzespakete zur Bekämpfung von „Hass und Hetze" verabschiedet wurden, ist nun ein „Gesetz zur Förderung der wehrhaften Demokratie" auf dem Weg. SPD-Kanzlerkandidat Scholz preist es als antirassistisches „Bollwerk". Der Titel des Gesetzes wurde offenbar mit Bedacht gewählt, denn er zielt darauf ab, ein wichtiges Grundmerkmal der Demokratie in Deutschland zu bekräftigen.

Das Konzept der „Wehrhaften Demokratie" geht auf den deutsch-jüdischen Verfassungsrechtler Karl Löwenstein zurück. Er argumentierte, der Aufstieg der Nationalsozialisten in der Weimarer Republik hätte verhindert werden können, wenn man damals weniger Achtung vor demokratischen Rechten gehabt hätte. In einem 1937 veröffentlichten Beitrag schrieb er: „Die mangelnde Militanz der Weimarer Republik gegen subversive Bewegungen, auch gegen solche, die eindeutig als subversiv verstanden werden, bildet im Nachkriegsdilemma der Demokratie Beispiel wie Warnung […]. Es muss offen gesagt werden, dass der Nationalsozialismus von der katastrophalen Erfahrung der Weimarer Republik zu profitieren wusste. Das Einparteiensystem war

2 Klaus-Dieter Frankenberger: „Nach Brexit – Die neue Wucht des Nationalismus", F.A.Z. online, 24.06.2016.

die logische Antwort auf die demokratische Toleranz der zerstörten Republik."[1] Wie der britische Publizist Daniel Ben-Ami erklärt, hat dieses Prinzip, demzufolge „die Öffentlichkeit vor der Artikulation bestimmter Ansichten abgeschirmt werden muss", in Deutschland seine weltweit „höchste institutionelle Form" erhalten.[2]

Hass und Hetze

Die Auseinandersetzung mit dem aufkommenden Populismus wird in Deutschland kaum über inhaltliche politische Debatten geführt, sondern vor allem über den Kampf gegen „Hass und Hetze" ausgetragen. So gelingt es, rechtspopulistische Strömungen unter Druck zu setzen, indem man ihnen vorwirft, antisemitische, rassistische sowie andere Hassbotschaften zu verbreiten oder zu tolerieren. Der von Populisten ausgehende Hass vergifte den öffentlichen Meinungsaustausch, spalte die Gesellschaft und gefährde Demokratie und Meinungsfreiheit.

Regierungspolitiker wiederholen diese Argumentationslinie gebetsmühlenartig, so auch Bundesjustizministerin Christine Lambrecht (SPD), als sie im letzten Jahr für die Novellierung des Netzwerkdurchsetzungsgesetzes (NetzDG) warb. Im Bundestag rechtfertigte sie Verschärfungen damit, dass „Hass und Hetze im Internet […] eine ganz große Gefahr für unsere Demokratie, für die Meinungsfreiheit" sei, denn „Menschen fühlen sich eingeschüchtert, Menschen sollen mundtot gemacht werden, mischen sich nicht mehr ein in

3 Karl Loewenstein: „Militant Democracy and Fundamental Rights, I" in: The American Political Science Review, Band XXXI, Nr. 3, Juni 1937.
4 Daniel Ben-Ami: „Die Fesseln der europäischen Demokratie", Novo online, 07.02.2020.

politische, gesellschaftspolitische Diskussionen" – eine „ganz schlimme Entwicklung", der man entgegentreten müsse.[5] Die Thematisierung von „Hass und Hetze" hat jedoch eine tiefere Ursache. Vordergründig werden zwar diejenigen angegriffen, die bestimmte Botschaften senden. Tatsächlich geht es jedoch vor allem um die Empfänger, also die große Masse der Menschen, von denen man nicht etwa nur vermutet, sondern zu wissen glaubt, dass sie für dumpfe Parolen empfänglich sind. Es ist eine Mischung aus diffuser Angst vor der Masse und gezielter Abwertung der Moralität und der Fähigkeiten einfacher Menschen, die den weit verbreiteten Alarmismus gegenüber „Hass und Hetze" heraufbeschworen hat.

So ist die Bekämpfung von „Hass und Hetze" im Zuge der Flüchtlingskrise 2015 zu einer hohen Priorität staatlicher Institutionen geworden. Hasskriminalität habe seitdem deutlich zugenommen, warnte schon damals der Präsident des Bundeskriminalamts (BKA) Holger Münch, als im Juli 2016 erstmals eine bundesweite Polizei-Razzia gegen die Verbreitung von Hasskommentaren im Internet durchgeführt wurde.[6] Die damalige Aktion gegen „Hass und Hetze im Internet" erfolgte wegen der Verbreitung fremdenfeindlicher, antisemitischer und sonstiger rechtsextremer Inhalte. Bereits im Dezember 2015 war eine Bund-Länder Projektgruppe „Bekämpfung von Hasspostings" eingerichtet worden.

Maas, damals Justizminister, agierte als wichtiger Antreiber im Vorgehen gegen „Hass und Hetze". Unter seiner Federführung entstand das NetzDG, das am 1. September 2017 in Kraft trat. Es zielte nach offizieller Begründung darauf ab,

5   „Änderung des Netzwerkdurchsetzungsgesetzes" (Video), Mediathek des Deutschen Bundestages online, 06.05.2020.
6   Siehe: „Razzien wegen Hasskommentaren im Netz", Zeit online, 13.07.2016.

das bis dahin als zu schwach empfundene Vorgehen von Facebook und Co. gegenüber Hasskommentaren zu unterbinden und insbesondere „Hasskriminalität […] auf den Plattformen sozialer Netzwerke wirksamer zu bekämpfen".[7] Indem man sie dazu zwang, Inhalte zu bewerten und zu löschen oder zu sperren, die gemäß dem deutschen Strafgesetzbuch rechtswidrig sein könnten, wurden private Plattformbetreiber dazu verpflichtet, die Kommunikation der Bürger im digitalen Raum zu begrenzen.[8]

Das Gesetz beinhaltet keine Strafandrohung für die Nutzer, sondern ausschließlich für die Plattformbetreiber, die diesen ein Podium bieten. Die Plattformbetreiber können faktisch wegen Beihilfe zur Hasskriminalität bestraft werden und zwar auch dann, wenn der Täter nie vor einem ordentlichen Gericht angeklagt wird. So generiert das Gesetz eine unsichere Rechtslage. Dadurch entfaltet es gewollt – oder zumindest billigend in Kauf nehmend – eine deutlich größere Löschwirkung, als dies bei staatlicher Rechtsdurchsetzung gegenüber den Tätern der Fall wäre.

Formal ist die Bekämpfung von „Hass und Hetze" darauf ausgerichtet, laut Strafgesetzbuch rechtswidrige Inhalte wie Volksverhetzung, Bedrohung, Beleidigung, Üble Nachrede, Verleumdung, Störung des öffentlichen Friedens durch Androhung von Straftaten, Öffentliche Aufforderung zu Straftaten usw. zu unterdrücken. Praktisch besteht jedoch ein großer öffentlicher Druck auf die Plattformbetreiber gegen „Hassrede" jeder Art vorzugehen. Als privatwirtschaftliche Unternehmen verfolgen sie ohnehin eigene Interessen und

7 „Netzwerkdurchsetzungsgesetz", Bundesministerium der Justiz und für Verbraucherschutz online, 06.04.2020.
8 Paul Coleman: „Zensiert – Wie europäische ‚Hassrede'-Gesetze die Meinungsfreiheit bedrohen", Fontis-Verlag 2020, S. 29.

passen sich an gesellschaftliche Trends und staatlichem Druck in einer Weise an, die ihnen eine bestmögliche Rendite verspricht. Ihre selbsterstellten Regeln erlauben es ihnen, weit über das gesetzlich erforderliche Maß zu sperren und blockieren. Wegen der immer dominierenderen gesellschaftlichen Auffassung, wonach „Hass und Hetze" aus der subjektiven Perspektive Betroffener zu beurteilen sei, und nicht die härteren objektiven Kriterien des Rechts angewendet werden, tendieren sie dazu, nicht nur schwer ertragbare rechtsextreme, rassistische oder antisemitische Inhalte eher zu löschen.

Die Sperrung des Twitter-Accounts des bereits abgewählten US-Präsidenten Donald Trump, dem wegen des Sturms auf das Kapitol „Anstiftung zur Gewalt"[9] vorgeworfen wurde, ging auch Bundeskanzlerin Angela Merkel zu weit. Im Hinblick auf die elementare Bedeutung des Grundrechts auf Meinungsfreiheit betrachte sie die Sperrung als problematisch, ließ sie über Regierungssprecher Steffen Seibert verkünden.[10]

Die umfangreichen Gesetzgebungsverfahren gegen „Hass und Hetze" sollen zwar in einigen Punkten eine konsequentere und härtere staatliche Strafverfolgung der Täter ermöglichen. Der Fokus liegt jedoch eindeutig in der Unterdrückung derartiger Äußerungen. Es geht also weniger um die Täter oder um diejenigen, deren Botschaften ohnehin oft vom Recht auf Meinungsfreiheit gedeckt sind, sondern um den schädlichen Effekt, den ihre Äußerungen in der sonstigen Bevölkerung haben. Das Ziel ist es, diesen Teil der Gesellschaft weitestmöglich von dem Gedankengut der

9   „Account von Trump: Merkel sieht Twitter-Sperre kritisch", tagesschau.de, 11.01.2021.
10 „Merkel findet Trumps Twitter-Sperrung problematisch", Welt online, 12.02.2021.

Täter abzuschirmen und zu schützen. Denn „durch Hass [und] Lüge", so Regierungssprecher Seifert, werde die „politische Kommunikation vergiftet".[11]

Im NetzDG zeigt sich diese Orientierung in aller Klarheit. Im Zweifel sollen auch solche Postings, die durch die Meinungsfreiheit gedeckt wären, schnellstmöglich von den Plattformbetreibern in Eigenregie gelöscht oder blockiert werden. Damit wird sogar in Kauf genommen, dass den Strafverfolgungsbehörden strafrechtlich relevante Inhalte, die zur Verfolgung der Täter führen könnten, verborgen bleiben. Erst mit der geplanten Novelle des NetzDG wird überhaupt beabsichtigt, in bestimmten Fällen die Strafverfolgung aufgrund von Hinweisen der Plattformbetreiber einzuleiten.

Zweifel am Bürger

Auch das „Gesetz zur Förderung der wehrhaften Demokratie" beabsichtigt in erster Linie, die Bürger vor den negativen Einflüssen von „Hass und Hetze" zu bewahren. Zudem sollen sie durch Aufklärungs- und Bildungskampagnen dafür weniger anfällig werden. Ziel sei es, ein „stärkeres Bewusstsein für Rassismus als gesamtgesellschaftliches Phänomen" zu schaffen, die „politische Bildung und Demokratiearbeit" voranzutreiben und in der Bevölkerung die „Anerkennung und Wertschätzung einer vielfältigen und chancengerechten Gesellschaft" zu bewirken.[12] Es gehe darum „Menschenfeindlichkeit von vornherein den Nährboden" zu entziehen und zu verhindern, dass die Corona-Krise von „Hetzern" missbraucht

---

[11] Ebd.
[12] „Kabinettausschuss: Klares Signal gegen Rechtsextremismus und Rassismus", Bundesregierung online, 25.11.2020.

werde, „um neue Wellen von Hass und Verschwörungstheorien zu verbreiten", erklärt die Bundesjustizministerin.[13]

Die enorme Dynamik, die dieser von staatlichen wie auch privaten Institutionen und Initiativen vorangetriebene Kampf gegen „Hass und Hetze" in den letzten Jahren erreicht hat, speist sich aus der in weiten Teilen der Gesellschaft geteilten Befürchtung, dass die große Masse der Wähler moralisch nicht hinreichend gefestigt ist. Sie bildeten einen „Nährboden", indem sie sich von dumpfen Parolen beeinflussen und verführen ließen. Ihnen wird kaum zugetraut, sich in einem Umfeld von Hass- und Hetzbotschaften, Falschnachrichten und Filterblasen eine eigene, unabhängige Meinung bilden zu können. Sie versinken vermeintlich in Echokammern, seien anfällig für Verschwörungstheorien, ließen sich mit Worten zu Taten hinreißen und quasi automatisch verschiebe sich daher das Meinungsklima in Richtung der Hetzer.

Obwohl sich „Hass und Hetze" als Synonym für die mangelnde Demokratiefähigkeit des Bürgers etabliert hat, wird dieser gelegentlich sogar offen attackiert, indem man seine Moral und Vernunft direkt in Zweifel zieht. In dieser Absicht beschuldigten CDU-Präsidium und Bundesvorstand die Wähler der AfD nach dem Lübke-Mord, sie seien für derartige Morde und Gewalttaten verantwortlich. Denn mit ihrer Unterstützung würden sie „rechtsradikalen Hass und die Hetze, extreme Polarisierung und persönliche Diffamierungen in Kauf" nehmen, die „letztlich zu Morddrohungen, Gewalttaten bis hin zum Mord" führten.[14]

---

[13] „Bundesjustizministerin Christine Lambrecht: ‚Wir stärken unsere wehrhafte Demokratie'", Bundesministerium der Justiz und für Verbraucherschutz online, 25.11.2020.

[14] „Präsidium und Bundesvorstand der CDU Deutschlands zum Tod von Walter Lüb-

Der Regierungsentwurf für das „Gesetz zur Förderung der wehrhaften Demokratie" läuft sogar darauf hinaus, die derart suspekten Bürger durch den Aufbau eines neuen sozialen Gefüges zu neutralisieren oder gar obsolet zu machen. Mit dem gesetzlich auf zunächst vier Jahre ausgelegten 1,1-Milliarden-Programm, so die SPD, gehe es darum, eine strukturell abgesicherte und dauerhafte Förderung von Initiativen sicherzustellen, die sich „gegen Nazis und für die Demokratie" einsetzten. Derart gesetzlich abgesichert und langfristig finanziert, könnten die Initiativen nun Strukturen ausbauen und weiterentwickeln, die einer lebendigen, weltoffenen und bunten Zivilgesellschaft eine stabile Basis gäben, „quasi als Bollwerk gegen fremdenfeindliche und rassistische Umtriebe", wie Scholz betont.[15] Die Idee, dass souveräne Bürger ihre Demokratie selbst gestalten, wird zugunsten eines institutionellen Gefüges aufgelöst, das man als Demokratie bezeichnet. Es ist eine Demokratie ohne Volk.

Demokratie ohne Volk

Der britische Soziologe Frank Furedi analysiert in seinem Buch „Democracy Under Siege", wie die jeweils Mächtigen in verschiedenen Epochen darauf hingewirkt haben, den Einfluss der Bürger in Demokratien möglichst zu begrenzen. Tatsächlich ist es ihnen über Jahrhunderte gelungen, die ursprüngliche Form der Demokratie als Volksherrschaft, wie sie in der Antike während der Athener Demokratie sehr erfolgreich praktiziert wurde, zu verdrängen. Auch in den

cke", CDU online, 24.06.2019.
[15] „Hart gegen rechts: Die Demokratie wehrt sich", SPD online, 25.11.2020.

heutigen modernen Demokratien geht es darum, „kratos", also die Macht, vom „demos", dem Volk, zu lösen.[16]

In Deutschland hat sich eine Demokratie herausgebildet, die – völlig anders als die direkte Demokratie der bis zu etwa 6000 Athener Bürger – auf repräsentative Vertretung des Volkes setzt. In ihrer Funktionsweise entspricht sie eher einer „eingeschränkten Demokratie", in der die Öffentlichkeit und manchmal sogar Parlamentarier von der Entscheidungsfindung ferngehalten werden.[17] Das institutionelle Gefüge des deutschen Staates ist eine formale Demokratie, in der der Einfluss der Wähler jedoch limitiert ist. Nach dem Zweiten Weltkrieg wurde ein staatliches Institutionengefüge einschließlich Gewaltenteilung und einem mächtigen Verfassungsgericht aufgebaut, das die formale Demokratie schützen soll. Eine wesentliche Legitimationsgrundlage hierfür liegt darin, dass den Wählern – auch mit Blick auf die deutsche Geschichte – die erforderliche moralische und intellektuelle Reife zum Erhalt der Demokratie abgesprochen wird.

Als im Februar 2020 der FDP-Politiker Thomas Kemmerich mit Stimmen von AfD, CDU und FDP zum Thüringer Ministerpräsidenten gewählt wurde, zeigte sich wie sensibel darauf geachtet wird, den Einfluss des Wählers zu limitieren. Die Wahl Kemmerichs wurde allgemein als demokratischer „Dammbruch" verurteilt, denn die Abgeordneten von CDU und FDP hatten es zugelassen, dass der neue Ministerpräsident mit den Stimmen der AfD gewählt worden war, einer Partei, die in den Worten des baden-württembergischen Ministerpräsidenten Winfried Kretschmann (Grüne), einen

---

16 Vgl. Kai Rogusch et al.: „Experimente statt Experten – Plädoyer für eine Wiederbelebung der Demokratie", Novo Argumente Verlag 2019, S. 198.

17 Ben-Ami, s. Anm. 4.

„perfiden Plan [...] strategisch und planvoll" verfolge: „Die Zerrüttung des politischen Systems und eine Unterhöhlung der Demokratie."[18]

Um die vermeintliche Gefahr für die Demokratie zu untermauern, hielt es der abgewählte Ministerpräsident Bodo Ramelow (Linke) für angemessen, die Wahl Kemmerichs in den Kontext der Machtergreifung der Nationalsozialisten zu rücken. Die Frankfurter Rundschau kommentierte, wie bei der Ernennung Hitlers zum Reichskanzler sei es nun den AfD-Abgeordneten rund um den „Faschisten" Björn Höcke gelungen, sich auf dem „verfassungsmäßig vorgesehenen Weg" durchzusetzen.[19]

Zwar bemühten CDU und FDP nicht den historischen Vergleich. Sie ließen jedoch ebenso keinen Zweifel an einen „Dammbruch" und einer akuten Gefahr für die Demokratie. FDP-Chef Lindner entschuldigte sich für die Wahl Kemmerichs als „schweren Fehler", Bundeskanzlerin Merkel sah in der Wahl einen „schlechten Tag für die Demokratie" und einen sogar „unverzeihlichen" Fehler.[20] In deren Augen hatte der aus gewählten Repräsentanten des Volkes bestehende institutionelle Schutzwall der Demokratie versagt, indem er den Landtag nicht mehr gegenüber problematischen Einflüssen der Wähler abschirmte. Nicht nur die Wähler, sondern auch die Landtagsabgeordneten demokratischer Parteien hatten sich nun als unzuverlässig erwiesen.

Die heutige Idee der Demokratie wie auch ihre Praxis ist weit von der ihrer ursprünglichen politischen Funktion in der Athener Demokratie entfernt, als sie Herrschaft des

---

18 „Kretschmann kündigt offensiveren Kurs gegen AfD an", Welt online, 09.02.2020.
19 Stephan Hebel: „Historischer Bruch in Thüringen: Mit den Faschisten gemeinsame Sache gemacht", Frankfurter Rundschau online, 05.02.2020.
20 „Für die Kanzlerin ist Kemmerichs Wahl ‚unverzeihlich'", Welt online, 06.02.2020.

Volkes bedeutete. Demokratie wird heute eher als technisches Instrument zur Herbeiführung von Entscheidungen verstanden und eingesetzt. So können diejenigen, die sich als die vehementesten Verfechter der Demokratie gerieren, gleichzeitig aufs Schärfste Moral und Vernunft der Bürger in Frage stellen, indem sie behaupten, die Eindämmung von „Hass und Hetze" sei notwendig, um die Bürger vor sich selbst zu schützen.

Massenpsychologie und Massengesellschaft

Die große Tragik der Demokratie besteht darin, dass das antidemokratische Infragestellen der Moral und Vernunft der Bürger von keiner relevanten gesellschaftlichen Strömung kritisiert und zurückgewiesen wird. Es ist im gesamten politischen Spektrum tief verankert. Die Geringschätzung der Bürger beruht, wie Furedi zeigt, auf einer langen Tradition und auf Konzepten, die sich seit dem Zweiten Weltkrieg in der westlichen Welt durchgesetzt haben.

Ab den 1920er und 1930er Jahren beginnt die Massenpsychologie eine große politische Relevanz zu entwickeln. Sie geht auf Gustave Le Bon zurück, der die Krisenzeit der Februarrevolution 1848 und der Pariser Kommune von 1871 erlebte und sich mit dem irrationalen und zerstörerischen Verhalten urbaner Mobs befasste. Die Massenpsychologie betonte die Existenz „einer vermeintlichen Diskrepanz zwischen rationalen Institutionen und einer irrationalen Öffentlichkeit" und diente dazu, den Aufstieg von Faschismus und Autoritarismus mit der psychischen Veranlagung der Menschen zu erklären.[21]

Das zweite ideologische Konzept, das bis heute eine Rolle spielt, geht zurück auf Joseph de Maistre, einen konservativen Kritiker der Französischen Revolution. Er fürchtete die Energie, die von leidenschaftlich agierenden Massen ausgehen kann. Daher betrachtete er den Einfluss egalitärer und demokratischer Ambitionen als zivilisatorische Bedrohung. Wie Furedi ausführt, kam es in der Phase zwischen dem Ersten und dem Zweiten Weltkrieg zu einer Transformation des konservativen Narrativs, das auch im Liberalismus verfing. Eine negative Einschätzung von Massenkultur überlagerte sich mit einem Vertrauensverlust in politische Reformen und die Demokratie.

Die öffentliche Meinung geriet unter Beschuss und wurde routinemäßig als Synthese irrationaler Mythen und Vorurteile abgewertet. Diese Auffassung wurde 1922 in der einflussreichen Studie „Die öffentliche Meinung" des amerikanischen Journalisten Walter Lippmann vehement vertreten: Der Teil der „absolut ungebildeten" Wählerschaft sei viel größer, als man vermuten würde, und diese Menschen seien „verstandesmäßig Kinder oder Unzivilisierte" und damit natürliche Opfer von Manipulation.[22]

Einen ebenfalls großen Einfluss entfaltete die Kritik der Frankfurter Schule, der Denker wie Herbert Marcuse, Theodor Adorno und Max Horkheimer angehörten. Sie kritisierten die Massenkultur, da sie die Menschen ihrer Fähigkeit zum kritischen Denken beraube, und entwickelten eine

21 Frank Furedi: „Democracy under Siege", ZeroBooks 2020, S. 83.
22 Walter Lippmann: „Die öffentliche Meinung – Wie sie entsteht und manipuliert wird", Westend Verlag 2018.

paternalistische Sicht auf die Masse, die vor ihrem eigenen irrationalen Verhalten geschützt werden müsse. Marcuse, der in den 1960er Jahren einen großen Einfluss auf die Neue Linke hatte, behauptete, die hypnotische Macht der Massenmedien indoktriniere und konditioniere die Menschen, so dass sie zu passiven Opfern deren Manipulationen würden.[23]

Bis zur Mitte der 1930er Jahre hatte die Enttäuschung über demokratische Politik so weit geführt, dass sogar die Demokratie als ursächlich für die destruktiven und irrationalen Kräfte betrachtet wurde, die sich weltweit entfalteten.

Im seinem 1935 erschienenen Buch „Mensch und Gesellschaft im Zeitalter des Umbaus" behauptet der einflussreiche Soziologe Karl Mannheim, die Demokratie habe das Terrain für die Ausbreitung totalitärer Bewegungen bereitet, denn im „Zustand der vermassten Gesellschaft, in dem die nicht geformten und in das Gesellschaftsgefüge nicht eingeordneten Irrationalismen in die Politik gedrängt werden […] erfüllt sich dann [mit den Mitteln der Demokratie] das Gegenteil von dem, was der ursprüngliche Sinn der Demokratisierung war."[24]

Die Aushöhlung der Demokratie wird heute vorangetrieben, indem man die Bürger ihrer moralischen Autorität beraube, so Furedi. Da die Legitimität von Regierungen auf öffentlicher Zustimmung und demokratischen Institutionen beruhe, werde die institutionelle Form der Demokratie nicht angegriffen, sondern vehement verteidigt. Der Propagandakrieg gegen die Demokratie nehme wegen der notwendigen rhetorischen Bejahung der Demokratie eine „stille Form" an. Indem er „die Fähigkeit der Menschen in Frage stellt, die

23 Herbert Marcuse: „Der eindimensionale Mensch", Luchterhand 1967.
24 Karl Mannheim: „Mensch und Gesellschaft im Zeitalter des Umbaus", Sijthoff 1935, S. 41.

Rolle eines intelligenten und verantwortlichen Bürgers einzunehmen",[25] bahnt er den Weg für eine Demokratie ohne Volk.

Denken und Meinen

Die Zweifel an der Demokratiefähigkeit des Gros der Bürger unterhöhlen nicht nur die Demokratie, sie legitimieren auch die Aushöhlung der Meinungsfreiheit. Die Redefreiheit ist jedoch, wie der britische Journalist Mick Hume in einer exzellenten Verteidigung von „Hassrede" schreibt, „der mächtigste Faktor zur Schaffung und Aufrechterhaltung einer zivilisierten Gesellschaft", denn „ohne die Bereitschaft einiger, auf ihrem Recht zu bestehen, alles in Frage zu stellen und zu sagen, was sie für wahr halten", würden wir vielleicht heute noch glauben, die Erde sei flach und Frauen würden kein Wahlrecht haben.[26]

Immanuel Kant zeigte, dass fehlender Mut zum Selbstdenken, also mangelndes Vertrauen auf die eigene Vernunft, in die Unmündigkeit führe. „Habe Mut, dich deines eigenen Verstandes zu bedienen! ist also der Wahlspruch der Aufklärung", schrieb er 1784.[27] Frei zu denken erfordert auch, zu sagen und zu schreiben was man selbst für richtig hält. Und es geht darum die eigene Meinung auf die Probe zu stellen, indem anderen die Möglichkeit erhalten die eigenen Auffassungen zu hören, zu prüfen und zu kritisieren. Der radikaldemokratische Denker Thomas Paine, ein Revolutionär

25 Furedi, s. Anm. 21.

26 Mick Hume: „Trigger Warning – Is the fear of being offensive killing free speech?", William Collins 2015, S. 11.

27 Immanuel Kant: „Beantwortung der Frage: Was ist Aufklärung?", Berlinische Monatsschrift, 1784, Band 2, S. 481-494.

des 18. Jahrhunderts, schrieb in der Einführung zu „The Age of Reason" von 1794, dass derjenige, der anderen die freie Meinungsäußerung verweigere, in selbstverschuldeter Unmündigkeit verharre: „Derjenige, der einem anderen dieses Recht verweigert, macht sich selbst zu einem Sklaven seiner Meinung, weil er sich selbst das Recht vorenthält, sie zu ändern."[28]

Von diesem Standpunkt aus betrachtet wird die Wahrheit durch unabhängiges Denken der Bürger entdeckt, die in offenen Debatten voneinander lernen. In seiner eloquenten Verteidigung der Redefreiheit betont John Stuart Mill, dass Einschränkungen der Meinungsfreiheit sich nicht einfach gegen individuelle Menschen richten, denn dann wäre „die Verhinderung ihrer Ausübung nur eine private Beeinträchtigung". Das „eigentliche Übel der Unterdrückung einer Meinung" sei der „Raub an der Menschheit".[29]

Auch das deutsche Grundgesetz schützt, trotz einer Vielzahl von Einschränkungen, formal das Recht, eine Meinung frei und ungehindert zu äußern. Meinung gilt dabei als Aussage, der „ein Element der Stellungnahme" und „des Dafürhaltens im Rahmen einer geistigen Auseinandersetzung" innewohnt, also ein subjektives Werturteil im Sinne von Stellungnahmen, Beurteilungen, Wertungen, Auffassungen.[30] Auch Meinungen, die der verfassungsmäßigen Ordnung zuwiderlaufen, werden durch die Meinungsfreiheit geschützt. Der Schutz der Meinungsfreiheit betrifft also auch Werturteile, die „extremistisch, rassistisch, antisemitisch

28 Thomas Paine: „Common Sense, Rights of Man and other essential writings of Thomas Paine", Penguin Group 2003, S. 351.
29 John Stuart Mill: „Die Freiheit", Wissenschaftliche Buchgesellschaft Darmstadt 1970, S. 140.
30 Vgl.: Bundesverfassungsgericht: Beschluss vom 22.06.1982 – 1 BvR 1376/79.

oder in anderer Weise rechtswidrig oder menschenverach-
tend sind."[31]

Diese so definierte Meinungsfreiheit ist durch die in-
flationäre Verwendung des Vorwurfs von „Hass und Hetze"
jedoch erheblich unter Druck geraten. Als „Hass und Hetze"
werden längst nicht mehr nur Tatbestände betrachtet, die
strafrechtlich relevant sind. Denn die Bewertung, ob etwas
als Hassrede gilt, erfolgt primär aus der subjektiven Perspektive der Betroffenen. Hinzu kommt, dass sich zunehmend die Vorstellung durchsetzt, Sprache sei ein elementarer
Bestandteil struktureller Dominanz und gesellschaftlicher
Machtstrukturen.

Worte und Taten

Eine der wohl größten Bedrohungen der Meinungsfreiheit
geht heute von der Vorstellung aus, Worte seien so schlimm
wie Taten. Sie ist Ausdruck einer inzwischen kulturell veran-
kerten und tief empfundenen emotionalen Verletzlichkeit.
Wir scheinen vergessen zu haben, dass Meinungen, wie
verletzend sie auch sein mögen, nur Worte sind. Sie können
zwar mächtige Waffen sein, sie allein sind jedoch nicht in der
Lage, die Realität zu verändern. Das können nur Taten. Worte
sollten daher als das betrachtet werden, was sie sind und
nicht als krimineller Akt. Wie hart und einflussreich Worte
auch immer sein mögen, sie sind weder Messer noch Knüppel.

Um die Meinungsfreiheit gegenüber dem Vorwurf von
„Hass und Hetze" verteidigen zu können, muss unterschieden
werden zwischen der Formulierung eines Gedankens, was

---

[31] Vgl. Annika Fischer-Uebler / Felix Thrun: „Die Meinungsfreiheit ist kein Freifahrt-
schein", verfassungsblog.de, 25.11.2020.

als Redefreiheit zu schützen ist, also Meinungen, Ideen, Beschimpfungen, Beleidigungen, Witzen bis hin zu Feindseligkeit und Hass gegenüber politischen oder sozialen Gruppen und andererseits Worten, die Teil einer Handlung werden, also etwa die absichtliche Anstiftung oder Aufforderung zu Gewalt gegenüber Institutionen, Gruppen oder Individuen.[32] Um diesen Unterschied deutlich zu machen, sollten wir die Rhetorik von „Hass und Hetze" komplett ablehnen. Wenn vom Kampf gegen „Hass und Hetze" die Rede ist, sollte stets nachgefragt werden, worum es konkret geht. Was genau soll verhindert werden und warum?

Die Gleichsetzung von Worten und Taten zerstört die Meinungsfreiheit und löst gesellschaftszersetzende Prozesse aus. Wohin dies führen kann, zeigte sich in der islamistischen Attacke auf die Macher des französischen Satiremagazins Charlie Hebdo. In den Augen ihrer Mörder verletzten die Journalisten mit der Publikation satirischer Mohammed-Abbildungen die Gefühle gläubiger Muslime. Indem sie Worte und Taten auf die gleiche Stufe stellten, konnten sie die Legitimität ihres Racheakts ableiten.

Noch bedrückender als die Mordtat war, dass viele Menschen zwar in Anbetracht der Ermordung das Recht auf Meinungsfreiheit verteidigten, gleichzeitig aber Verständnis dafür aufbrachten, dass Charlie Hebdos Gotteslästerung als „Hass und Hetze" empfunden werden konnte.[33] Daher sei ein sensibler Umgang erforderlich, um die Gefühle der Betroffenen möglichst nicht zu verletzen.[34] Das jedoch ist das Ende von Meinungsfreiheit und ein Einfallstor für die Anwendung

---

32 Hume, s. Anm. 26.
33 Siehe Brendan O'Neill: „Je suis Charlie", Spiked, 07.01.2020.
34 Vgl. Christian Meier: „Ein neuer Kulturkampf?", F.A.Z., 11.11.2020, S. 1.

von Gewalt gegenüber allen, die zu Recht der Auffassung sind, dass Meinungsfreiheit auch für Hohn und Spott gelten muss.

Die leichtfertige Ächtung und Unterdrückung unliebsamer Auffassungen als „Hass und Hetze" behindert die unabhängige Meinungsbildung aller Bürger. Meinungsfreiheit erfordert ein Höchstmaß an Toleranz. In diesem Sinn bedeutet Toleranz, jedwede politische Auffassung zuzulassen, auch wenn sie den eigenen Vorstellungen oder den vorherrschenden gesellschaftlichen Moral- und Wertmaßstäben widerspricht. Auch wenn sie einen abstößt und anwidert. Toleranz bedeutet jedoch nicht, diese Auffassungen mit respektvoller Gleichgültigkeit hinzunehmen gar zu akzeptieren, sondern sie schließt die Möglichkeit oder gar Pflicht ein, durch eigene Meinungsäußerung den als falsch empfunden Vorstellungen entgegenzutreten.[35] Toleranz ohne Widerspruch ist Gleichgültigkeit.

Indem wir Toleranz üben, ermöglichen wir, dass auch solche Meinungen sicht- und hörbar werden, die wir ablehnen. Die freie Artikulation ist sogar ausdrücklich zu begrüßen, denn nur dann können andere Idee und Argumentation verstehen, dieser zustimmen oder sie ablehnen sie dann selbst einer öffentlichen Kritik unterziehen. Das verlangt uns mehr ab als der einfache Weg der Diffamierung oder Unterdrückung durch Verbote. Aber es ist unabdingbar für mehr Freiheit durch Meinungsfreiheit und Demokratie.

---

[35] Vgl. Frank Furedi: „On Tolerance – A Defence of Moral Independence", Continuum 2011, S. VI.

SABINE MERTENS

Die sexuelle Revolution frisst nicht nur ihre Kinder

Wenn wir Sprache und Kultur vor weiterem Schaden bewahren wollen, dürfen wir uns nicht weiter durch die Genderlobby terrorisieren lassen

„Als Antwort auf die Frage, wer wird da von wem, warum und wie gezeichnet, gibt es Arten von Zeichen, Familien von Zeichen, Klassen von Deklassierungen, von Unarten, Entartungen. Die Erbsünde schlägt da durch, als Erbkrankheit. Das moralisch Böse schlägt da durch, als moralische Seuche. Ansteckend. Das Böse grassiert."[1]

Bildung, Sicherheit, Sex, Inklusion

Im September 2020 fand in Deutschland die Präsentation des Unesco-Weltbildungsberichts[2] unter dem Titel „Bildung und Inklusion. Für alle heißt für alle" statt. Der Bericht weist zwar weltweit Armut als das größte Bildungshindernis aus,

---

[1] Gerburg Treusch-Dieter: „Das Böse ist immer und überall", Elefanten Press 1993, S. 7.
[2] „Unesco-Weltbildungsbericht", Deutsche Unesco-Kommission online, September 2020.

beeilt sich aber, darauf hinzuweisen, dass auch in den einkommensstarken Staaten Europas und Nordamerikas nicht alles rosig läuft: „[…] auch andere Faktoren limitieren den Zugang zu Bildung. So gaben junge LGBTI in den USA fast drei Mal häufiger als ihre Klassenkameradinnen und -kameraden an, der Schule fernzubleiben, weil sie sich dort nicht sicher fühlten."

Damit sind gleich zwei für zukünftige Gesellschaften spielentscheidende Kategorien aufgerufen: Bildung und Sicherheit. Zugleich wird Sexualität explizit in einen macht- und wissenschaftsstrategischen Kontext gestellt, und der Unterschied zwischen Privatheit und Politik außer Kraft gesetzt, wodurch der Inklusionsbegriff einen bedrohlichen Unterton erhält.

In den letzten Jahrzehnten lassen sich in Bezug auf das Thema „Geschlechtergerechtigkeit" hierzulande verschiedene Entwicklungsphasen und Eskalationsstufen ausmachen. Aktuell gipfeln Vorstöße der Genderlobby in dem Versuch, mit konkreten Einzelmaßnahmen in zunehmendem Maße Forderungen nach eindeutigen Geboten und „Grenzen für das Sagbare"[3] überhaupt zu erheben. Befördert wird dies einerseits durch einen grassierenden Haltungsjournalismus, andererseits durch eine „mediale Allgegenwart"[4]. Diese erlaubt die beliebige Skandalisierung ansonsten eher marginaler, immer aber privater Schnipsel alltäglichen Sozial- und Kommunikationsverhaltens, das ohne mediale Aufmerksamkeit gar nicht in größeren Kreisen beobachtbar geworden wäre. Öffentliches Beleidigtsein und Pranger ersetzen zunehmend

3 Vgl.: „Sie sehen sich in einem kulturellen Bürgerkrieg" (Interview mit Norbert Bolz), Publico online, 30.09.2020.
4 Bernhard Pörksen: „Der entfesselte Skandal: Das Ende der Kontrolle im digitalen Zeitalter", Herbert von Halem-Verlag 2012, S. 11–18.

den öffentlichen Diskurs. Zudem gelingt es einer weltweiten Kulturelite immer besser, ihre Macht undemokratisch und laufend neue Regeln produzierend in direkten normierenden Einfluss umzumünzen. Sie tut dies, indem sie z.B. moralische Forderungskataloge und Quoten[5] durchsetzt und sich zugleich als Avantgarde einer festgelegten Zukunft für Alle inszeniert. Die Regulierung von Sprache ist dabei ein wichtiger Akt der Machtdemonstration.

Wunsch
und Wirklichkeit

Aus der Taufe gehoben von der zweiten Welle der Frauenbewegung, die in einem Aufwasch mit ihren Emanzipationsbestrebungen auch die deutsche Sprache massiv in Frage stellte, häuften sich in der Sprechweise von Politikern in den 1980er Jahren Doppelnennungen wie „Wählerinnen und Wähler". Frühere feministische Sprachprovokationen wie der Ersatz des Indefinitpronomens „man" durch „frau" blieben auf einen harten Kern von Feministen beschränkt. In der Sprache der Bürger konnten sich derlei Extremformen nicht durchsetzen. Ich erinnere mich, dass ich die Dopplungen jahrelang für eine seltsame Sprachallüre hielt, die sicher wieder verschwinden würde, und sie nicht weiter hinterfragte. Ich war Anfang zwanzig, hatte ein Leben zu leben und eine Familie zu ernähren. So entging mir, dass diese Sprachregelung offiziell „eingeführt" wurde, und zwar von der Unesco, die eine rechtlich selbstständige Sonderorganisation der Vereinten Nationen ist. Dies wiederum ist eine internationale Körperschaft,

---

[5] Siehe z.B.: „UFA erstes deutsches Unterhaltungsunternehmen mit Diversitäts-Selbstverpflichtung" (Pressemitteilung), UFA online, 26.11.2020.

die zur historisch gewachsenen globalen Machtarchitektur eines Herrschaftssystems mit eigenen Begriffen und Lenkungsmechanismen gehört. Wenngleich die demokratische Legitimierung fehlt, wirken ihre Gründungsziele – Wahrung des Weltfriedens und internationale Sicherheit sowie die allgemeine Gültigkeit der Menschenrechte – immer noch als kategorischer Imperativ.[6] Sie verleihen ihren Verlautbarungen Autorität und Glaubwürdigkeit, obwohl die Wirklichkeit den erklärten Zielen damals wie heute widerspricht.

Eine für alle

In dem von der Deutschen Unesco-Kommission 1993 herausgegebenen Dokument „Eine Sprache für beide Geschlechter, Richtlinien für einen nicht-sexistischen Sprachgebrauch" werden die Dopplungen von männlichen und weiblichen Formen nach amerikanischem Vorbild als „Splitting" bezeichnet, zu Deutsch: Spaltung.[7] Gesagt, getan. Viele Jahre später wird der Erfolg dieser zigfach wiederholten Sprachhandlung schmerzlich spürbar. Die Transformation der von oben induzierten Aufspaltung von Begriffen und Wörtern in eine gesamtgesellschaftliche (Geschlechter-)Spaltung hat etwa ein halbes Jahrhundert gedauert. Jetzt ist sie breite soziale Wirklichkeit geworden, Wörter als Spalt-Tabletten im täglichen Mediencocktail. Die Formulierung in den Richtlinien der Unesco geht auf einen Text von Marlies Hellinger zurück, den sie in Bezug auf die Definition, was „sexistische Sprache"

---

[6] Vgl.: Allgemeine Erklärung der Menschenrechte, 10.12.1948.
[7] Marlis Hellinger / Christine Bierbach: „Eine Sprache für beide Geschlechter: Richtlinien für einen nicht-sexistischen Sprachgebrauch", Deutsche Unesco-Kommission online 1993.

sei, schon 1980 wortgleich[8] veröffentlicht hatte, also dreizehn Jahre früher, unter dem Titel: „Richtlinien zur Vermeidung sexistischen Sprachgebrauchs". Die Unesco-Richtlinien tragen also die Handschriften der Begründer einer feministischen Linguistik, deren Ideologie durch die Auftragsarbeit für die Unesco geadelt wurde. Sie konnte nicht zuletzt dadurch politisch weiter Tritt fassen und sich auch strukturell und administrativ niederschlagen.

Mit der Spaltung der Wörter tritt zugleich eine „Verketzerung" des Geschlechts zutage. Der Begriff „Verketzerung" markiert in der Sicht der Soziologin Gerburg Treusch-Dieter einen entscheidenden Unterschied zu anderen Positionen im genderfeministischen Diskurs. Nach der Rolle weiblicher Intellektueller befragt, meinte sie: „[…] man verketzert das Geschlecht und meint den Kopf."[9] Durch wiederholte spalterische Sprachhandlungen und deren Institutionalisierung verstetigte sich die „Verketzerung", ja, sie wurde als Strategie ausgrenzenden Sprechens noch ausgeweitet auf weltanschauliche Unterschiede, die über das Geschlecht hinausgehen. Unter der Prämisse, dass Frauen in der Sprache nicht vorkommen, war damals wie heute erklärtes Ziel, sie durch besagte Doppelnennungen und die Verwendung femininer Personenbezeichnungen *„sichtbar"* zu machen.[10]

---

8   Marlies Hellinger et al.: „Richtlinien zur Vermeidung sexistischen Sprachgebrauchs", Linguistische Berichte, 69/1980, S. 15-21.
9   Gerburg Treusch-Dieter zit. n. Rudolf Maresch: „Am Ende vorbei: Gespräche mit Oskar Negt, Norbert Bolz, Gernot Böhme, Friedrich Kittler, Claus Offe, Niklas Luhmann, Dieter Lenzen, Hans Ulrich Gumbrecht, Dietmar Kamper, Gerburg Treusch-Dieter, Hannes Böhringer, Peter Weibel", Turia und Kant Verlag 1994, S. 295.
10   Ebd.

Das Verschwinden des Fräuleins

1968 verlief die Diskursrichtung noch von unten nach oben. Die Spezies der Fräulein verschwand aus Sprache und Kultur durch schlichte Nichtbenutzung der Anrede – eine sprachliche Entdifferenzierung von unten. Die Frauen rückten zusammen und stiegen im Status, der nun nicht mehr von ihrem Verhältnis zum Mann bestimmt war. Analog zu Luther rissen die Frauen reihenweise ihre Schandmäuler auf: „Waschen Sie mit dem Maule!", zitierte Treusch-Dieter in ihrem „Exkurs zur Kulturleistung der Sauberkeit in staatsbürgerlicher Absicht" Luther.[11] Der Frankfurter Weiberrat gab auf einem Flugblatt die Parole aus: „Befreit die sozialistischen Eminenzen von ihren bürgerlichen Schwänzen."[12]

Der rüde Ton änderte sich spätestens mit dem Einzug der Grünen ins Parlament. Durch die Richtungsänderung der Diskurse, die von da an von oben nach unten verliefen, verloren sie ihre emanzipatorische Schlagkraft. Was vormals Aufrichtungs- und potenzielle geistige Sprengkraft war, wandelte sich in Lenkungsmacht, zu der auch die heutige Sprachindoktrinierung zu rechnen ist. Das Oppositionelle der Opposition wurde vom System langsam aber sicher absorbiert, eine Fähigkeit der Selbsterhaltung und Stabilisierung von Systemen überhaupt. Zur Stabilisierung von Elitendemokratien sagt der Psychologe Rainer Mausfeld: „Die Wurzeln dieser Entwicklungen reichen freilich sehr viel weiter zurück, doch haben [die Entwicklungen] sich […] in den

---

11 Gerburg Treusch-Dieter: „Waschen Sie mit dem Maule! Ein Exkurs zur Kulturleistung der Sauberkeit in staatsbürgerlicher Absicht", Freitag online, 29.09.2000.
12 Vgl. „68erinnen: Sauer auf die Genossen!", Emma online, 25.04.2018.

letzten Jahrzehnten rapide beschleunigt und institutionell verfestigt. Der mit ihnen verbundene systematisch geplante und betriebene gesellschaftliche Transformationsprozess gleicht in seinen an die Wurzeln gesellschaftlicher Organisation gehenden Auswirkungen einer ‚Revolution von oben', also einer Revolution, die ein Projekt ökonomischer Eliten darstellt und der Ausweitung und Verfestigung ihrer Interessen dient."[13]

Auf ihrem Marsch durch die Institutionen transformierten aber auch die einstigen Außenseiter diese Einrichtungen. Sie setzten Themen und schafften Fakten, direkt aus den Schaltzentralen der Macht heraus. Über etwaigen Widerstand gegen die neuen Sprachregelungen setzten die Feministen sich schon damals mit der herablassenden Attitüde hinweg, Akzeptanz sei lediglich eine Sache der Gewöhnung.[14] So weit vorgedrungen in das Innere der bundesdeutschen, aber auch globalen Machtarchitektur, gaben sie den Sprachkodex heraus, der die Übertragung ihrer „pathogenen Prosa"[15] in Gesetzestext vorbereiten sollte: „Sprache ist *sexistisch*, wenn sie Frauen und ihre Leistungen ignoriert […], wenn sie Frauen in Abhängigkeit von oder Unterordnung zu Männern beschreibt und wenn sie Frauen nur in stereotypen Rollen zeigt, […] wenn sie Frauen durch herablassende Ausdrücke demütigt und lächerlich macht."[16]

Dieses feministische Paradigma macht unmissverständlich klar, dass es globale Gültigkeit beansprucht. Kein Zeitraum kleiner als eine Ewigkeit würde ausreichen, um

---

[13] Rainer Mausfeld: „Warum schweigen die Lämmer?", Westend Verlag 2018, S. 16.
[14] Hellinger / Bierbach, s. Anm. 7.
[15] Zum Begriff „pathogene Prosa" s. Paul Watzlawick: „Die Möglichkeit des Andersseins: Zur Technik der therapeutischen Kommunikation", Hogrefe 2002.
[16] Hellinger / Bierbach, s. Anm. 7.

unter diesen Maßgaben eine auch nur annähernd akzeptable soziale Wirklichkeit zu erreichen. Die Forderungen nach „nicht-sexistischer" Sprache zielen auf nichts Geringeres als die zentralen, gewachsenen Kulturtechniken einer jeden Sprachgemeinschaft, wo auch immer in der Welt sie heimisch sein mag: ihr menschheitsgeschichtliches Sosein. Die Gesamtheit ihrer Ausdrucksformen. Ihre Instrumente politischer, ökonomischer, sozialer Anerkennung. Ihre Rollenverteilung, nicht nur im Geschlechterverhältnis. Ihre Formen der Machtausübung, ihre Sicherheitsgefüge. Nicht zuletzt ihr Überlebenspotenzial zur Verarbeitung der menschlichen Unzulänglichkeit – den Humor. Die pompöse Forderung nach nicht-sexistischem Sprachgebrauch macht augenblicklich all jene zu Sonderlingen und folglich zu Ausgesonderten, die sich dem neuen Dogma nicht ausdrücklich verschreiben, und gibt sie zur sozialen Ächtung frei.

Sex, drugs and birthcontrol

Die „Verketzerung" des Geschlechts setzte sich fort, als 1995 auf der „Weltfrauenkonferenz" in Peking das Konzept des sogenannten Gender-Mainstreaming in der WHO verankert wurde. Einen Eindruck von der Gemengelage gibt die Theologin Ruth Heß im Evangelischen Pressedienst (epd):

„Mit der 4. Weltfrauenkonferenz in Peking ist er also in der Welt – der neue ‚Kulturkampf' um Geschlechterpolitik und mit ihm ‚Anti-Gender'. Dessen formale Mechanismen liegen 1995 bereits vollständig vor. Es sind dies u. a. zweifelhafte politische Bündnisse [Allianz zwischen christlich- und islamisch-fundamentalistischen Kräften]; diskursive Dominanz durch Rollenumkehr, Projektionen und Halbwahrheiten, eine taktische

Modernisierung zu anti-modernen Zwecken [Vatikan] und – vor allem – der Kampf um Begriffe und Konzepte, der enorme politische Energien bindet und von den eigentlichen Sachfragen ablenkt."[17]

Der besagte Kulturkampf bezog sich vor allem auf die Begriffe *sex* und *gender*, die bis dato bei den Konferenzen synonym verwendet worden waren, von nun an aber das biologische Geschlecht (*sex*) und das „soziale Geschlecht" (*gender*) meinen sollten. Historisch ist der (Geschlechter-) Rollenbegriff wohl am ehesten in Bezug zur Soziologie als Grundwissenschaft zu verstehen. Soziologische Rollentheorie (Talcott Parsons), Symbolischer Interaktionismus (G. H. Mead), und Homo Sociologicus (Ralf Dahrendorf) waren schon damals diskursiv gesicherter Bestandteil des Wissenskanons, die Neubesetzung der Begriffe *sex* und *gender* im Sinne der dekonstruktivistischen Theorie einer Shulamith Firestone oder Judith Butler hingegen nicht. Diese Sex und Gender unterscheidende Sprachhandlung produzierte eine Ad-hoc-Gleichstellung genderfeministischer Hypothesen mit anerkannten Theorien. Ein Trickbetrug, denn hier wurde das Ergebnis eines Diskurses vorweggenommen, der gar nicht geführt worden war. Den daraus folgenden Etikettenschwindel vorausgesetzt, wurde die neue politische Stoßrichtung wenig später in Deutschland und der EU unter dem Begriff Gender-Mainstreaming gleich im größtmöglichen Maßstab, als „Querschnittsaufgabe", implementiert.

Aus einer anthropologisch-historischen Metaperspektive zur akuten Gemengelage kommentierte die Soziologin Gerburg Treusch-Dieter die Weltfrauenkonferenz, als sie in

---

17 Ruth Heß: „Gender Gaga?! Kritische Analysen der Anti-Gender-Bewegung und Gegenstrategien für die Kirche", epd online, 17.10.2017.

ihrem Beitrag „Nachrichten vom weiblichen Exerzierplatz des Friedens" auf die Geschlechterdifferenz im Umgang mit dem Tod hinwies und schloss: „Kein Zweifel, daß die Frau an dieser [ihrer eigenen] Entwertung grundlegend beteiligt ist. Ein ‚weibliches Innovationspotential' der Zukunft muß sich darum in erster Linie auf Alternativen zum bisherigen Emanzipations- und Modernisierungskonzept besinnen. Der Ausgangspunkt dieser Alternativen aber kann kein anderer sein als der, daß sich die Frau selbst einen Wert zuspricht, indem sie sich vom Richtmaß männlicher Gleichungen löst und sich mit der strukturellen Gewalt ihres gewaltvermeidenden und -verschweigenden ‚Kulturmusters' konfrontiert, von dem sie heute, durch ihre lange Geschichte der Selbstentwertung, vor allem getötet wird."[18]

„Vielfalt" als Vorwand

Im heutigen Stand der Gender-(sprach-)Doktrin[19] spiegelt sich immer noch die Maßgabe des WHO-Grundsatzprogramms wider, alle Prozesse des gesellschaftlichen Lebens unter dem Aspekt des Geschlechterunterschieds zu sehen. Es gilt, die Geschlechterspaltung in allen Prozessen abzubilden: „Gender Mainstreaming bezeichnet die Verpflichtung, bei allen Entscheidungen die unterschiedlichen Auswirkungen auf Männer und Frauen in den Blick zu nehmen."[20] Andererseits ist der Genderbegriff ausreichend bedeutungsoffen, um mühelos

---

[18] Gerburg Treusch-Dieter: „Ästhetik & Kommunikation" in: Geschichtsjammer, 24/91, 1995.
[19] Zur Entwicklung ihrer gesetzlichen Verankerung siehe: „Gesetze und amtliche Regelungen zur geschlechtergerechten Sprache", Wikipedia (Aufruf 12.03.2021).
[20] „Strategie ‚Gender Mainstreaming'", Bundesministerium für Familie, Senioren, Frauen und Jugend online, 12.02.2016.

eine wachsende Zahl weiterer Geschlechtsidentitäten in sich aufzunehmen. Der so weit gesteckte Bedeutungsrahmen des Genderbegriffs erlaubt es, das Kernanliegen des Genderfeminismus – die Dekonstruktion der Sex-Gender-Differenz[21] – als „work in progress" laufend zu verändern. So muss man, der dem Feminismusbegriff vorangestellte Genderbegriff legt es nahe, inzwischen auch die äußerst aggressiv auftretende Trans-Bewegung miteinrechnen, und zwar sowohl die Verfechter der Transsexualität wie auch diejenigen, die den menschlichen Körper gänzlich überschreiten wollen: die Transhumanisten.

Vor diesem Hintergrund rückt der Begriff „Vielfalt" (Diversity) in den Fokus. Er wird fälschlicherweise oft synonym für Freiheit und Selbstbestimmung verwendet und hat als politischer Kampfbegriff einen krassen Bedeutungswandel erfahren. Genderfeminismus resp. Queer-Theorie nehmen ihn für sich in Anspruch. Vielfalt soll z.B. als „geschlechtliche Vielfalt" immer und überall sichtbar und hörbar gemacht werden. Ihr Zeichen und Symbol ist das geschriebene und gesprochene Sternchen (neuerdings auch wieder der Doppelpunkt) in Wörtern. Beide haben zwar bisher keinen Eingang in die Alltagssprache gefunden, sind aber gerade dabei, die anderen Zeichen für die Geschlechterkluft (*gender gap*) zu ersetzen (Binnen-I, Schrägstrich, Unterstrich usw.).

Der Stern soll Geschlechtervielfalt markieren, er fungiert als Platzhalter für die beliebig Vielen und alle Möglichen unter der Sonne. Er soll, ebenso wie andere geschlechtsneutralisierende Formen, ausdrücklich auch „non-binäre Menschen" ansprechen, sie nicht nur „mitmeinen". Queer-Theorie

---

[21] Zur Dekonstruktion der Sex-Gender-Differenz siehe die Autorinnen Shulamith Firestone und Judith Butler.

übersteigt hier den Genderfeminismus und gebärdet sich als höhere Ordnung, wobei „Geschlechtergerechtigkeit" zum Gebot der Geschlechtsneutralität wird. Die Broschüre „Abinäre Personen in der Beratung – Eine praktische Handreichung für Berater*innen und Multiplikator*innen"[22] gibt einen Eindruck vom heutigen Stand der Erwachsenenbildung im Gendersektor. Das Heft ist gefördert aus Mitteln des Niedersächsischen Ministeriums für Soziales, Gesundheit und Gleichstellung. Es liefert u.a. Formulierungshilfen für den Umgang von Beratern mit „abinären Personen": „Hallo, ich bin die Therapeut*in Hanna Özgül. Mein bevorzugtes Pronomen ist ‚sier' [sic]. Wie darf ich Sie ansprechen? Welches Pronomen darf ich für Sie nutzen?"

Unter der Überschrift: „Wieviel Identität verträgt die Gesellschaft?" bemerkte Wolfgang Thierse in der F.A.Z.: „Die Forderung nach nicht nur gendersensibler, sondern überhaupt minderheitensensibler Sprache erleichtert gemeinschaftsbildende Kommunikation nicht in jedem Fall. Wenn Hochschullehrer sich zaghaft und unsicher erkundigen müssen, wie ihre Studierenden angeredet werden möchten, ob mit ‚Frau' oder ‚Herr' oder ‚Mensch', mit ‚er' oder ‚sie' oder ‚es', dann ist das keine Harmlosigkeit mehr. Und diejenigen, die das für eine Übertreibung halten, sind nicht einfach reaktionär, so wenig wie die es sind, die sich gegen Reglementierungen von Sprache per Anordnung oder per Verboten wenden."[23]

[22] „Abinäre Personen in der Beratung – Eine praktische Handreichung für Berater*innen und Multiplikator*innen", QNN Queeres Netzwerk Niedersachsen e.V., September 2018.
[23] Wolfgang Thierse: „Wie viel Identität verträgt die Gesellschaft?", F.A.Z. online, 22.02.2021.

Kulturkampf und
Sabotage

Die unter dem Überbegriff „Geschlechtergerechtigkeit" versammelten diversen Identitätsgruppen sehen sich einerseits als Opfer eines unterdrückerischen, hierarchischen Systems, andererseits als kulturelle Vorkämpfer für grenzenlose Freiheit und Selbstbestimmung. Das Hamburger Kampnagel, das sich selbst als „internationales Zentrum für schöne Künste in einer globalisierten Welt" beschreibt, wartet auf seiner Netzseite mit einer langen „Förder*innenliste" von (staatlichen) Institutionen auf. Hier wird die Kampfansage an Binarität und Heteronormativität zum kulturellen Imperativ stilisiert und das Feindbild der gefühlt intersektional Diskriminierten klar formuliert: „Queerness [heißt] auch, nicht nur Heteronormativität infrage zu stellen, sondern auch andere Normen unserer Gesellschaft. An dieser Stelle kommt die Figur des ‚weißen, heterosexuellen, nicht-behinderten, bio-deutschen cis-Mannes' [sic] ins Spiel …" Es gehe darum zu verstehen, „dass diese Figur in unserer Gesellschaft oft als Norm angenommen wird – sei es in den Medien, in der medizinischen Forschung, in der Schule, etc. [sic] – während alles andere als Extrafall gilt."[24] An einer solchen Norm möchte man sich nicht messen lassen. Im Zuge der Gleichberechtigung, die für alle gilt, wird „diese Norm in queerer Praxis auseinandergenommen und hinterfragt."[25] Ein neuer Kampfbegriff ist in der Welt: „verqueeren".

In der Praxis des „Verqueerens" zeigt sich der tyrannische Charakter dieser Aktionisten. Qua Guerillataktik

---

[24] Nadine Jessen et al.: „Queereinstieg", Ensemble Netzwerk online.

[25] Ebd.

treiben sie die eigene „Befreiung" durch Querstellen, also Sabotage, durch Indoktrinierung, Bevormundung, Rechthaberei und den Ruf nach Regulierung von allem und jedem voran. Politisch unliebsame, ob tatsächliche oder nur „gefühlte" Gegner, werden nicht nur mundtot gemacht. Pranger, Rufmord, virtuelle Bücherverbrennung und Todesanzeigen, z.B. wegen (unterstellter) Transfeindlichkeit, zielen eher auf Existenzvernichtung von Kritikern denn auf demokratischen Diskurs.[26] Zugleich wird versucht, medizinische und rechtliche Hürden für die „sexuelle Selbstbestimmung" abzubauen. „Weltweit unternehmen Transgender-Aktivisten derzeit Anstrengungen, die Trennung von Geschlecht und Körper in nationalen Gesetzen zu verankern."[27]

Queer sein bedeutet „Aushebeln von Hierarchien und Machtstrukturen".[28] Die Queertheorie fokussiert strategisch auf weltweiten Umsturz: „Es ist ein globales Politikum geworden, wie wir der Frage der sexuellen Rechte und der geschlechtsspezifischen ‚Identität' im 21. Jahrhundert begegnen wollen."[29] Die Gefahr der Zerstörung gewachsener sozialer Ordnungen nehmen die Aktivisten nicht nur billigend in Kauf, sondern streben sie an. Die zunehmende Verwirrung und Zermürbung ihrer Gegner befördert derweil die weitere Destabilisierung ganzer Gesellschaftssysteme und spielt auch der Machtkonzentration auf eine globale Machtelite mit wenigen Megakonzernen in die Hände.

Im öffentlichen Raum erscheinen die verschiedenen sexuell fokussierten Identitätsgruppen allenfalls als amorpher

---

[26] Vgl.: „Shitstorm gegen J.K. Rowling: ‚Sprachrohr einer äußerst menschenfeindlichen Bewegung'", Deutschlandfunk Kultur online, 21.09.2020.

[27] Thomas Thiel: „Die Überwindung des Fleisches", FAZ online, 29.02.2021.

[28] Jessen et al., s. Anm. 24.

[29] Ebd.

Schwarm mit diffusen Rändern, wenn sie überhaupt zusammen wahrgenommen werden. Sie formen temporär wechselnde Allianzen, geben sich weltoffen und lassen bewusst unklar, wer noch dazukommt, wie eine Netzseite des Deutschen Kinderhilfe e.V. zeichensprachlich deutlich macht: „Was ist LGBTQI+?"[30] Das Pluszeichen an dieser Stelle geht als Platzhalter für alle Zukünftigen auf Grund seiner dynamischen Richtung hier noch über das Sternchen hinaus.

Das Potemkinsche
Sprachdorf

Vor diesem Hintergrund muss man denn auch die aktuellen Zankäpfel verstehen, die sich nur scheinbar ausschließlich auf sprachliche Aspekte beziehen. Das sind der Versuch von Medien und ÖR, das geschriebene und gesprochene Gendersternchen gängig zu machen[31], sowie der des Duden, das generische Maskulinum abzuschaffen.[32] Das Sternchen soll die „Genderlücke" sichtbar und hörbar machen, ja die Vielfalt an sich. Es soll zukünftig im Sprachgebrauch das generische Maskulinum ersetzen. In diesem Zusammenhang geben sich die zwangsfinanzierten öffentlich-rechtlichen Medien als Speerspitze im „Kampf für Geschlechtergerechtigkeit" von oben nach unten gegen die Sprachgemeinschaft. Damit ignorieren sie ein zentrales Gebot ihres Auftrags: die Verpflichtung zur politischen Neutralität. Nicht nur zur besten Sendezeit in den Nachrichtenformaten von ARD, ZDF,

---

[30] „Was ist LGBTQI+?", Juli 2019, Deutsche Kinderhilfe e.V. online.
[31] Vgl.: „Stadt Dortmund macht Vielfalt jetzt auch sprachlich sichtbar", Schlau Dortmund, 27.05.2020.
[32] Vgl. Finn Rütten: „Warum es anmaßend vom Duden ist, das generische Maskulinum abzuschaffen", Stern online, 11.01.2021.

DLF hört man die gesprochene „Geschlechterlücke". Sie soll die Aufmerksamkeit des Zuhörers auf die sattsam bekannte Tatsache lenken, dass es außer Männern auch noch Frauen gibt sowie zahlreiche weitere „Opfer" von allerlei Ungerechtigkeiten.

Das generische Maskulinum ist (wie die beiden anderen generischen Formen Femininum und Neutrum auch) so bedeutungsoffen, dass nicht entschieden werden kann (oder muss), welche weiteren Eigenschaften etwas Bezeichnetem zukommen, außer einem Verweis infolge von Beobachtung und Unterscheidung: Fahrer fahren, Studenten studieren, Käufer kaufen usw. Diese Bedeutungsoffenheit ist zunächst schon allein sprachökonomisch angebracht. Die Begriffe bieten viel „Signal"[33] (Informationsgehalt). Sprecher, die sich gegendert, also ideologisch, ausdrücken, machen diese sinnvolle Uneindeutigkeit gewaltsam zunichte, indem sie einem Wort Zeichen und Symbole beimengen, die auf irrelevante Inhalte verweisen. Dadurch verwischen sie den Informationsgehalt und überfrachten die Sprache mit „Rauschen"[34].

Der DLF bietet seine Bühne gern dem Duden für dessen Rollenwechsel vom Beobachter der allgemeinen Sprachentwicklung zum Propagandisten einer politisch gewünschten Pseudosprache. Der Duden lässt seine Redaktionsleiterin über den Umbau seines Online-Nachschlagewerks kurzerhand behaupten, die männlichen Formen seien „nie geschlechtsneutral" gewesen: „Wir präzisieren im Rahmen unserer kontinuierlichen redaktionellen Arbeit an unseren Inhalten lediglich die Bedeutungsangaben".[35] Danach ist ein

---

33 Vgl. Jean-Luc Doumont: „The Three Laws of Professional Communication" in: IEEE Transactions on Professional Communication, 4/45, Dezember 2002.

34 Ebd.

35 „Online-Duden wird gegendert: Wörterbuch soll geschlechtsneutral werden",

Eigentümer nicht mehr eine Person, die etwas besitzt, Geschlecht unbekannt, sondern eine „männliche Person, die eine Sache als Eigentum hat". Wenngleich diese Aussage sachlich falsch ist, und die Sprachgemeinschaft erwiesenermaßen weder so spricht noch das generische Maskulinum so auffasst, behauptet die Chefredakteurin immer noch: „Beim Duden bilden wir die Regeln ab, die die Sprachgemeinschaft macht. Wir beobachten, welche Formen sich herausbilden, und das beschreiben wir."[36]

In dieser Atmosphäre fühlen Bürger sich zunehmend verunsichert, da sie von solchen Normierungsmaßnahmen an ihrer Sprache stark betroffen, aber nicht an ihnen beteiligt sind. Ihre individuelle Entscheidung, solche Bevormundung, ja Kolonialisierung des Geistes lieber zähneknirschend zu ertragen, als durch individuelle Gegenwehr „Exkommunikation" zu riskieren, verbucht die Genderlobby dann als „zunehmende Verbreitung" der Gendersprache. Dabei handelt es sich lediglich um ein von Politik und Verwaltungen selbst konstruiertes Potemkinsches Dorf. Es soll eine soziale Wirklichkeit vorgaukeln, die es so nicht gibt.

Instrumentalisierung von Umfragen

Befragungen zur Akzeptanz von Gendersprache gibt es schon seit den Anfängen der Frauenbewegung. Zuletzt führte Infratest dimap 2020 eine Umfrage für die Welt am Sonntag durch.[37] Wie in allen anderen Umfragen des letzten

Frankfurter Rundschau online, 07.01.2021.
[36] „So verteidigt die Chefredakteurin das Gendern im Online-Duden", Welt online, 07.02.2021.
[37] Susanne Gaschke: „Mehrheit der Frauen will keine Gendersternchen", Welt online,

halben Jahrhunderts sprachen sich auch hier die Teilnehmer mehrheitlich gegen die Gendersprache aus. Allerdings war es diesmal eine knappere Mehrheit als bislang, was an der zweifelhaften Fragestellung gelegen haben könnte. Die Teilnehmer konnten sich lediglich zwischen zwei konkreten Genderformen entscheiden. Formen mit dem Binnen-I, bei denen die Lücke durch eine kurze Pause hörbar gemacht wird, und dem substantivierten Partizip wie in „Studierende". Die Fragestellung lautete: „Wie stehen Sie zur Nutzung einer solchen Gendersprache in Presse, Radio und Fernsehen sowie bei öffentlichen Anlässen?" Durch diese Formulierung wurde gleichsam das Standardhochdeutsche mit seinen drei generischen Formen dem Genderdiskurs entzogen. Dabei repräsentiert es ja gerade durch seine generischen Formen die Urform „geschlechtsneutraler" Sprache. In dem Begleittext zur o.g. Infratest-dimap-Umfrage[38] wird auf die abgefragten Möglichkeiten, die eindeutig aus dem genderfeministischen Baukasten stammen, als „genderneutrale Sprache" Bezug genommen. Dieser Begriff besorgt augenblicklich eine Diskursverschiebung. Das verketzerte Geschlecht wird neutralisiert. Dadurch wird einmal mehr die Polarisierung zwischen Männern und Frauen, Alten und Jungen, Fortschrittlichen und Rückwärtsgewandten, Linken und Rechten, Machtausübenden und Machtunterworfenen verstärkt.

Weiter heißt es zusammenfassend: „Gegenüber der Verwendung einer genderneutralen Sprache in Medien und Öffentlichkeit bestehen bei den Deutschen Vorbehalte." Ein Zeugnis der Rückständigkeit wird hier ausgestellt, und: „Offener gegenüber einer genderneutralen Sprache zeigen sich

31.05.2020.
[38] „Vorbehalte gegenüber genderneutraler Sprache", Infratest dimap online.

die jüngeren Bürgerinnen und Bürger […]". Zum Schluss: „In den politischen Lagern bestehen Vorbehalte bei den Anhängerschaften von AfD (64 Prozent), FDP (76 Prozent) und CDU (64 Prozent). Aber auch unter den SPD-Anhängern überwiegt die Ablehnung (42 zu 54 Prozent). Dagegen sind in den Reihen von Grünen- und Linken-Wählern jeweils die Fürsprecher einer genderneutralen Sprache in der Mehrheit. Aber auch von ihnen stehen jeweils etwa vier von zehn ihrer Verwendung ablehnend gegenüber." Man beachte die beiläufige Skandalisierung der bisher von der Mehrheit der Sprachgemeinschaft anerkannten Standardsprache durch Kopplung an die verfemte AfD und deren Listung an erster Stelle der genannten Parteien. Weder alphabetisch, noch vom Zahlenergebnis her, noch vom Alter und Standing der Parteien ergibt diese Rangfolge Sinn. Sie dient lediglich der Aufmerksamkeitslenkung: Standardhochdeutsch und generisches Maskulinum sind rechts und gefährlich, Gendersprache ist gut, jung und zukünftig.

Der genderfeministische Sprachgebrauch tendiert mal zur Betonung der Geschlechter im Sinne der ursprünglichen Absicht, „Frauen sichtbar zu machen", dann zur (Re-)Neutralisierung der Geschlechter im Sinne der Vielfaltsideologie. „Non-binäre" fühlen sich weder durch Doppelnennungen noch Binnen-I oder Unterstrich angemessen gewürdigt. Immer wieder treten neue Opferidentitätsgruppen aus dem intersektionalen Spektrum hervor, und es entstehen neue Opferhierarchien. Für all jene ist der gemeinsame Feind das generische Maskulinum. Die Genderlobby arbeitet unversöhnlich darauf hin, es dem Sprachgebrauch auszutreiben. Durch Dauerbeschuss bringt sie es auf immer absurdere Weise in Verruf.

Bullys auf dem Schulhof
der Demokratie

Seit der Streichung des generischen Maskulinums aus seiner Onlineausgabe arbeitet der Duden also nicht mehr deskriptiv, sondern interventionistisch, indem er versucht, eine soziale Wunschwirklichkeit zu fabrizieren. In diesem Sinne, so könnte man meinen, habe auch bei den öffentlich-rechtlichen Sendern (ÖR) ein grundlegender Wandel stattgefunden, in dessen Verlauf Bildungsauftrag, Informationspflicht, Pflicht zur Ausgewogenheit und Neutralitätsgebot aufgegeben wurden. Beobachtbar ist aber im Gegenteil, dass die ÖR allen Massenprotesten zum Trotz den Bildungsauftrag im Sinne der elitären Machtausübung nun umso ernster nehmen. Sie verstärken ihre volkserzieherischen Anstrengungen noch, je mehr sich herausstellt, dass Bürger die ihnen verbliebenen demokratischen Freiräume nutzen, um sich der Sprachdoktrin zu entziehen oder sich ihr gar zu widersetzen.

Die Manipulationstechniken von Machteliten zielen „auf weit mehr als nur auf politische Meinungen. Sie zielen auf […] Formung aller Aspekte, die unser politisches, gesellschaftliches und kulturelles Leben betreffen sowie auch unsere individuellen Lebensformen. Sie zielen gewissermaßen auf die Schaffung eines ‚neuen Menschen', dessen gesellschaftliches Leben in der Rolle des politisch apathischen Konsumenten aufgeht."[39] Der Bundesfinanzminister Olaf Scholz demonstrierte beim SPD Debattencamp12/20, wie perfekt er die Manipulation durch Sprache beherrscht. Den politisch erwünschten Rollenwechsel der Geschlechter propagierte er gekonnt beiläufig: „[…] wenn jemand eine

---

[39] Mausfeld, s. Anm. 13, S. 18.

tolle Arbeit machen will, als Altenpfleger oder Handwerkerin […].“ Durch den Gebrauch respektive das Weglassen eines einzigen Suffixes kodierte er das biologische Geschlecht geradezu in die Berufs- und Funktionsbezeichnungen hinein. So unternimmt es ja auch der Duden mit seinem Online-Werk.

Der (elitäre) Mitläufer als beständige Sozialfigur

Man trifft auf allen Ebenen des sozialen Raums Fürsprecher der Gendersprache, Kader der genderfeministischen Ideologie ebenso wie Mitläufer. Selbst die klügsten Zeitgenossen bedienen sich der Gendersprache. Manche sogar widerwillig, aber sie tun es, „weil man das ja jetzt so macht“. Ich habe mich oft gefragt, wie es kommt, dass die Gendersprache überhaupt so viel Land gewinnen, und wie es geschehen konnte, dass sich so viele kluge Leute dieser Spracherziehung kampflos ergeben. Ich hatte gedacht, Klugheit und genderfeministische Sprache schlössen sich gegenseitig aus. Aber ob man so spricht oder nicht, hat wohl weniger mit Klugheit oder Dummheit zu tun, sondern mit Status und Sozialverhalten. Ich bin zu der Überzeugung gelangt, dass gerade Intellektuelle oder Menschen, die gerne zu diesem Sozialtyp gehören würden, sich dieser abgehobenen Sondersprache bedienen. Sie manifestieren damit ihre Zugehörigkeit zu einer Machtelite, deren Ausdrucksweisen ein Distinktionsmerkmal sind. Es trägt zur Vergewisserung und Sicherung ihres Status in der Hackordnung bei.

Nach dem Soziologen und Sozialphilosophen Pierre Bourdieu ist der Intellektuelle eine Sozialfigur des ausgehenden 19. Jahrhunderts. Der Intellektuelle ist eine Persönlichkeit, die durch ihr wissenschaftlich oder künstlerisch erworbenes Ansehen als Anwalt des Allgemeinen die politische Öffentlichkeit zur kritischen Intervention gegenüber dem Staat oder den Herrschenden nutzt. Die soziale Ordnung, die sich in diesem Verhältnis ausdrückt, hat sich mit dem Verschwinden des Intellektuellen als Sozialtyp nicht verflüchtigt, sondern geradezu umgekehrt. Nun tritt der Staat selbst mit seinen Verwaltungen als Anwalt eines Pseudo-Allgemeinen seinen Bürgern entgegen, aber nicht mit der Aufforderung zur kritischen Intervention, sondern mit der Forderung zum (Sprach-)Gehorsam. Grüß den Gesslerhut, sobald du den Mund aufmachst!

Brennholz für die
Cancel Culture

In jedem Interview, das ich zum Thema führe, wird mir aufs Neue deutlich, dass der rein linguistische Diskurs zu Tode geführt ist, und man trefflicher nur noch von einem Schlagabtausch sprechen sollte. Diejenigen, die die „Revolution von oben" betreiben, Funktionäre und Mitläufer, die „nur" ihrer Arbeit nachgehen, sind offenbar nicht an einer echten Diskussion interessiert, sondern wollen nur den permanenten Streit befeuern.

Unlängst hatte ich das zweifelhafte Vergnügen, mich in einer Schaltung mit dem obersten Moralapostel der Genderlinguistik zu befinden.[40] Nach meinem Empfinden waren seine Hauptstrategien Pauschalisierung, Verbreitung von Fake News und das Zurschaustellen respektive die Verbreitung von Ekel vor mir als der „Andersdenkenden". Er sprach mich nicht persönlich an, sondern sprach nur über mich. Vielleicht

40 „Streit ums Gender-Sternchen", DW Deutsch, YouTube, 04.02.2021.

wollte er mir zu verstehen geben, dass er mich für rechten Abschaum hält, von dem er sich und die Umwelt reinhalten will. Dahingehend diskreditierte er mich fortwährend. Er hatte seinen Habitus und seine Argumentationsweise gut vorbereitet, versuchte andere mutwillig misszuverstehen und meinen Kollegen wie mir die Kompetenz komplett abzusprechen. Während er alle Aussagen möglichst eng auslegte, gab er sich selbst allwissend. Das sind die Rahmenbedingungen für die „Cancel Culture". Redaktion und Technik unterstützen ihn nach Kräften dabei. Die Skypetechnik hätte es wohl hergegeben, dass alle Gesprächspartner einander hätten sehen können. So geht Konferenzschaltung. Allerdings hatte die Redaktion es so eingerichtet, dass ich weder die Moderatorin noch den mir zugedachten Gesprächspartner, geschweige denn beide zusammen sehen konnte.

Die Atmosphäre der öffentlichen Meinungsäußerung ist schon so vergiftet, dass der zuvor erwähnte Text von Wolfgang Thierse in der FAZ einen veritablen Sturm der Entrüstung im Netz erntete. „Wieviel Identitätspolitik stärkt die Pluralität einer Gesellschaft, ab wann schlägt sie in Spaltung um? Sehr grundsätzlich gesagt: Ethnische, kulturelle, religiös-weltanschauliche Pluralität, die auch in Deutschland zunimmt, ist keine Idylle, sondern ist voller Streit und Konfliktpotenzial. Wenn Vielfalt friedlich gelebt werden soll, dann muss diese Pluralität mehr sein als das bloße Nebeneinander sich voneinander nicht nur unterscheidender, sondern auch abgrenzender Minderheiten und Identitäten."[41] Um diese Einlassungen als „neurechten Sprech" zu verorten,

---

41 Thierse, s. Anm. 23.

wie es die Queer-Gemeinde tat[42], müssen die Maßstäbe für „rechts" schon bis zur Unkenntlichkeit verschoben sein. Eine zukunftsfähige Demokratie braucht offene Debattenräume für eine humanistische Wende.

---

[42] Siehe Dennis Klein: „Queere Empörung nach FAZ-Kommentar von Wolfgang Thierse", Queer.de, 23.02.2021.

2.

MEINUNGSVIELFALT

ROBERT BENKENS

Schule als Safe Space?

Egal ob Migration, EU, Klima oder Corona: Stehen kontroverse Themen an, sind die moralisch korrekten Positionen oft klar. Schule muss bequemes Lagerdenken aber herausfordern

„Bildung ist die Fähigkeit, fast alles anhören zu können, ohne die Ruhe zu verlieren oder das Selbstvertrauen." Von diesem Anspruch des Schriftstellers Robert Frost sind wir heute wohl weiter entfernt denn je. Wir erleben eine Retribalisierung politischen Denkens: Auf der einen Seite eine „Rude Culture" „der alten weißen Männer", auf der anderen Seite eine „Woke Culture" der „Generation Snowflake". Was beiden gemein ist: Kritik wird nicht als Anlass gesehen, die eigenen Annahmen zu überprüfen, sondern als aggressiver Angriff auf die eigene Identität. Alles wird dieser Identität untergeordnet – selbst Fakten. Die andere Seite wird nicht mehr als politischer Gegner gesehen, sondern als Feind. Political Correctness und Cancel Culture hier sowie Hate Speech und Fake News dort bilden zwei Seiten derselben Medaille eines sich vergiftenden Meinungsklimas – und sie treiben einander an.

Es ist nachvollziehbar, dass Schulen und insbesondere die politische Bildung in dieser an Geschwindigkeit aufnehmenden Polarisierungsspirale auf der richtigen Seite stehen wollen, vorsichtig agieren, vor Fake News und Hate Speech schützen und den Heranwachsenden ein solides Wertefundament mit auf den Lebensweg geben wollen. Dabei sollten sie allerdings aufpassen, dass der Anspruch, moralische Orientierung zu bieten, nicht in einer verkürzten Darstellung endet, in der eine zu verurteilende „populistische Position" einer „moralischen Position" gegenübergestellt wird.

Beispiel 1: Migration und Integration

Das erste Beispiel hierfür ist der Themenblock Migration und Integration. Auf der einen, rechten Seite stehen diesem dichotomen Weltbild nach nicht nur knallharte Nazis oder die pure Menschenfeindlichkeit, sondern auch unterschwellige Formen der Ausgrenzung. Dementsprechend sollen Schüler auf der anderen Seite für das Problem der Fremdenfeindlichkeit sensibilisiert werden, indem sie mit eigenen Vorurteilen konfrontiert werden, politisch nicht korrekte Sprache reflektieren oder sich in individuelle Fluchtgeschichten hineinversetzen. Alles richtig. Allerdings kann dies zu einer Emotionalisierung führen, in der jede rationale Abwägung von Interessen des Aufnahmelands oder Rückkopplungseffekte auf die Herkunftsländer als kalte Menschenfeindlichkeit erscheinen.

Diese vereinfachende Gegenüberstellung zeigt zwar wichtige Eckpunkte und Abwehrfronten auf, die pädagogisch geboten erscheinen – ein reiches und liberales Land muss es sich schließlich leisten können, Menschen, die vor Krieg, Hunger und Unterdrückung fliehen, Schutz zu bieten. Gleichzeitig wird diese Gegenüberstellung den vielen Zwischentönen nicht gerecht: So wichtig es ist, Empathie und Mitgefühl als Grundlage einer humanen Politik zu legen, und so richtig es auch ist, dass mit den wirklichen Rassisten kaum noch zu reden ist, so falsch ist der Ansatz, einen demokratietheoretischen, sozioökonomischen, soziokulturellen Themenkomplex wie Flucht und Migration *nur* auf das eine moralische Bekenntnis nach Offenheit und unbedingter Toleranz reduzieren zu wollen.

Ja, Einwanderung und Vielfalt bereichern. Gerade Kulturen, die sich öffnen, haben Erfolg, nicht jene, die sich abschotten. Zumindest müsste aber diskutiert werden, wie diese Offenheit gestaltet werden sollte: Welche Kriterien sollte es für Einwanderung geben? Gar keine? Wenn schon eine falsche Frage wie nach der Herkunft oder ein rhetorisch nicht astrein formulierter Einwand gegen die Einwanderungspolitik einen pädagogisch-gesellschaftlichen Ächtungsmechanismus in Gang setzen, sorgt das eher für mehr Berührungsängste zwischen Gruppen, einen Rückzug der Skeptischen in digitale Meinungs- und Radikalisierungsblasen oder ein Abnicken sozial erwünschter Antworten. Eine gemeinsame Identifikation jenseits von ethnonationalistischen Homogenitätsillusionen und einem bloßen Diversitätsmanagement kommt so kaum zu Stande. Dabei wäre die Schule genau der Ort dafür.

Frankreich ist da ein mahnendes Beispiel: Wenn dort in den republikanischen Schulen Voltaires Religionskritik aus Angst oder falscher Rücksichtnahme gemieden wird, sagt das schon einiges über die doppelten Standards des Moralismus. Ahmad Mansour kennt ähnliche Berührungsängste auch aus deutschen Schulen und fordert ein umfangreiches Bildungsprogramm, um der Radikalisierung auf *allen* Seiten Einhalt zu gebieten. Diese Herausforderungen würden bei der Ausbildung oder der Erstellung von Lehrplänen kaum berücksichtigt. Neben der rechten Ausgrenzung sieht Mansour auch eine Sonderbehandlung „seiner" muslimischen Herkunftscommunity von links, die dazu führe, dass man diese nicht nur vor Ausgrenzung schützen wolle, sondern „vor allem vor Kritik, weil wir ansonsten angeblich zerbrechen und nicht in der Lage sind, diese auszuhalten".[1]

Das Fördern benachteiligter Gruppen gerät zum Glück stärker in den sozialstaatlichen Fokus, um bestehende Bildungsungerechtigkeiten zu beheben. Dass aber nach den neuesten postmodernen pädagogischen Trends schon das Einfordern von Eigenverantwortung und Leistungsbereitschaft oder Wissenschaft und Mathematik als „weiße" Relikte eines „eurozentrischsten Rassismus" abqualifiziert werden,[2] ist nicht nur geschichtsvergessen, sondern führt auch zu einer Nivellierung der Standards sowie zu einer Kultur der niedrigen Erwartungen gegenüber benachteiligten Minderheiten, wodurch sie erst recht den Anschluss verlieren. Was moralisch gut gemeint als eine Art „Nachteilsausgleich" begann, verfestigt Unterschiede und Argwohn zwischen gesellschaftlichen Gruppen.

Im Kampf dagegen können Initiativen wie „Schule ohne Rassismus" wichtige Grundlagenarbeit leisten. Sie müssen sich den Realitäten eines multikulturellen Einwanderungslands wie Deutschland stellen. Dazu gehört, rassistische Ausgrenzung zu bekämpfen, die Vorzüge von Vielfalt sichtbar zu machen, aber auch aufzuzeigen, in welchen Fällen soziale Normen in Konflikt geraten mit dem Rechtsstaat oder den Freiheits- und Menschenrechten – und wie diese demokratisch, kultursensibel, aber ohne „Sonderbehandlung" zu lösen sind. Konkret: Wenn ein Junge ein Mädchen als „Schlampe" sieht, weil ihm ihr sommerliches Outfit zu westlich und

---

[1] „Generation Allah und die Aufklärung" (Interview mit Ahmad Mansour), Novo online, 20.12.2016.
[2] Christiane Heil: „Wieviel ‚weiße Vorherrschaft' steckt in der Mathematik?", F.A.Z. online, 02.03.2021.

freizügig ist, muss das dahinter liegende Weltbild genauso thematisiert werden wie in dem Fall, wenn jemand seine Mitschülerin diskriminiert, nur weil sie ein Kopftuch trägt.

Beispiel 2:
EU und Brexit

Als zweites Beispiel kann die EU, genauer: der Brexit, angeführt werden. Das dominierende mediale Narrativ, das sich auch in Schulen wiederfindet, geht in etwa so: Die Briten haben sich von Rassisten und Europafeinden anstacheln lassen und in einem Akt kollektiver Psychose für den Austritt aus der EU gestimmt.

Demgegenüber stehen die „überzeugten Europäer", die die Europäische Union postheroisch gegen nationalistische Engstirnigkeit verteidigen und konstatieren, Nationalstaaten könnten globale Probleme nicht mehr allein lösen. Flankiert wird diese nicht grundsätzlich falsche, aber lückenhafte Europa-Erzählung von zahlreichen Lernmaterialien oder Besuchen bei EU-Institutionen.

Schüler sollten das in vielen Medien vorherrschende Demokratieverständnis im Unterricht nicht einfach wiederholen, sondern hinterfragen: Wenn ein Abstimmungsergebnis mit den meisten je für eine Sache abgegebenen Ja-Stimmen in der Geschichte einer der ältesten Demokratien der Welt den „Pro-Europäern" nicht passt, stimmen wir so lange ab, bis es „richtig" ist?[3]

Es ist völlig legitim, Schülern aufzuzeigen, was gegen den EU-Austritt spricht: Schließlich ist die Kooperation zwischen ehemaligen Erzfeinden, der wirtschaftliche und

---

[3] Theo Sommer: „Briten, stimmt noch mal ab", Zeit online, 18.12.2018.

gesellschaftliche Austausch und die längste Wohlstands- und Friedensperiode auf europäischem Boden wirklich eine erfolgreiche Story. Diese aber mit einem moralischen Automatismus in Richtung einer „Ever Closer Union" inklusive Schulden- und Haftungsunion zu verknüpfen, scheint gerade angesichts der „Neins" in den Verfassungsreferenden Irlands und Frankreichs sowie des Zwists, den der Euro auch zwischen den Ländern gebracht hat, diskussionswürdig. Schüler zu „überzeugten Europäern" zu erziehen, sollte nicht bedeuten, sie zu kritikscheuen Fans von Brüssel zu machen.

Statt auf den Brexit mit Arroganz zu reagieren, sich in klammheimlicher Freude über ein „Brexit-Chaos" zu ergehen, sollte man ihn zum Anlass grundsätzlicher Selbstkritik nehmen: Welches Demokratieverständnis lehren wir, wenn der Wunsch der Briten nach „take back control" *nur* als provinzieller Nationalismus abgetan wird, während Grundsatzentscheidungen immer weiter weg vom Souverän an demokratisch schwach legitimierte Institutionen wie die Europäische Kommission ausgelagert werden? Zumindest in Sachen Impfen konnte Großbritannien flexibler und deutlich schneller agieren als eine schwerfällige EU – an deren Spitze eine im Hinterzimmer gekürte ehemalige deutsche Verteidigungsministerin mit fragwürdiger Bilanz im Beschaffungswesen der Bundeswehr steht.

Beispiel 3:
Klimaaktivismus

In wohl kaum einem anderen Bereich ist Vermischung von journalistischer Berichterstattung, moralistischer Parteinahme und pädagogischem Impetus so groß. Zahlreiche Medien schlossen sich der „Covering Climate Now-Initiative"[4] an, die Zeitschrift Stern ließ Fridays for Future gleich die Redaktion für ein Heft übernehmen[5] und zahlreiche Wissenschaftler verstehen sich zunehmend als Aktivisten. Folgerichtig gibt es neben Fridays for Future auch Scientists for Future, Parents for Future und Teachers for Future.

Neben der Begeisterung für politisches Engagement wäre es jedoch auch Aufgabe von Lehrkräften, einer Jugendbewegung – und sei sie den eigenen Standpunkten noch so nah und sympathisch – nicht nur zu bejubeln, sondern auch Grundannahmen und Lösungsansätze kritisch zu prüfen. Es ist bezeichnend, dass sich die Kritiker darauf beschränkten, dass die Jugendlichen doch auch samstags demonstrieren könnten. Zu übermächtig scheint das kapitalismus- und wachstumskritische Narrativ inzwischen zu sein.

Nehmen wir Bangladesch[6]: Obwohl sich die Bevölkerung des flächenmäßig recht kleinen Landes von 50 auf rund 150 Millionen verdreifacht hat, ist der Anteil der in extremer Armut lebenden Menschen von etwa 45 Prozent im Jahr 1990 in nur 25 Jahren auf ungefähr 15 Prozent gefallen, dank modernisierter Landwirtschaft explodierten die Reis- und Weizenerträge geradezu, während der dafür notwendige Landverbrauch von 80 Prozent der Agrarfläche auf 70 Prozent ebenso gesunken ist wie die landwirtschaftlich genutzte Fläche pro Kopf insgesamt, was wiederum ermöglichte, dass die Waldfläche in etwa gleich bleiben konnte. Berücksichtigt man, dass mit steigendem Wohlstand auch die Geburtenraten Bangladeschs sich derjenigen westlicher Länder

---

4   Siehe Website „Covering Climate Now".
5   „In eigener Sache. Zeichen zum Weltklimatag – Der Stern gestaltet gemeinsam mit Fridays for Future ein Klimaheft", Stern online, 22.09.2020.
6   Eintrag „Bangladesh", Our World in Data.

annähern, kann der Flächenverbrauch weiter reduziert und womöglich aufgeforstet werden. Noch wichtiger sind aber die menschlichen Indikatoren: Die Kindersterblichkeit ist erfreulicherweise von unglaublichen 35 Prozent 1950 auf unter fünf Prozent 2016 gefallen, während gleichzeitig die durchschnittliche Lebenserwartung von 39 auf fast 72 Jahre gestiegen ist. Kinderarbeit ist von 17 Prozent 2003 auf heute etwa fünf Prozent gesunken. Und auch die Zahl derjenigen, die aufgrund von Naturkatastrophen umkommen, hat einen historischen Tiefstand erreicht. Die Treiber dieser großartigen Entwicklung sind Technologietransfer, Freihandel und Wirtschaftswachstum.

Statt solche Entwicklungstrends zu analysieren, werden viele Schüler mit apokalyptischen Bildern aus Bangladesch konfrontiert oder lesen „Arbeitsmittel zum globalen Klimawandel"[7] von NGOs wie Germanwatch. Zwar ist das, was gezeigt wird, selten grundsätzlich falsch, schließlich wird mit Grafiken, Prognosen und Expertenstimmen gearbeitet. Aufschlussreich ist aber, was nicht gesagt wird: Von den oben genannten Trends findet sich kaum ein Wort.

In seinem Artikel „Wie Medien einer Umweltorganisation auf den Leim gehen"[8] legt Axel Bojanowski, Chefreporter des Ressorts Wissen bei der Tageszeitung Welt dar, wie politische Voreingenommenheit die kritische Überprüfung aushebelt: Leitmedien wie Tagesschau oder Spiegel beriefen sich auf eine „Studie" der erwähnten NGO Germanwatch, nach der Dürre, Stürme und Überschwemmungen immer mehr zunähmen, vor allem in armen Ländern. Der

---

7 Germanwatch: „Der steigende Meeresspiegel. Folgen für Küstenräume und Tiefländer: Die Beispiele Bangladesch und die Niederlande", aktualisierte Ausgabe 2013.
8 Axel Bojanowski: „Wie Medien einer Umweltorganisation auf den Leim gehen", Welt online, 26.01.2021.

Wissenschaftsjournalist bestätigt, dass der Klimawandel für eine globale Erwärmung sorge, Hitzewellen und Starkregen zunehmen, Gletscher schmelzen und Meeresspiegel steigen würden. Aber: Bei Stürmen oder Dürren sei hingegen kein klarer Trend erkennbar und vor allem könnten sich ärmere Länder aufgrund des zunehmenden Wohlstands besser schützen. Mit Ausnahme von Hitzewellen hätten sämtliche Wetterkatastrophen weniger Auswirkungen als früher. Er hat Recht: Während 1970 in Bangladesch beim Zyklon Bhola bis zu 500.000 Menschen ums Leben kamen, waren es letztes Jahr beim Super-Zyklon Amphan 118. Auch Klima[9]- und Katastrophenforscher[10] bestätigen diese Trends. Die omnipräsenten Fehlkonzepte, auch bezüglich der Ursachen[11] und Entwicklung[12] von Waldbränden, müssten doch im Unterricht aufgedeckt werden.

Aber wie, wenn nicht nur viele Schüler, sondern selbst Erwachsene glauben, der Klimawandel[13] werde die Menschheit auslöschen? So wichtig die Aufklärung über die komplizierten Wechselwirkungen und potenziellen Probleme des menschengemachten Klimawandels auch ist, so pädagogisch fragwürdig erscheint ein unkritisches Wiederholen von Untergangsszenarien. Neben den wichtigen Unterrichtseinheiten zu gesicherten Fakten des Klimawandels könnte in anderen Stunden doch auch mal überprüft werden, was aus den zahlreichen „ganz sicheren" Untergangsszenarien

9   Giuseppe Formetta / Luc Feyen: „Empirical evidence of declining global vulnerability to climate related hazards", Science direct online, Juli 2019.
10 Roger Pielke: „Everything You Hear about Billion-Dollar Disasters Is Wrong", Forbes online, 07.11.2019.
11 Ramesh Thakur: „Why Australia Is Burning", Project Syndicate, 09.01.2020.
12 „Researchers Detect a Global Drop in Fires", NASA Earth Observatory online.
13 Matthew Smith: „International Poll: Most Expect to Feel Impact of Climate Change, Many Think It Will Make Us Extinct", Yougov online, 15.09.2019.

geworden ist, die hochrangige Experten und Intellektuelle in den letzten Jahrzehnten für unsere Gegenwart heraufbeschworen haben und mit denen Lehrergenerationen selbst aufgewachsen sind.[14]

Hans von Storch[15], einer der renommiertesten Klimaexperten, Mitautor an IPCC-Berichten (Intergovernmental Panel on Climate Change, Weltklimarat), Mitbegründer des Exzellenzclusters zur Klimaforschung an der Uni Hamburg und Träger des Bundesverdienstkreuzes Erster Klasse für seine Klimaforschung, kritisiert diesen Alarmismus. Selbst der IPCC schreibt von mitunter großen Unsicherheiten bei der Folgenabschätzung des Klimawandels.[16] So werde beispielsweise projiziert, dass Veränderungen von Bevölkerung, Altersstruktur, Einkommen, Technologie, relativen Preisen, Lebensstil, Regulierung sowie politischer Steuerung und Koordination relativ größere Auswirkungen auf künftigen gesellschaftlichen Wohlstand hätten als der Klimawandel. Und überhaupt: Seit wann ist Angstpädagogik ein legitimes Mittel politischer Bildung?

In Schulmaterialien[17] wird der Klimawandel als Hauptursache für Desertifikation und das Elend in der Sahelzone angeführt, obwohl die armutsbedingte Überbevölkerung[18] und mangelnder Zugang zu einer effizienten Energie- und Landwirtschaft einen viel größeren Druck ausüben als der Klimawandel, der dort tatsächlich eher zu einer Ergrünung

---

14 Robert Benkens: „Ein Klima, in dem der Aufstieg des Westens als ein Verhängnis empfunden wird", Welt online, 25.03.2021.

15 „Der Klimaforscher Hans von Storch" (Interview), Deutschlandfunk online, 26.01.2020.

16 IPCC: Syntheseberich 2014.

17 „Die Sahelzone – Klimafluch und Klimaflucht" in: Das Medieninstitut der Länder/ FWU Institut für Film und Bild in Wissenschaft und Unterricht, 2020.

18 Uli Kulke: „Die Sahelzone und der ‚Elefant im Raum'", Welt online, 28.12.2020.

führt.[19] In einer Ausgabe[20] des Jugendmagazins fluter, das die Bundeszentrale für politische Bildung herausgibt, wird Schülern angesichts einer eindrücklichen Bebilderung mit kurzem Text nahegelegt, dass der pazifische Inselstaat Kiribati wegen des Klimawandels vor dem Sinken stehe – eine seit etlichen Jahren, unter anderem vom (Fälschungs-)Reporter Relotius im Spiegel, wiederholte Erzählung. Die Sache ist nur: Kiribati hat in derselben Zeit an Land zugelegt. Solche Richtigstellungen in kleinen Magazinen wie Salonkolumnisten[21] oder Novo Argumente sind jedoch nie so öffentlichkeitswirksam wie die ursprünglichen Storys in angesehenen „Qualitätsmedien". Sie dringen kaum zu Lehrkräften durch.

Natürlich gibt es auch andere Stimmen, aber in der Fülle der Informationsangebote leider schlicht untergehen. So hat die Bundeszentrale im selben Jahr in der Fachzeitschrift Aus Politik und Zeitgeschichte eine Ausgabe zum Thema „Klimadiskurse"[22] mit erfrischend neuen Perspektiven herausgegeben:

„Alte Fragen werden mit neuem Nachdruck diskutiert: Wie lässt sich die Reduktion klimaschädlicher CO_2-Emissionen effektiv umsetzen? Welche politischen Weichenstellungen sind prioritär? Welche Rolle können marktwirtschaftliche Mechanismen beim Klimaschutz spielen? Und was tragen Verhaltensänderungen auf individueller Ebene bei? Zugleich wird die Klimadebatte selbst mit Blick auf die sie auszeichnenden Katastrophenszenarien, Verzichtsaufforderungen und verkürzten Darstellungen von Zusammenhängen kritisch reflektiert."

[19] Rebecca Hahn: „Der Traum von der großen grünen Mauer", F.A.Z. online, 20.10.2020.
[20] „Insellösung" in: fluter, Frühjahr 2019/Nr. 70.
[21] Johannes Kaufmann: „Mythenjagd: Tuvalu und Kiribati versinken im Meer", Salonkolumnisten, 03.04.2019.
[22] Aus Politik und Zeitgeschichte (APuZ), 47–48/2019.

Neben Unterrichtsmaterialien von Greenpeace oder ähnlichen NGOs bräuchte es mehr von solchen. Schulen wehren diese anderen Perspektiven nicht kategorisch ab. Sie müssen eben nur eingebracht werden. Momentan ist der Diskurs von moralisierenden Appellen dominiert. Niemand will als „Unmensch" dastehen. Moralische Appelle sind wichtig, um Themen auf die Agenda zu setzen, sie ersetzen jedoch nicht die ökonomische Analyse: So ist es zwar toll, wenn sich Klimaaktivisten mehr Verzicht auferlegen oder grundsätzlich fordern – schließlich haben sie im Schnitt mehr Flugmeilen[23] zu verbuchen als der Normalbürger. Allerdings macht der Verzicht auf Fleisch mit etwa vier Prozent[24] oder Fliegen mit etwa drei Prozent[25] nur einen Bruchteil der Gesamtemissionen aus. Das Problem ist grundlegender: Unser gesamter zivilisatorischer Standard hängt vom Zugang zu hochleistungsfähigen, zuverlässigen und kostengünstigen Energieträgern ab. Der Erfinder des „Zwei-Grad-Ziels" und Nobelpreisträger für Klimaökonomie William Nordhaus stellt fest:[26] Eine „radikale" Verzichtspolitik verursacht immense Kosten, ein ökonomisch durchdachter Klimaschutz muss hingegen nicht teuer sein.[27]

Das Paradoxe[28]: Selbst wenn die ganze EU keine fossilen Energien mehr nachfragen würde, könnte der Preis für diese

23 Philip Plickert: „Grüne, Klimaschützer und Vielflieger", F.A.Z. online, 16.02.2019.
24 Frank Mitloehner: „Ja, Fleisch essen belastet die Umwelt – aber Kühe sind trotzdem keine Klimakiller", Krautreporter, 03.07.2019.
25 „Klimakiller Nr. 1?", Klimaschutzportal online.
26 William Nordhaus: „Projections and Uncertainties about Climate Change in an Era of Minimal Climate Policies" in: American Economic Journal of Economic Policy online, 03.08.2018.
27 Patrick Bernau / Winand von Petersdorff-Campen: „Klimaschutz ist nicht sehr teuer" (Interview mit William Nordhaus), F.A.Z. online, 03.09.2019.
28 Hans Werner Sinn: „Das grüne Paradoxon: Plädoyer für eine illusionsfreie Klimapolitik", Weltbuch 2020.

Rohstoffe fallen, was deren Nutzung am anderen Ende der Welt noch attraktiver machen würde.

Länder nutzen fossile Energien nicht aus moralischer Niedertracht, sondern weil sie sich mit Sonne und Wind allein nicht aus Armut und Unterentwicklung befreien können. Oder um es in den Worten der Premierministerin Bangladeschs auszudrücken: „Wenn man die wirtschaftlichen Bedingungen seiner Bevölkerung nicht entwickeln kann, wie will man dann seine Bevölkerung retten?"[29] Die alternativen Niedrigenergien brauchen viel Subvention, Material und Fläche. Mangels Speicher liefern sie oft zu viel Strom oder zu wenig, wenn er dringend benötigt wird. Dann müssen konventionelle Kraftwerke die Versorgung sichern. Ironischerweise ist das „Energiewendevorbild" Deutschland deshalb weiter von der Dekarbonisierung des Stromsektors entfernt als technologieoffenere Industrieländer. Vom Verkehrs-, Wärme- und Industriesektor ganz zu schweigen. Der Anteil der Sonnen- und Windenergie am Primärenergieverbrauch weltweit lag 2019 bei 3,3 Prozent.[30]

Wir brauchen also klügere Wege. Statt planwirtschaftlicher Subventions-, Verbots- oder moralisierender Lebensstilpolitik eine konsequente CO_2-Bepreisung, die den marktwirtschaftlichen Entdeckungswettbewerb um die effizientesten Wege der CO_2-Vermeidung in allen Sektoren in Gang setzt, befeuert von massiven Investitionen in ergebnisoffene Forschung und Entwicklung. So könnten Schüler von einer technik- und fortschrittsfreundlichen Bildungsoffensive profitieren, indem sie mit Ingenieuren über die

29 Jeremy Hance: „Al Gore and Bangeladesh PM spar over coal plants in the Sundarbans", Mongabay online, 30.03.2017.
30 Eintrag „Energiemix", „Our World in Data".

neuesten Speicher- und Kraftwerkstechnologien sprechen, die zuverlässig, sicher und kostengünstig den Energie- und Wohlstandshunger der Welt befriedigen, ohne mehr CO_2 zu emittieren. Dazu könnten sie die „Erntefaktoren" von Energieträgern, die tatsächlichen CO_2-Reduktionsbilanzen und -Vermeidungskosten unterschiedlicher Industrieländer vergleichen.

Dass eine durchgängige Multiperspektivität im Unterricht eher die Ausnahme bildet, liegt jedoch nicht daran, dass die andere, (wirtschafts-)liberale Seite vom „linksökologischen" Bildungsbetrieb kleingehalten würde, sondern daran, dass Liberale selbst einfach zu opportunistisch sind, ihre Positionen selbstbewusst sichtbar zu machen. An meiner Schule werden neue Perspektiven dankbar aufgenommen, was auch zu anregenden Diskussionen, einem fruchtbaren Austausch im Vorfeld von gemeinsamen Unterrichtsprojekten führt. Früher gab es im Zuge des „Marschs durch die Institutionen" bestimmt viele Debatten in Lehrer- und Klassenzimmern zwischen konservativen alten Haudegen, forschen linken Lehrkräften und Schülern. Schulen sollten wieder mehr Raum für eine nonkonformistische Debattenkultur lassen.

Beispiel 4:
Corona-Debatte

Was damit nicht gemeint ist, kann in der Corona-Debatte beobachtet werden: Angesichts von Verschwörungsdenken, antimoderner Wissenschaftsfeindlichkeit, Öko-Esoterik und Debattenverweigerung bei sogenannten „Querdenkern" tappen viele auf der anderen Seite wieder in die Moralisierungsfalle: Gerade zu Beginn verbarrikadierten sich viele Parlamentarier, teilweise auch Wissenschaftler und Journalisten, in ihren Schützengräben und sahen ihre Aufgabe nicht primär in der Kontrolle der Regierung, sondern in der Maßregelung ungezogener Bürger. Statt unterschiedliche Wege offen in Parlament und Öffentlichkeit zu debattieren, wurde der Austausch angesichts medial allgegenwärtiger Katastrophenszenarien moralisch verunmöglicht. Wer gezieltere Maßnahmen vorschlug, da das durchschnittliche Alter[31] der Corona-Opfer etwa der durchschnittlichen Lebenserwartung entspricht, wurde wie ein Wehrkraftzersetzer behandelt – selbst angesehene Experten wurden in die Ecke der „Covidioten" gerückt.[32]

Während der Staat sich so auf dem Durchhaltewillen der Bürger und der bis dahin recht erfolgreichen Lockdown-Strategie ausruhen konnte, versagt er auch nach über einem Jahr bei allen proaktiven Maßnahmen wie Testen, Tracken, Impfen.[33]

Loyalität schlägt Rationalität

Generationen von Schülern sind damit aufgewachsen, dass in einer Demokratie zu leben auch heißt, kritisch zu sein – gerade gegenüber Autoritäten. Deshalb wäre es angebracht, den Blick nicht immer nur nach unten zu richten, um Schüler gegen gefährliches Verschwörungsdenken zu immunisieren. Notwendig ist auch der Blick nach oben zu den Autoritäten. Immerhin bietet die Krise genug Lehrmaterial dafür, wie unsere demokratischen Sicherungsmechanismen

---

[31] Rasmus Buchsteiner / Fabian Wenck: „RKI: Todesopfer durch Corona in Deutschland im Schnitt 81 Jahre alt", Redaktionsnetzwerk Deutschland online, 25.03.2020.
[32] Alexander Marguier: „Gute Hetze, böse Hetze", Cicero online, 23.01.2021.
[33] Sascha Lobo: „Sätze zum Ausflippen – Staatsversagen in der Pandemie", Spiegel online, 03.03.2021.

Grenzüberschreitungen der Exekutive aufdeckten: Von dubiosen Maskendeals[34], teilweise unverhältnismäßigen Eingriffen in wirtschaftliche und persönliche Freiheitsrechte[35], über Absprachen[36] des Gesundheitsministeriums mit Internetkonzernen zur Priorisierung von Regierungsmeldungen im Meinungsmarkt bis hin zu handfesten Skandalen um die Instrumentalisierung „der" Wissenschaft zur Legitimation der eigenen Lockdown-Politik oder zur Verbreitung von Angstszenarien durch Mao-Verehrer[37].

Man stelle sich vor, Trumps Regierung hätte „die" Wissenschaft erfolgreich zu „maximaler Kollaboration"[38] aufgerufen! Trump verharmlost das Virus? Gelächter und Kopfschütteln – zu Recht. Die USA haben bereits im Mai 2020 Operation Warp Speed verkündet, in Großbestellung von Impfdosen investiert? Peinliche Ruhe. Das zeigt: Politisches Loyalitätsdenken schlägt rationalen Austausch. Der schwedische Weg? „Vollkatastrophe!", warnen die einen. „Vorbild!", behaupten die anderen. Nein – schaut man sich die Sterblichkeit[39] im Jahresvergleich oder den Ländervergleich[40] an, muss man beiden Lagern widersprechen. Und warum hat das offene

---

34 „Bericht: Weitere Abgeordnete in Maskengeschäfte involviert", SZ online, 05.03.2021.
35 „Der ehemalige Bundesverfassungsrichter Hans-Jürgen Papier warnt: ‚Auch wer die Gesundheit der Bevölkerung schützen will, darf nicht beliebig in die Grundrechte eingreifen'", Neue Zürcher Zeitung online, 20.10.2020.
36 „Prominent platzierte Infoboxen: Gericht untersagt vorläufig Kooperation zwischen Google und Spahns Ministerium", Münchner Merkur online, 11.02.2021.
37 Tim Röhn: „Wie das Innenministerium einen Mao-Fan zum Corona-Berater machte", Welt online, 21.02.2021.
38 Anette Dowideit / Alexander Nabert: „Wenn der Staatssekretär Wissenschaftler zu ‚maximaler Kollaboration' aufruft", Welt online, 08.02.2021.
39 „Number of deaths in Sweden from 2011 to 2021", Statista online.
40 „Todesfälle in Zusammenhang mit dem Coronavirus (Covid-19) je Million Einwohner in ausgewählten Ländern", Statista online.

Florida[41] eine bessere Corona-Bilanz als Kalifornien mit mehreren harten Lockdowns? Fragen zulassen, Widersprüche aufdecken: Genau hier muss und kann Schule ansetzen.

Die aufgeführten Kritikpunkte bedeuten explizit nicht, dass Schüler einseitig indoktriniert würden. In den Grundsätzen des Beutelsbacher Konsenses[42] sind mit Kontroversitätsgebot und Überwältigungsverbot Grundsätze festgeschrieben, die ebendies verhindern sollten, und auch im Kerncurriculum des Fachs Politik-Wirtschaft sowie in den meisten Lehrwerken ist das Bemühen zu erkennen, mehrere Seiten zu einem Thema darzulegen. Allerdings begegnen wir nicht selten einem impliziten Lehrverständnis, das einer politischen Sozialisation im Medien-[43], Kultur-[44] und Bildungsbetrieb[45] entspringt und dazu führt, dass der Zugriff auf ein Thema eine moralistische Schlagseite bekommt.

Was politische Bildung
leisten muss

Eine Antwort auf diese Moralisierungsfallen bedeutet nun nicht, dass sich Lehrkräfte auf die Rolle eines neutralen Unterrichtsorganisators zurückziehen sollten oder ihre

[41] Sandra Ward: „Weniger Tote ohne Lockdown – hatte Florida am Ende doch recht?", Welt online, 22.02.2021.
[42] Kurz gefasst lauten die drei Elemente dieses 1976 formulierten Konsenses: Überwältigungsverbot (keine Indoktrination), Beachtung kontroverser Positionen in Wissenschaft und Politik im Unterricht, Befähigung der Schüler, in politischen Situationen ihre eigenen Interessen zu analysieren.
[43] Rainer Haubrich: „Ausgewogene Berichterstattung? 92 Prozent der ARD-Volontäre wählen grün-rot-rot", Welt online, 03.11.2020.
[44] Christian Hoffmann: „Das Herz des Journalismus schlägt links – so what?", EJO European Journalism Observatory, 11.02.2021.
[45] Sam Abrams: „Professors moved left since 1990s, rest of country did not", Heterodox Academy, 09.01.2016.

Leidenschaft für die gute Sache aufgeben sollten. Im Gegenteil: Ein politischer Bildner, der selbst auch zeigt, dass er für sein Thema „brennt" und bestimmte moralische Überzeugungen mitunter leidenschaftlich vertritt und im Unterricht diskutiert, kann ein guter „Sparringspartner" für die Schüler sein, um die eigenen Überzeugungen zu hinterfragen oder die eigenen Argumente zu schärfen. Dabei sollte aber der politische „Bias" der Lehrkraft immer transparent gemacht und nicht hinter einem „Schleier" vermeintlich moralischer Letztgültigkeit verborgen bleiben.

Das Bedürfnis, auf der „richtigen" Seite zu stehen, darf die politische Urteilsfähigkeit nicht komplett überlagern. Hermann Lübbe analysierte diese Tendenz bereits 1987.[46] Schule sollte bei aller ausdrücklichen Unterstützung für einen Bildungsauftrag im Sinne des humanistischen Menschenbilds und moralischer Festigung nicht in die Moralisierungsfalle tappen, will sie junge Menschen zu den vielfach beschworenen mündigen Bürgern erziehen statt zu selbstgerechten Aktivisten hier, frustrierten Wutbürgern da – oder opportunistischen Mitläufern dazwischen. Schafft sie das nicht, richten sie sich in ihren jeweiligen Meinungsblasen ein – ob an der Uni, am Stammtisch oder im Internet – und entfernen sich immer weiter voneinander. Später canceln sie als Aktivisten dann alles vom Campus, was ihrem postmodernen Weltbild nicht entspricht oder grenzen als Reaktionäre im Alltag alle aus, die ihrem prämodernen Volksbegriff nicht genügen.

Sollte die Schule ein „Safe Space" sein? Ja – und zwar für die offene, mitunter harte Debatte entlang fairer Spiel- und

---

46 Hermann Lübbe: „Politischer Moralismus: Der Triumph der Gesinnung über die Urteilskraft", W.J. Siedler 1987.

Argumentationsregeln, jedoch nicht im Sinne eines „Safe Spaces", in dem die Schüler wie in einem Kokon davor geschützt werden, mit unliebsamen Meinungen konfrontiert zu werden. Dafür müssen wir aber ganz grundsätzlich das Politik- und Demokratieverständnis vom Kopf auf die Füße stellen: Weg vom Zerrbild einer zu betreuenden infantilen Masse, der man von oben mit therapeutischen Maßnahmen nur die Einsicht in die alternativlos feststehenden „richtigen Dinge" vermitteln müsse. Hin zum aufklärerischen Leitbild des zur Eigenverantwortung, zu gruppenübergreifender Solidarität, zur Mündigkeit und Kritik fähigen und selbstbewussten Mitbürgers.

Wie dargelegt, sollte die politische Bildung argumentative Kohärenz, Evidenz und grundsätzliche Offenheit einfordern. Das ist ein hehres Ziel, aber erstens nicht alles und zweitens schwer, konsequent umzusetzen. Denn kein Mensch ist frei von politischen Voreinstellungen und Irrtümern – auch und gerade Lehrkräfte nicht. Was wir also zusätzlich brauchen, ist eine tolerante Fehlerkultur, in der das Revidieren bisheriger Meinungen oder das Einsehen von Irrtümern (vor)gelebt wird. Wenn Schulen ihren Bildungsauftrag wirklich ernstnehmen wollen, und das sollte insbesondere auf die politische Bildung zutreffen, muss konsequent das Ziel verfolgt werden, die Spirale aus moralistischer Empörung und populistischer Enthemmung zu durchbrechen.

Die Rückkehr der Orthodoxie

Ob Lyssenkoismus oder „Deutsche Physik" – die Ideologisierung der Wissenschaft verheißt selten Gutes. Zunehmend wirken auch im „freien" Westen rigide Dogmen, gegen die man auf eigene Gefahr verstößt

„Totalitäre Systeme – oder die Gefahr totalitärer Tendenzen in freien Ländern – lassen sich unschwer anhand der Verhaltensweisen ihrer Bürger erkennen", schreibt der Publizist Laszlo Trankovits. „Wie groß ist die Angst der Menschen, ihre Meinung offen zu sagen? Wie sehr muss man in den Berichten der Medien zwischen den Zeilen lesen? In welchem Maße werden Vorschriften und Vorgaben für die richtige Sprache, die richtige Wortwahl, für den Alltag und das Privatleben erlassen? Wie sehr wächst die Zahl der verbotenen Worte, Thesen und Gedanken?"[1]

Nach dieser Definition war die Sowjetunion eindeutig ein totalitäres System. In „Red Plenty", einem akribisch recherchierten, erzählenden Sachbuch, das die hochgesteckten Ziele und das schließliche Scheitern der sowjetischen Planwirtschaft behandelt, zeichnet der Autor Francis Spufford auch ein Bild der Forschungslandschaft des untergegangenen Staates. In einem Kapitel, das in der sibirischen „Wissenschaftlerstadt"

---

[1] Laszlo Trankovits: „Journalismus 2021: arrogant, moralisch und schamlos", Tichys Einblick online, 20.02.2021.

Akademgorodok spielt – nach sowjetischen Maßstäben eine Oase relativer akademischer und kultureller Freiheit – begegnen wir Zoya Vaynshteyn, einer fiktiven Figur, die nach Angaben des Autors von der realen sowjetischen Genetikerin Raissa Berg (1913–2006) inspiriert ist.

Es ist das Jahr 1963, und Vaynshteyn trifft zum ersten Mal ihren neuen Chef, den Leiter des Instituts für Zytologie und Genetik. „Und werden Sie eine gute Genossin sein?", fragt der Direktor zum Schluss. Spufford buchstabiert für den westlichen Leser den Subtext aus: „Wir wollten Sie, weil Sie eine echte Genetikerin sind, aber werden Sie taktvoll damit umgehen? Werden Sie lügen, wenn es nötig ist, zu lügen, werden Sie schweigen, wenn es nötig ist, zu schweigen, werden Sie verdunkeln, wenn Verdunklung gefragt ist? Werden Sie uns unterstützen, wenn wir diese Dinge tun?"[2]

Man muss wissen: Stalin ist seit zehn Jahren tot, und sein Lieblings-Agrarwissenschaftler Trofim Lyssenko in Ungnade gefallen, aber das verheerende Erbe von dessen Kreuzzug gegen die „bürgerliche", „faschistische" Genetik lebt weiter. Unter dem neuen Machthaber Nikita Chruschtschow darf genetische Forschung zwar wieder betrieben werden, aber der Teilbereich der Biologie gilt nach wie vor als irgendwie befleckt und die Arbeit der Genetiker soll bloß nicht an die große Glocke gehängt werden.

Politisierte Wissenschaft

Entwickeln sich die heutigen westlichen Gesellschaften in eine totalitäre Richtung? In jedem Fall sind sie in

2   Francis Spufford: „Red Plenty: Inside the Fifties' Soviet Dream", Faber and Faber 2010, S. 168.

zunehmendem Maße von *Orthodoxien* geprägt, gegen die man auf eigene Gefahr verstößt. In den Lebenswissenschaften etwa gibt es heute keinen Lyssenko mehr, der mit Rückendeckung eines Diktators Andersdenkende beruflich und persönlich vernichtet. Dafür aber z.B. radikale Sozialkonstruktivisten, die behaupten, „dass das biologische Geschlecht auf einem kontinuierlichen ‚Spektrum' existiere, dass die Begriffe ‚männlich' und ‚weiblich' bloße soziale Konstrukte seien und dass das eigene Geschlecht durch die selbsterklärte ‚Identität' und nicht durch die reproduktive Anatomie bestimmt werden könne", wie der Evolutionsbiologe Colin Wright erklärt. „Selbst Wissenschaftler, die ich persönlich kannte und respektierte, plapperten diesen Unsinn als wissenschaftliche Tatsache nach", klagt der Forscher. Nach einigen Jahren, in denen er aufgrund seiner öffentlichen Kritik an obigen Dogmen einer konzertierten Rufmordkampagne ausgesetzt war, entschied sich Wright, die akademische Welt zu verlassen.[3]

In der Wissenschaft wird heute niemand mehr gefragt, ob er ein „guter Genosse" sein wird. Dafür aber z.B., wie er zu den Thesen des Migrationsforschers Ruud Koopmans steht. Der islam- und multikulti-kritische Leiter der Abteilung Migration, Integration und Transnationalisierung am Wissenschaftszentrum Berlin für Sozialforschung (WZB) sprach kürzlich mit der Tageszeitung Die Welt über die ständigen Rassismusvorwürfe und anderen Angriffe gegen seine Person. Er selbst habe als Beamter eine sichere Stelle. Jüngere Kollegen stünden allerdings unter besonderer Beobachtung, wenn sie zu den vermeintlich falschen Themen forschten. Er kenne einen jungen Wissenschaftler, der sich von einer

---

3 Siehe den Beitrag von Colin Wright in diesem Band.

Publikation zurückgezogen habe, weil er befürchtete, sein Thema (religiös motivierte Gewalt) könnte seinen Aussichten auf eine Festanstellung schaden. Ein Sozialwissenschaftler habe seinen Doktoranden sogar verboten, mit Koopmanns Doktoranden in Kontakt zu treten.[4]

Ein paar weitere aktuelle Schlaglichter aus der Welt der Wissenschaft:

Im September 2017 zog die Fachzeitschrift Mathematical Intelligencer abrupt ihr Angebot zurück, ein Paper der amerikanischen Mathematiker Theodore P. Hill und Sergei Tabachnikov zu veröffentlichen. Am selben Tag hatte bereits die Forschungsbehörde National Science Foundation darauf bestanden, dass ein Hinweis auf ihre finanzielle Förderung von Tabachnikovs Forschung aus dem Paper verschwinden müsse. Die Autoren hatten sich in ihrem Beitrag mit der umstrittenen, aber empirisch recht gut belegbaren „Greater Male Variability Hypothesis" befasst, der zufolge die Männchen aller möglicher Tierarten bei vielen biologischen Variablen – von Körpergewicht bis Intelligenz – eine signifikant höhere Variabilität aufweisen als die Weibchen, ein Phänomen, das sich auch beim Menschen zeigt.

Einige feministisch orientierte Wissenschaftler hatten das Thema als nicht genehm eingestuft und Druck auf Mathematical Intelligencer ausgeübt. „In all meinen 40 Jahren als Autor von Forschungsarbeiten hatte ich noch nie von der Ablehnung eines bereits akzeptierten Papers gehört", schreibt Hill. Einen Monat später passierte genau das gleiche beim New York Journal of Mathematics. Das Paper von Hill und Tabachnikov wurde zur Veröffentlichung angenommen,

---

[4] Lennart Pfahler: „Es wird die Forschung gefördert, die politisch gewünscht ist", Welt, 23.02.2021.

und wenige Tage später wieder aus der betreffenden Ausgabe entfernt.[5]

Im September 2018 verabschiedete der Verband der Historiker und Historikerinnen Deutschlands (VHD) eine Resolution, in der er sich u.a. „gegen Populismus", „gegen nationalistische Alleingänge" und „für ein gemeinsam handelndes Europa" als „Leitlinien des demokratischen Miteinanders in Politik und Gesellschaft" aussprach.[6] Die rund 300 beim deutschen Historikertag in Münster anwesenden Verbandsmitglieder mussten per Handzeichen über die Resolution abstimmen; eine „Gesinnungsausstellung", wie ein Kritiker anmerkt.[7] Schirmherr der Tagung war der nordrhein-westfälische Ministerpräsident Armin Laschet (CDU), Festredner Bundestagspräsident Wolfgang Schäuble (ebenfalls CDU).

Eine aktuelle Umfrage des deutschen Klimaforschers Hans von Storch an drei wissenschaftlichen Einrichtungen legt nahe, dass sich junge Umwelt- und Klimawissenschaftler in Europa meist eher politischen Agenden als der ergebnisoffenen Wahrheitsfindung verpflichtet fühlen. Die Teilnehmer wurden befragt, was sie für die Hauptaufgabe der Klimawissenschaft halten. An den zwei europäischen Einrichtungen gaben die Nachwuchsforscher mehrheitlich an: „Menschen motivieren, gegen den Klimawandel zu handeln", also die Mobilisierung der Öffentlichkeit. An der chinesischen Universität hingegen wurde prioritär der Aspekt

---

[5] Siehe Theodore P. Hill: „Academic Activists Send a Published Paper Down the Memory Hole", Quillette, 07.09.2018.

[6] „Resolution des Verbandes der Historiker und Historikerinnen Deutschlands zu gegenwärtigen Gefährdungen der Demokratie", VHD online, 27.09.2018.

[7] Martinus Wirschingen: „Resolution des Historikertages: ‚Brav wuff machen'", Achse des Guten, 30.09.2018.

„Klimaprobleme definieren und Ursachen des Klimawandels zuordnen" benannt.[8]

Wer die „falsche" Meinung zum Transgender-Aktivismus hat, zu sozialkonstruktivistischen Tabula-Rasa-Theorien, zu Islam, Migration, Populismus, EU oder Klima (Corona ist auch so eine Sache …), sieht sich also heute insbesondere als Nachwuchswissenschaftler einem erheblichen informellen Druck ausgesetzt.

Konformismus und Cancel Culture

Wie werden die Orthodoxien unserer Zeit in der Gesellschaft insgesamt verbreitet und durchgesetzt? Francis Spufford beschreibt in „Red Plenty" die staatstragende sowjetische Mittelschicht. Etwa den bodenständigen Maschinenbaustudenten Volodya und seine nicht besonders intelligente Verlobte Galina, Studentin der Ernährungswissenschaften. Das junge Paar geht zu fast allen Treffen der Jugendorganisation Komsomol, hört aufmerksam zu und macht ostentativ Notizen, geht zur Enthüllung von Denkmälern und klatscht, teilt bei Sportveranstaltungen Handtücher aus usw. Es winken gute Jobs, eine schöne Wohnung und vor allem eine Niederlassungserlaubnis für die Hauptstadt Moskau.

Auch im heutigen Westen stützen sich Staat und Wirtschaft auf eine „professional-managerial class". Vielleicht gibt es in „unserem" System sogar noch mehr Stellen als in der Sowjetunion, bei denen nicht nur die richtige „Haltung" gefragt ist, sondern die speziell der ideologischen Unterweisung der

---

[8] Siehe Hans von Storch: „Auch Religion ist Wissen: Vortrag vor dem Deutschen Ethikrat über die Wissenschaft und ihre Rolle in der Gesellschaft", 01.11.2019.

Bevölkerung gewidmet sind. Ansonsten gilt das gleiche Prinzip wie im real existierenden Sozialismus: Eine Intelligenzbestie und/oder ein*e besonders originelle*r Denker*in muss man nicht sein, um mit (vermeintlich) wichtigen Aufgaben betraut zu werden. Es genügt, eifrig das wiederzukäuen, was gerade angesagt ist.

So gab das Umweltministerium Nordrhein-Westfalen vor einigen Jahren eine Studie mit dem Titel „Gender Mainstreaming im Nationalpark Eifel – Entwicklung von Umsetzungsinstrumenten" in Auftrag. Nach elf Monaten Arbeit legte das zweiköpfige „Experten"-Team – eine Soziologin, eine promovierte Ökotrophologin – einen 67-seitigen Abschlussbericht vor, in dem u.a. empfohlen wurde, Fotos von der Hirschbrunft aus Werbebroschüren zu streichen. Die Bilder der Hirsche würden stereotype Geschlechterrollen fördern. Ergibt das Sinn? Ist es sinnvoll, 27.000 Euro an Steuergeldern für solche „Erkenntnisse" auszugeben?[9] Eher nicht. Aber Gender und „Gender-Mainstreaming" sind nun mal aktuell in tonangebenden Kreisen der heißeste Scheiß, und so durften sich kleine Rädchen damit beschäftigen, wie sich das auf ein beschauliches Naturschutzgebiet zwischen Bonn und Aachen anwenden lässt.

Orthodoxie wird heute auch durch „Framing" in privaten und vor allem öffentlich-rechtlichen Medien durchgesetzt, was nicht selten auf die Diffamierung „Falschdenkender" hinausläuft. Durch staatlichen Warnungen vor Publizisten, die angeblich dem „wissenschaftlichen Konsens" widersprächen.[10] Durch das umfangreiche taktische Arsenal meist

---

9 Siehe René Pfister: „Der neue Mensch", Spiegel online, 30.12.2006.
10 Siehe die Debatte um eine 2013 erschienene Broschüre des Umweltbundesamtes (UBA), in der die Journalisten Dirk Maxeiner, Michael Miersch und Günther Ederer sowie der Politiker, Buchautor und Manager Fritz Vahrenholt als „Klimawandel-Skep-

„linker" bis „linksextremer" Cancel-Culture-Aktivisten, die zwar wenig von den Interessen der Arbeiterklasse verstehen, dafür aber umso geübter darin sind, angebliche Reaktionäre beim Arbeitgeber zu denunzieren, Rufmordkampagnen in den Sozialen Medien loszutreten, bei Veranstaltungen zu randalieren, Anschläge auf Eigentum wie Autos, Büros oder Wohnhäuser zu verüben sowie im Extremfall sogar Menschen körperlich anzugreifen.

Eine wichtige Rolle spielen außerdem: aus politischen Gründen manipulierte Algorithmen, die tendenziöse Auto-Vervollständigung von Suchbegriffen, die Demonetarisierung unliebsamer YouTube-Kanäle, die massenhafte Löschung von Social-Media-Posts und die Sperrung von Nutzern im Namen des Kampfes gegen „Hass und Hetze" und nicht zuletzt auch das wachsende Phänomen des „Faktencheckens" durch oft staatlich geförderte Medien[11].

Wachsender Widerstand

Kehrt mit der Rückkehr der Orthodoxie auch der kalkulierte öffentliche Tabubruch wieder, wie ihn z.B. 1988 der bundesrepublikanische, aber auch in der DDR verehrte Humorist Vicco von Bülow alias Loriot bei der Ostberliner Premiere seines Films „Ödipussi" beging? Loriot begrüßte seine Fans im Palast der Republik mit den Worten: „Das Haus ist voll, es sind über tausend Menschen hier, die offensichtlich schon am Nachmittag ihre Arbeit am Aufbau des Sozialismus unterbrochen haben. Dass mir das nicht einreißt!"[12] Das

tiker" präsentiert wurden, deren Beiträge „nicht mit dem Kenntnisstand der Wissenschaft übereinstimmen".

[11] Siehe den Beitrag von Christoph Lövenich in diesem Band.
[12] Zit. n. Anne Barnert: „Besuche von drüben: Ost-West-Begegnungen im DDR-Spiel-

DDR-Publikum lachte und klatschte. Wie die Funktionäre des heruntergewirtschafteten Staates reagierten, ist nicht überliefert. Heute meint der Showmaster emeritus Thomas Gottschalk: „Hätte man mich an einem der letzten Samstage wie in alten Zeiten mit ‚Wetten, dass …?' von der Leine gelassen, hätte ich wahrscheinlich mit Betonung auf dem I sowohl die Schweizer*Innen als auch die Österreicher*Innen und dann noch die Südtiroler*Innen begrüßt. Die Leute hätten gelacht, und der Programmdirektor hätte mit Schnappatmung in der ersten Reihe gesessen."[13]

Wie dem auch sei: Das aktuelle, von vielen als erdrückend wahrgenommene gesellschaftliche Klima hat glücklicherweise auch neue Organisationen und Netzwerke hervorgebracht, die Meinungs-, intellektuelle und akademische Freiheit hochhalten. Im englischsprachigen Raum gibt es etwa bereits seit einigen Jahren eine lose Vereinigung von Akademikern und Publizisten, die als „Intellectual Dark Web" (I.D.W.) bekannt ist. Einige Personen, die diesem Netzwerk zugerechnet werden, lehren und forschen an Hochschulen, etwa Steven Pinker, Richard Dawkins und Jonathan Haidt. Andere wie der Evolutionsbiologe Bret Weinstein haben einer klassischen akademischen Karriere den Rücken gekehrt und widmen sich nun eigenen Projekten. Einige sind vor allem als Autoren und Kommentatoren (Sam Harris, Ayaan Hirsi Ali), als Podcaster (Joe Rogan) oder als YouTuber (Jordan B. Peterson) bekannt, wobei letzterer außerdem Bestsellerautor ist und eine Professur an der Universität von Toronto bekleidet. Diese Personen eint kein gemeinsames

film der 1970er- und 80er-Jahre", Bundeszentrale für politische Bildung online, 02.02.2012.
[13] Thomas Gottschalk: „Ich verspreche, das unselige Wort nie mehr zu benutzen", Welt, 15.02.2021.

ideologisches Weltbild. Was sie zusammenbringt, ist vor allem ein Bekenntnis zu kritischem Denken, Rationalismus und dem Aushalten unbequemer Sichtweisen.

Im 2015 gegründeten Online-Magazin Quillette kommen die großen Namen des I.D.W. zu Wort, aber auch bislang eher unbekannte Autoren, vor allem aus dem akademischen Bereich, die aufgrund ihrer „häretischen" Ansichten ausgegrenzt werden. Die gemeinnützige Organisation „Foundation for Individual Rights in Education" (FIRE) verteidigt seit 1999 die Meinungsfreiheit, Vereinigungsfreiheit, Religionsfreiheit und Gewissensfreiheit von Studenten und Mitarbeitern an amerikanischen Universitäten und Colleges, mit einem besonderen Schwerpunkt auf rechtlichen Auseinandersetzungen. In den USA gibt es außerdem seit 2015 die Heterodox Academy (HxA), eine Gruppe von Wissenschaftlern, die sich für weltanschauliche und vor allem politische Vielfalt an Hochschulen einsetzt. Eine Art deutsches Pendant mit dem Namen „Netzwerk Wissenschaftsfreiheit" wurde Anfang 2021 gegründet. Den Vorstand bilden die Philosophin Maria-Sibylla Lotter, der Historiker Andreas Rödder, der Jurist Martin Nettesheim und die Soziologin Ulrike Ackermann.

Viel Beachtung fand auch ein offener Brief „über Gerechtigkeit und offene Debatten", der im Juli 2020 im amerikanischen Harper's Magazine veröffentlicht wurde. 153 namhafte Intellektuelle und Künstler, die meisten davon aus dem linken oder linksliberalen Spektrum, warnten hier vor „ideologischer Konformität" und dem „intoleranten Klima", das überall entstanden sei. Die Grenzen dessen, was ohne Androhung von Repressalien gesagt werden darf, würden immer enger gezogen. Künstler, Journalisten und Forscher müssten um ihren Lebensunterhalt fürchten, „sobald sie vom Konsens abweichen und nicht mit den Wölfen heulen".[14]

Wenige Wochen nach dem Erschienen des Harper's-Briefs lancierten der deutsch-schweizerische Publizist Milosz Matuschek und der deutsche YouTuber und Autor Gunnar Kaiser den deutlich kämpferischeren „Appell für freie Debattenräume", für den sie prominente Erstunterzeichner gewinnen konnten.[15] Anders als beim Harper's-Brief konnte jeder den Aufruf unterzeichnen und sich somit mit den Zielen solidarisch erklären. Binnen fünf Wochen nutzten circa 16.000 Menschen diese Möglichkeit, um ein Zeichen für Meinungsfreiheit und -vielfalt zu setzen. Der Öffentlichkeit brennt das Thema offenbar unter den Nägeln. Kein Wunder. Schließlich gaben im Jahr 2019 fast 80 Prozent der Teilnehmer einer Allensbach-Umfrage an, bei einigen bzw. vielen Themen sei öffentliche Meinungsäußerung in Deutschland nur mit Vorsicht möglich.[16]

Vom Wert der Skepsis

Natürlich kann man auch beim Hinterfragen von Orthodoxien aus der Bahn geraten und irgendeinen Unsinn über Chemtrails, Tempelritter und interdimensionale Reptiloide propagieren. Wenn aber das gesellschaftliche Establishment jegliche Skepsis am Status quo, an „Expertenmeinungen" und an trendigen Ideen in diese Ecke stellen und damit

---

14 Eine vollständige deutsche Übersetzung des Briefs findet sich unter: „Widerstand darf kein Dogma werden: 153 Intellektuelle plädieren für mehr Liberalismus in den Debatten", Zeit online, 08.07.2020.
15 Der vollständige Text des Appells findet sich auf: idw-europe.org.
16 „Grenzen der Freiheit: Eine Dokumentation des Beitrags von Prof. Dr. Renate Köcher in der Frankfurter Allgemeinen Zeitung Nr. 119 vom 23. Mai 2019", Institut für Demoskopie Allensbach online.

delegitimieren will, ist das eine äußerst fragwürde Entwicklung. Denn wie der Soziologe Frank Furedi sehr richtig feststellt: „Die Gesellschaft braucht Skepsis, um sich zu entwickeln. Skepsis ermutigt die Gesellschaft, Annahmen und selbstverständliche ‚Fakten' in Frage zu stellen, die sonst erstarren und zu Dogmen werden könnten. Sie ermöglicht es unserem intellektuellen Leben, sich neuen Erfahrungen zu öffnen."[17]

Unzählige historische Beispiele verdeutlichen, was für verheerende Konsequenzen rigide Dogmen und ideologisch motivierte Vorgaben gerade für die Wissenschaft haben können. So wurden die Erkenntnisse des ungarischen Arztes Ignaz Semmelweis (1818–1865) zum Zusammenhang von ärztlicher Hygiene und Infektionsgefahren zu dessen Lebzeiten vom medizinischen Establishment entschieden abgelehnt, obwohl sie abertausenden Patienten das Leben hätten retten können. Für die Halbgötter in Weiß des Habsburgerreichs waren solche Thesen „spekulativer Unfug" und „Nestbeschmutzung".

Der Kreuzzug des bereits erwähnten Biologen Trofim Lyssenko gegen die Genetik führte zu Missernten und zur Verschärfung von Hungersnöten und hielt die Entwicklung dieses Wissenszweigs in der Sowjetunion und den von ihr abhängigen Staaten um Jahrzehnte zurück. Stalin persönlich mischte sich neben der Agrarwissenschaft auch in Debatten innerhalb der Physiologie, Physik, Linguistik und Ökonomie ein und schrieb die „richtige" Antwort vor, mit negativen Konsequenzen u.a. für das sowjetische Atomwaffenprogramm und die Entwicklung der Kybernetik.[18]

---

[17] Siehe den Beitrag von Frank Furedi in diesem Band.
[18] Vgl. Ethan Pollock: „Stalin and the Soviet Science Wars", Princeton University Press

Im Dritten Reich wurden Wissenschaftler angewiesen: „Von jetzt ab kommt es für Sie nicht darauf an festzustellen, ob etwas wahr ist, sondern ob es im Sinne der nationalsozialistischen Revolution ist.“[19] Jede Disziplin musste nachweisen, dass sie mit der NS-Ideologie vereinbar und für die „Volksgemeinschaft" nützlich war. Bizarre Umgestaltungen von Fächern nach ideologischen Gesichtspunkten („Deutsche Physik", „Deutsche Mathematik", „Deutsche Chemie") behinderten ergebnisoffene Forschung. Bereits ein Jahr nach der Machtergreifung der Nazis attestierte ein Schweizer Bericht dem Dritten Reich: „Degradierung der Wissenschaft und Missachtung der Vernunft, wie in keinem anderen Land der Erde."[20] 1939 musste die Zeitschrift „Chemische Industrie" feststellen, dass Deutschland seine führende Stellung in einigen Disziplinen – vor allem der Physik und der Chemie – verloren hatte.[21]

Nun, mit dem Muff und Dünkel des 19. Jahrhunderts oder den darauffolgenden Totalitarismen sind die heutigen westlichen Gesellschaften kaum vergleichbar. Aber auch in unseren, sich für freie Gemeinwesen haltenden Ländern macht sich eine schleichende Rigidität bemerkbar, eine Tendenz, bestimmte Themen moralistisch aufzuladen und Positionen vor allem nach ihrer weltanschaulich-ideologischen „Korrektheit" zu beurteilen. Zunehmend werden auch im (einstmals?) „freien" Westen Gesinnungsausstellungen erwartet und der Ausschluss „Falschdenkender" gefordert.

2008.
19 Der bayerische Kultusminister Hans Schemm (1891–1935), zit. n. Ernst Niekisch: „Das Reich der niederen Dämonen", Rowohlt 1953, S. 197.
20 „Der Tod der deutschen Wissenschaft" in: Der Aufbau 40/41, Oktober 1934.
21 Vgl. Falk Lieder: „Wissenschaft im Dritten Reich", 2006.

Weniger Orthodoxie und mehr Gedankenfreiheit – das täte auch uns gut.

SEBASTIAN LÜNING und FRITZ VAHRENHOLT

Kritik am Klimaalarmismus: Zwei Bücher und ihre Folgen

In der Klimaforschung gibt es viele wissenschaftliche Ergebnisse, die die pauschale Erzählung von der Katastrophe in Frage stellen. Doch die Chance, wahrgenommen zu werden, ist inzwischen minimal

Wir haben ein Buch zum Klimawandel geschrieben, in dem wir uns gegen Alarmismus und alternativlose Energiepolitik einsetzen. Die Medien reagierten prompt und berichteten ausführlich: Die Zeit, Die Welt, Frankfurter Rundschau, Bildzeitung, taz, Phoenix TV, Hessischer Rundfunk, Neue Zürcher Zeitung, Der Standard, Wiener Zeitung, Financial Times Deutschland, Osnabrücker Zeitung … Wochenlang beschäftigten sich Journalisten und Klimawissenschaftler mit unserem kritischen Buch, versuchten, die unbequemen Argumente in einer großangelegten Medienlawine zu entkräften. Die Öffentlichkeit wurde durch die Berichterstattung auf das Buch aufmerksam und wollte sich selbst ein Bild vom Inhalt machen. So landete das Buch drei Wochen lang in den Top 20 der Spiegel-Bestsellerliste in der Kategorie Sachbücher. Es wurden 25.000 Exemplare verkauft, dazu gab es Übersetzungen in die englische und polnische Sprache. Die kritische Botschaft unseres Buches kam an und stimulierte die öffentliche Debatte. Was will man mehr als Autor? Ziel erreicht.

Das war im Februar 2012. Das Buch hieß „Die kalte Sonne" (Hoffmann und Campe). Unser zentrales Anliegen war es, die natürlichen Klimafaktoren stärker berücksichtigt zu sehen, nicht die ganze Klimaschuld immer nur beim CO_2 zu suchen. Wir platzierten uns in der Mitte der Klimadebatte, wollten zwischen den verhärteten Fronten mit wissenschaftlichen Argumenten vermitteln. Ja, CO_2 erwärmt das Klima, aber bei weitem nicht so stark wie es Weltklimarat und angeschlossene Forscher annehmen. Das gefiel den führenden Klimawissenschaftlern jedoch überhaupt nicht. Sie beharrten auf ihrer Extremposition des hundertprozentig menschengemachten Klimawandels. Jeder, der etwas anderes behauptete, musste verrückt, dumm oder von dunklen Mächten bezahlt sein. Klimaaktivisten machten sich ans Werk und entstellten unsere Wikipedia-Profilseiten, damit auch jeder sofort sehen konnte, was für böse Buben die beiden Autoren sind. Einer vernünftigen Debatte verschloss sich das Establishment, Dialog war unerwünscht.

Der Mediensturm von 2012 klang nach einigen Monaten langsam ab. Wir begannen ein Blog (www.kaltesonne.de), in dem wir seitdem täglich über Neuigkeiten zum Thema Klimawandel und Energiewende berichten. Wir informieren dort eine kleine, treue Kalte-Sonne-Community von einigen tausend Lesern. Außerdem präsentieren wir auf unserem Youtube-Kanal „Klimawandel Crashkurs" die wöchentliche Nachrichtensendung „Klimaschau". Das Klima-Establishment lässt uns dort gewähren, denn in dieser winzigen Ecke des Internets können wir offenbar keine größeren Schäden anrichten.

Das Thema hat in den letzten Jahren drastisch an Fahrt aufgenommen. Die Klimawarnungen gestalteten sich immer schriller, Kinder und Jugendliche wurden vor den

Aktivistenkarren gespannt, die totale Dekarbonisierung beschlossen. Mit den klimawissenschaftlichen Grundlagen will heute niemand mehr belästigt werden. The science is settled. Politiker kümmern sich jetzt nur noch um die Logistik der schnellen Umsetzung der vermeintlich alternativlosen Maßnahmen, mit denen sie meinen, den Weltklimaweltuntergang abzuwehren.

Angesichts der fortwährenden Dialogverweigerungshaltung und der offensichtlichen Schieflage in der Medienberichterstattung wurde es allmählich Zeit, unsere Thesen von 2012 zu überprüfen. Wo lagen wir richtig, wo gingen wir fehl? Was hat sich in der Wissenschaft in diesen Feldern während der letzten Jahre getan? So machten wir uns ans Werk und erstellten einen aktuellen Überblick zu den wichtigsten Themen der Klimadebatte und der Energiewende. Herausgekommen ist ein Klimalesebuch in 50 Kapiteln: „Unerwünschte Wahrheiten: Was Sie über den Klimawandel wissen sollten" (Langen Müller, 352 Seiten). Erschienen Mitte September 2020, referenziert mit 2300 Fachpublikationen und anderen Quellen. Leser sagten uns, dass das neue Buch noch leichter, interessanter und überzeugender zu lesen sei als unser erstes Buch. Das freut uns.

Die Mainstream-Medien hat es aber offenbar gar nicht gefreut. Denn sie schweigen diesmal überwiegend. Zunächst gab es keinen Mucks. Ein unerwünschtes Buch mit unbequemer Kritik. Es schien fast so, als hätten sich Zeitungen, Radiostationen und TV-Sender abgesprochen. Den Kritikern möglichst keine Bühne geben, Deplatforming, Cancel Culture. Sollen die Klimaquerulanten doch in ihrer kleinen „Blase" bleiben, bloß keinen medialen Flächenbrand verursachen wie beim ersten Mal. So könnten die Gedanken der

Redaktionen und Programmplaner in den Medienhäusern gewesen sein.

Nur zwei Radiosender schienen „das Memo" nicht bekommen zu haben. Der Deutschlandfunk (DLF) lud Fritz Vahrenholt anlässlich der Buchveröffentlichung zu einem längeren Interview in den Sender ein. Dieses sollte kurz darauf gesendet werden. Der anvisierte Sonntag kam, aber das Interview wurde kurzfristig aus dem Programm gekegelt. Was war passiert? Hatte Fritz Vahrenholt seinen Job vielleicht zu gut gemacht? Gab es zu wenige Angriffspunkte? Weshalb die Abweichung vom ursprünglichen Sendeplan? Ein, zwei Wochen später kam dann die Auflösung. Einige wenige der Interviewszenen wurden verstümmelt in ein DLF-Hitpiece gegen Klimakritiker eingebaut.[i] Die Redakteurin Sophie Stigler verwendet darin recht unfeine Worte und betitelt uns als „Klimafaktenleugner". Darüber muss man angesichts der ausführlichen wissenschaftlichen Belege unserer Argumente durch Zitate aus der Fachliteratur schon schmunzeln.

Im DLF-Beitrag blitzt immer wieder die Handschrift des Potsdam-Instituts für Klimafolgenforschung (PIK) auf. Gleich zwei Verlinkungen gehen auf Webseiten, an denen der PIK-Forscher Stefan Rahmstorf beteiligt ist. So langsam wird klar, wer Sophie Stigler wohl „beraten" haben könnte. Rahmstorf, die graue Eminenz im Hintergrund? Zur expliziten Kritik im Buch an Rahmstorfs Thesen gibt es vom DLF seltsamerweise kein Wort. Als hätte Rahmstorf Stiglers Feder (weg-)geführt. Das Highlight des Beitrags ist der Hamburger Klimaforscher Jochem Marotzke, der zunächst das

i Sophie Stigler / Volker Mrasek: „Klimafaktenleugner – Der Zweifler bleibt", Deutschlandfunk, 11.10.2020.

Buch negativ kommentiert, um gleich darauf zuzugeben, dass er es gar nicht gelesen habe. Wenig überzeugend. Eine detaillierte Analyse und Entgegnung zum DLF-Beitrag haben wir in unserem Blog veröffentlicht („Kritiker-Bashing beim Deutschlandfunk: Sophie, Volker und Jochem teilen aus").[2]

Auch der Mitteldeutsche Rundfunk (MDR) hat „das Memo" offenbar nicht erhalten, denn auch dieser Sender lud Fritz Vahrenholt zum Interview. Aus dem daraus entstandenen achtminütigen Beitrag bekommt man allerdings den Eindruck, dass auch der MDR-Redakteur Hanno Griess das Buch gar nicht gelesen hatte. Nicht einmal den Namen des Autors konnte er auf der MDR-Homepage korrekt schreiben.[3] Griess unterstellt uns pauschal, wir würden krude Ideen vertreten. Diese Information hatte der MDR-Mann übrigens von einem anonymen Wissenschaftler des Leibniz-Zentrums. Viel vager geht es nicht. Der Redakteur glaubt ähnlich wie Greta an „die" Wissenschaft und kann sich offenbar nicht vorstellen, dass es in der Wissenschaft verschiedene Sichtweisen gibt.

In den sozialen und sogenannten „alternativen" Medien sah es zum Glück anders aus. Am Tag der Veröffentlichung des Buchs sprach Fritz Vahrenholt im Mittags-Podcast „Indubio" der Achse des Guten (achgut.com) ausführlich mit Burkhard Müller-Ullrich über die Klimadebatte, Energiewende und „unerwünschte Wahrheiten".[4] Das Magazin Tichys Einblick beschäftigte sich gleich mehrfach mit unserem Buch,

2 „Kritiker-Bashing beim Deutschlandfunk: Sophie, Volker und Jochem teilen aus", Kalte-Sonne-Blog, 12.10.2020.
3 Siehe: „Nicht einmal den Namen des Autors konnte der MDR richtig schreiben", Kalte-Sonne-Blog, 11.10.2020.
4 „Indubio Folge 2 – Zwei Prozent Weltrettung" (Podcast), Die Achse des Guten, 17.09.2020.

unter anderem in Form einer Rezension und eines Youtube-Interviews, wobei Letzteres bislang von mehr als 73.000 Nutzern angeschaut wurde.[5] Auf ScienceFiles veröffentlichte Michael Klein eine sehr ausführliche und kenntnisreiche Buchbesprechung.[6] Außerdem gab es Beiträge zum Buch auf der Webseite des Vereins „Europäisches Institut für Klima & Energie" (EIKE)[7] sowie auf einigen anderen Plattformen.

Trotz des beredten Schweigens des Großteils der Mainstream-Medien und dank der Berichterstattung in den sozialen und alternativen Medien hat das Buch schließlich doch seine Leser gefunden. Zeitweise konnten Amazon und Thalia gar nicht schnell genug nachliefern und gerieten in Lieferengpässe, die allerdings nach einer Woche zum Glück behoben waren. Mittlerweile liegt das Buch in der 4. Auflage vor und kletterte zwischenzeitlich sogar auf Platz 36 der Spiegel-Bestsellerliste für Sachbücher.

In unserem Buch kritisieren wir den Weltklimarat dafür, dass er nicht das gesamte Spektrum der klimawissenschaftlichen Meinungsvielfalt wiedergibt. Wie geht der auch IPCC (Intergovernmental Panel on Climate Change) genannte Klimarat mit dieser Kritik um? Wir schrieben an die deutsche Koordinierungsstelle des IPCC und boten ein Freiexemplar des Buches an. Es wäre uns wichtig, dass der IPCC unsere Kritik entgegennimmt und eine Dialogmöglichkeit schafft. Die Koordinierungsstelle lehnte ab. Man wolle weder das Buch

5 „Fritz Vahrenholt – Klimawandel: Unerwünschte Wahrheiten zur Wirklichkeit", YouTube-Kanal von Tichys Einblick, 04.10.2020.
6 Michael Klein: „Unerwünschte Wahrheiten: Was Sie über den Klimawandel wissen sollten" (Rezension), ScienceFiles, 19.10.2020.
7 Axel Robert Göhring: „,Unerwünschte Wahrheiten' – das neue Buch von Sebastian Lüning und Fritz Vahrenholt", EIKE online, 21.09.2020.

zugeschickt bekommen, noch könne man einen „Runden Klimatisch" einrichten. Kein Interesse.

Eine schockierende Reaktion einer staatlich finanzierten Stelle, die das Wissen zum Klimawandel koordinieren soll: Man möchte keine Kritik hören und auch keine Diskussionen hierüber führen. Stattdessen solle man sich doch an den IPCC-Berichten beteiligen. Was die IPCC-Koordinierungsstelle nicht wissen konnte: Genau dies hatte Sebastian Lüning bereits getan und war dabei auf genau dieselbe Verweigerungshaltung gestoßen. Auf unserem Youtubekanal „Klimawandel Crashkurs" brachten wir hierzu eine „IPCC-Trilogie", in der wir die politisierte Arbeitsweise des Weltklimarats beleuchteten. In Wahrheit hat Kritik letztendlich keine Chance, vom IPCC ernstgenommen zu werden. Auch ScienceFiles berichtete.[8]

Dies führt uns zum Grundproblem der Klimadebatte: Kritik am Konzept der Klimakatastrophe ist unerwünscht und wird nicht gehört. Dies ist schon sehr überraschend für eine angeblich so aufgeklärte, demokratische Gesellschaft im 21. Jahrhundert. Sollte es nicht Strukturen geben, die unsere Argumente unvoreingenommen und ergebnisoffen prüfen? Was wäre, wenn sich zahlreiche unserer Argumente als stichhaltig erweisen? Immerhin handelt es sich um eines der wichtigsten Themen der heutigen Zeit. Wie können wir die politischen Entscheider dazu bringen, das Buch zu lesen und den Kritikern zuzuhören? Viele Fragen, leider bislang ohne Antworten. Mit der Veröffentlichung von „Unerwünschte Wahrheiten" haben wir unsere Kritik öffentlich präsentiert und fachlich ausführlich begründet. Der Ball liegt jetzt im

---

8 Michael Klein: „Sumpf und Korruption: Einblicke in die Welt des IPCC", ScienceFiles, 05.11.2020.

Feld der Klimawarner. Ob sie wohl die Gelegenheit für eine faire Debatte nutzen werden?

MICHAEL BROSS

Meinungsfreiheit in der multipolaren Gesellschaft

Der Kern guter Politik ist die unbedingte Bereitschaft, sich intensiv mit unterschiedlichen Meinungen zu beschäftigen

Die Gedanken sind frei. Die Fantasie ist grenzenlos. Und ich kann zu allem eine Meinung haben. Die Gedanken mögen verwegen, träumerisch, romantisch oder abstoßend sein. Und meine Meinung kann sich demzufolge als fortschrittlich, liberal, verschroben oder altmodisch darstellen. Solange ich meine Meinung für mich behalte, hat damit niemand ein Problem. Für die Obrigkeit wäre eine solche Selbstbeschränkung in jeder Hinsicht erstrebenswert. Lässt es sich doch am effektivsten regieren und am effizientesten verwalten, wenn weder Zeit noch Energie auf die Abwehr ketzerischer Gedanken oder abweichender Meinungen verschwendet werden müssen. Aber auch die Mitmenschen interpretieren „Meinungsfreiheit" mitunter als die Freiheit von der Zumutung durch die Meinung anderer. „Behalt Deine Meinung für Dich!" ist eine oft genutzte Killer-Phrase, um sich mit unliebsamen Auffassungen nicht auseinandersetzen zu müssen.

Trotzdem – oder gerade deswegen? – ist die Meinungsfreiheit ein hohes politisches und gesellschaftliches Gut. In der Allgemeinen Erklärung der Menschenrechte, beschlossen von der UN-Generalversammlung im Dezember 1948, in der

Konvention des Europarats zum Schutz der Menschenrechte und Grundfreiheiten sowie im Grundgesetz, nehmen die Freiheit der Meinung – die Meinungsfreiheit – und die Freiheit, sie äußern zu dürfen, eine prominente Stellung ein. Sie werden als wichtige, unveräußerliche individuelle Rechtsgüter besonders geschützt. Diese verfasste Wertschätzung der Meinungsfreiheit lässt eine Frage offen: Was ist überhaupt eine Meinung?

Die Erfolgsgeschichte der Meinung

Bei den Griechen stand die Meinung (Doxa) nicht sonderlich hoch im Kurs. Sie galt allenfalls als Zwischending zwischen Nicht-Wissen und Wissen, war verbesserungsbedürftig, weil unvollständig und unbefriedigend. Die Philosophen suchten nach wahrem, unwiderlegbarem Wissen (Episteme), vorzugsweise in der Form einer quasi-mathematischen Beweisführung, die jeglicher abweichenden Auffassung entzogen wäre. Heute sind wir – zumindest in westlichen Demokratien – allgemein der Auffassung, dass die Suche nach der großen „übermenschlichen" Wahrheit, die jeglichen Meinungsstreit überflüssig machen würde, nicht funktionieren kann. So bequem eine „Einheitsmeinung" (häufig als dem „Gemeinwohl" dienend apostrophiert) oberflächlich gesehen sein mag, so wenig entspricht sie den Realitäten einer modernen Gesellschaft, die gerade im Politischen um Mehrheiten, nicht um Wahrheit ringt.[1] So gesehen ist zwar die Forderung, erst

---

[1] In letzter Zeit wird zunehmend behauptet, dass demokratische Prozesse nicht geeignet seien, die großen Probleme der Gegenwart zu lösen. Aus wissenschaftlichen Erkenntnissen werden unmittelbar Handlungsanweisungen abgeleitet, deren Umsetzung ohne Abwägung der verschiedenen Meinungen über die Auswirkungen ge-

alle Fakten zu sammeln, bevor man urteilt – sich also eine Meinung bildet –, durchaus vernünftig. Jedoch muss man nicht übermäßig konstruktivistisch argumentieren, um zu erkennen, dass die korrekte Abbildung der Realität (die ohnehin kaum zu ermitteln wäre) in den seltensten Fällen Ausgangspunkt einer Meinungsbildung ist.

Die Meinungsfreiheit, so wie wir sie heute praktizieren, ist ein Kind der Aufklärung mit Wurzeln in der Reformation. Meinungsfreiheit begann ihre Karriere als Glaubens- und Gewissensfreiheit. Sie könnte als ein Emanzipationsprojekt einer neuen gegen die alte Elite interpretiert werden: Die Reformatoren protestierten gegen die klerikale Deutungshoheit über religiöse Texte. Als Gegenmodell wurde ein christlicher Fundamentalismus begründet, der es jedem (gebildeten) Menschen zur Aufgabe machte, die Bibel selbst zu studieren und sich eine eigene Meinung zu bilden.[2]

Eine Zusammenfassung des langen Ringens gegen die Einmischung von Staat, Kirchen und Gesellschaft in die persönlichen Angelegenheiten findet sich bei John Stuart Mill. Für ihn basiert der eigentliche Kern der menschlichen Freiheit auf „Gewissensfreiheit im umfassendsten Sinn: Freiheit des Denkens und Fühlens, absolute Freiheit der Meinung und des Urteils, in allen Dingen, praktischen wie theoretischen, wissenschaftlichen, moralischen wie theologischen". Und die

---

fordert wird. Das konterkariert in letzter Konsequenz die Errungenschaften der modernen Demokratie; politische Prozesse werden ihrer prinzipiellen Flexibilität und Umkehrbarkeit beraubt. Das politische Experiment – und selbst wenn es nur „Durch-Wursteln" wäre – darf nicht durch ein Dogma ersetzt werden.

[2] Womöglich gingen die Reformatoren davon aus, dass alle derartigen Studien wie von selbst zum gleichen Ergebnis führen würden – schließlich handelte es sich beim Lesestoff um die Offenbarung Gottes. Damit hätte sich die Meinungsfreiheit freilich von selbst erledigt, denn alle Gläubigen wären zur gleichen Einsicht gelangt.

„Freiheit, seine Meinung auszusprechen und zu veröffentlichen" ist für Mill „von jener nicht zu trennen."[3]

John Stuart Mill zufolge muss sich das Individuum zudem „wehren gegen die Bevormundung der herrschenden Meinung und des herrschenden Gefühls."[4] Meinungsfreiheit ist somit die Freiheit, sich ungestraft nicht nur gegen institutionelle Übergriffe, sondern auch gegen die herrschende öffentliche und veröffentlichte Meinung aussprechen zu dürfen. Statt schweigend zu dulden, können wir dem Mainstream offen trotzen oder dem Zeitgeist zu entfliehen versuchen.

Meinungen – von harmlos bis existenziell

Meinungen spannen sich von harmlosen, trivialen Geschmacksurteilen persönlicher Vorlieben (und über Geschmack lässt sich bekanntlich gar nicht oder sehr trefflich streiten) bis hin zu existenziellen Glaubens- und Sinnfragen im Leben von Individuen und gesellschaftlichen Systemen.

Dies gibt uns einige Hinweise auf das Wesen der Meinung: Meinungen sind persönlich und subjektiv, sie *urteilen*. Meinungen haben immer etwas mit *Alternativen* zu tun. Alternativlosigkeit ist das Ende jeder Meinungsbildung.[5] Die Meinung über eine Vermutung oder die Bedeutung von Beobachtungen und Tatsachen ist bis zu einem gewissen

---

[3] John Stuart Mill: „Über die Freiheit", Anaconda Verlag 2009 [1859], S. 25.

[4] Ebd., S. 14

[5] In der Mathematik ist es sinnlos, über die Wahrheit z.B. des Satzes des Pythagoras eine abweichende Meinung zu äußern, er ist genau so definiert. Im alltäglichen Leben und gerade in der Politik gibt es allerdings zu jeder Entscheidung A mindestens immer die eine Alternative Nicht-A. Jede behauptete Alternativlosigkeit wäre somit die Anmaßung des Wissens, dass Nicht-A nicht existiert oder zumindest nicht funktioniert.

Grade stets *kontingent*.[6] Sie kann so, sie könnte aber auch anders ausfallen. Meinungen werden *begründet*, man kann sie jedoch nicht beweisen. Sie fußen häufig genug auf Glaubenssystemen oder Ideologien. Wohl nicht zufällig wird die Meinungsfreiheit in der Liste der Menschenrechte in enger Nachbarschaft zur Gedanken-, Gewissens- und Religionsfreiheit angesiedelt. Meinungen spiegeln *Interessen* wider. Deshalb kommen unterschiedliche Menschen zu unterschiedlichen Meinungen. Häufig erscheinen Meinungen als Abkürzungen in der Argumentationskette oder fassen eine Vielzahl von zum Teil sogar widersprüchlichen – weil logisch nicht passenden – Gedanken zusammen.[7] Meinungen können also *unvernünftig* sein; auch dafür darf man Menschen nicht verurteilen, weil Meinungen eben sehr persönlich sind.

Freiheit: Meinen und Mitmachen

Drehen wir an dieser Stelle die Perspektive um: Weg von der Einflussnahme des sozialen Systems auf den Einzelnen hin zu seinen Einflussmöglichkeiten auf die Geschicke der Gemeinschaft, der er angehört. „Freiheiten im Sinne von Bürgerrechten sind das Ergebnis von Befreiung, aber sie sind keineswegs der tatsächliche Inhalt von Freiheit, deren Wesenskern der Zugang zum öffentlichen Bereich und die Beteiligung an den Regierungsgeschäften sind."[8] Welche

---

[6] Das gilt sogar für die wissenschaftliche Hypothesenformulierung, die nichts anderes ist als die nach strengen, formalisierten Regeln vorgetragene fachlich begründete Meinung zu einem nicht-alltäglichen Sachverhalt.

[7] Sind Meinungen möglicherweise ein Ausdruck mehrwertiger Logik? Bringen sie Dinge zusammen, die nach den Regeln der zweiwertigen Logik nicht vereinbar sind, im täglichen Leben aber zusammen gedacht werden (müssen)?

[8] Hannah Arendt: „Die Freiheit, frei zu sein", dtv Verlagsgesellschaft 2018, S. 16.

enorme politische Handlungsrelevanz eine kraftvoll vorgetragene Einzelmeinung erreichen kann, belegt das berühmtberüchtigte „ceterum censeo Carthaginem esse delendam" des römischen Politikers Marcus Porcius Cato. Seine Meinung wurde schließlich offizielle Politik.[9] Hier offenbart sich ein wesentliches Kennzeichen politischer Meinungsäußerungen: Sie fordern ausdrücklich und explizit Handlungen der politischen Institutionen oder der Bürgerschaft. Die besondere Brisanz liegt darin, dass ihre Umsetzung die Freiheitsgrade aller Angehörigen der betreffenden Allgemeinheit verändern wird.

Meinungsvielfalt = Stoffsammlung für die Politik

In modernen Demokratien ist Meinungsfreiheit nach Auffassung des britischen Historikers Timothy Garton Ash für die gute Staatsführung notwendig; das leuchtet ohne weiteres ein. In einem Staatswesen, das von der Basis her begründet wird, sollte jede Regierung die Wünsche und Ansichten eben dieser Basis kennen, um gemäß der Interessen der Bürgerinnen und Bürger entscheiden zu können. Meinungsfreiheit ermöglicht also das Erkennen von Aufgaben und Problemen in ihrer ganzen Breite quer durch die Gesellschaft.

Meinungsfreiheit erleichtert es zudem, „mit der Vielfalt zu leben"[10], die sich in den pluralistischen Gesellschaften – man

---

[9] Ein zeitgenössisches Beispiel wäre Angela Merkels Mantra des Scheiterns Europas, falls der Euro scheitere. Oder ihr „Wir schaffen das!" in der Flüchtlingskrise. Als Regierungschefin kommt ihrer politischen Meinung natürlich eine besondere Bedeutung zu, schließlich verfügt sie von Amts wegen eher über die notwendige Macht zur Durchsetzung als eine „einfache" Politikerin oder ein „normaler" Bürger.

[10] Timothy Garton Ash: „Redefreiheit: Prinzipien für eine vernetzte Welt", Carl Hanser Verlag 2016, S. 121.

könnte sie auch *multipolare Gesellschaften* nennen – herausgebildet hat. Und für Christoph Möllers dient „der Schutz der Meinungsfreiheit […] der Verflüssigung und Vervielfältigung der politischen Auseinandersetzung. […] Die Vielfalt des Diskurses ist zu sichern, […] nicht um Einheitlichkeit zu stiften, sondern um politische Allgemeinheit zu ermöglichen. […] Der politische Prozess muss an die Fragmentierung der Öffentlichkeiten anschließen […].“[11]

Ohne die Begriffe „Meinung“ oder „Meinungsfreiheit“ zu benutzen, beschreibt Aladin El-Mafaalani in seinem Buch „Das Integrationsparadox“ genau diese Zersplitterung der Interessen und die daraus resultierende Meinungsvielfalt moderner, offener Gesellschaften: Statt einer „konfliktfreie(n) Gesellschaft in Harmonie und Gleichgewicht“[12] sieht er durch Migration und nachfolgende Emanzipation der Zuwanderer ein Mehr an Streit und Meinungsverschiedenheiten auf uns zukommen. Er prognostiziert mehr Aushandlungsprozesse, die erforderlich werden, weil verschiedene soziale Gruppen unterschiedliche Meinungen von gutem Leben, Sitte und Anstand haben. „Wenn Integration oder Inklusion oder Chancengleichheit gelingt, dann wird die Gesellschaft nicht homogener, nicht harmonischer und nicht konfliktfreier. Nein, das Gegenteil ist viel wahrscheinlicher. Die zentrale Folge gelungener Integration ist ein erhöhtes Konfliktpotenzial.“[13] Dieser Mechanismus gilt nicht nur für Zuwanderer, sondern

---

11 Christoph Möllers: „Freiheitsgrade: Elemente einer liberalen politischen Mechanik“, Suhrkamp 2020, S. 165.
12 Aladin El-Mafaalani: „Das Integrationsparadox: Warum gelungene Integration zu mehr Konflikten führt“, Kiepenheuer & Witsch 2018, S. 36.
13 Ebd., S. 76. – Wie unbeliebt, weil unbequem solche Aushandlungsprozesse sind, zeigt sich in der mitunter erbittert geführten Diskussion um eine deutsche Leitkultur, vor allem über das, was nicht dazu gehören soll.

für jede gesellschaftliche Gruppe, die für ihre spezifische Meinung Berücksichtigung einfordert.[14]

Die Meinungsfreiheit wächst –
die Wahrheiten schwinden

Seit ein paar Jahren treten extreme Ansichten und Auffassungen, oft im Schutze der Pseudonymität, deutlich ins Licht der Öffentlichkeit. Dem Internet mit seinen diversen Plattformen ist es geschuldet, dass jede Person eine Meinung verbreiten kann, egal wie abwegig oder widerwärtig sie allen anderen erscheinen mag. Was als „Kommentar" in manchen Internet-Foren oder Blogs zu lesen ist, würde niemals Eingang auf die Leserbriefseiten einer klassischen Zeitung finden. Die sichtbare Meinungsvielfalt ist definitiv gewachsen!

Das Quasi-Monopol der Gatekeeper traditioneller Medien zerbröselt: Die alten Mechanismen jener freiwilligen „Selbstzensur", mit denen extreme Meinungsausreißer recht gut im Griff zu halten waren und in der veröffentlichten Meinung somit nicht stattfanden, wirken nicht mehr. Jahrzehntelang galten insbesondere politisch extrem rechte Gruppen als nicht satisfaktionsfähig[15]. All die rassistischen, faschistischen und sonstigen braunen Gedankensplitter und

---

[14] Die Zersplitterung der Gesellschaft in immer kleinere soziale Gebilde mit jeweils ganz eigenen, nun deutlich artikulierten Meinungen oder Bedürfnissen verursacht allerdings neue Probleme, z.B. bei der Durchsetzung sozialer und wirtschaftlicher Bürgerrechte (vgl. dazu Oliver Nachtwey: „Die Abstiegsgesellschaft: Über das Aufbegehren in der regressiven Moderne", Suhrkamp Verlag 2016) oder bei der kulturellen Ab- und Ausgrenzung von Gruppen bis hin zu Identitätspolitiken (s. dazu Francis Fukuyama: „Identität: Wie der Verlust der Würde unsere Demokratie gefährdet", Hoffmann und Campe 2019).
[15] Für radikal linkes Gedankengut galt das nicht in dieser Absolutheit. Die intellektuelle Brillanz etwa der Frankfurter Schule wurde allgemein anerkannt, Zweifel bestanden an der Alltagstauglichkeit dieser politischen Philosophie.

Vorurteile wurden möglichst gut verborgen, nur in kleinen Zirkeln oder am Stammtisch geäußert. Die Neonazis des ausgehenden 20. Jahrhunderts waren unappetitlich und taugten nicht als Kristallisationskerne politischer Meinungen für den Normalbürger. So (!) wollte man denn doch nicht sein.[16]

Wie wenig die deutsche Gesellschaft mit der neuen Meinungsvielfalt des 21. Jahrhunderts klarkommt, belegt ein Beispiel aus München: In der bayerischen Landeshauptstadt wollten Bürger über die transnationale politische Kampagne „Boycott, Divestment and Sanctions" (BDS) diskutieren, die den Staat Israel wirtschaftlich, kulturell und politisch isolieren will. Die Stadt weigerte sich, den Organisatoren einen Raum in stadteigenen Immobilien zu vermieten. Der Verwaltungsgerichtshof Bayern hat im Spätherbst 2020 für die Meinungsfreiheit entschieden: Das Raumverbot der Stadt München war nicht rechtens und der entsprechende Stadtratsbeschluss vom Dezember 2017 ein Verstoß gegen das Grundrecht auf Meinungsfreiheit[17]. Im Grunde sagt das Gericht: *Wir müssen Meinungen aushalten.*

Im Falle des BDS (aber nicht nur dort) gewinnt man den Eindruck, dass viele Bürgerinnen und Bürger ganz froh sind, wenn die Verwaltung solche Themen „abräumt". Zugleich offenbart sich die Hilflosigkeit der Gesellschaft im Umgang mit (vermeintlich oder tatsächlich) „extremen" Organisationen.

---

[16] „Niemand, der bei klarem Verstand war, wollte mit den Nazis in Verbindung gebracht werden. Sogar die Ewiggestrigen, die dem üblen Hass immer noch anhingen, hatten zumindest verstanden, dass sie ihn verstecken mussten." Knapp und eindrucksvoll – für die Zeit nach dem Zweiten Weltkrieg, aber sicherlich gültig bis zur Jahrtausendwende – beschrieben vom Präsidenten des Jüdischen Weltkongresses, Ronald S. Lauder, zit. n.: „Wir brauchen Holocaust-Aufklärung für Junge", F.A.Z. online, 27.01.2021.
[17] „Landeshauptstadt München muss Veranstaltungssaal für BDS-Podiumsdiskussion zur Verfügung stellen", Pressemitteilung des Bayerischen Verwaltungsgerichtshofs, 20.11.2020.

Die Verwaltung wird instrumentalisiert, um unerwünschte Meinungsäußerungen einzudämmen. Das wird nicht zuletzt deshalb als erforderlich angesehen, weil die Politik den Bürgerinnen und Bürgern nicht zutraut, sich ein eigenes Urteil über BDS oder andere radikale Initiativen zu bilden. Die Gesellschaft – vertreten durch Politik und Verwaltung – will sich selbst vor zu viel Meinungsfreiheit bewahren, könnte man mit einer Prise Zynismus folgern. Doch diese „Feigheit vor dem Feind" wird letztlich nicht erfolgreich sein: Von oben verordneten Schweigekartellen gelingt es „bestenfalls" (aber was wäre eigentlich der beste Fall?), an der Oberfläche Ruhe zu schaffen. Der beargwöhnte ketzerische Sumpf wird nicht publik; er kann dann auch nicht in einem ordentlichen intellektuellen Disput widerlegt werden. Im Untergrund lebt er weiter. Die Auseinandersetzung mit unverschämten oder unsäglichen Meinungen kann nur über die offensive Kommunikation besserer, weil kluger und menschenfreundlicher Meinungen gewonnen werden, nicht durch Wegschauen oder Weghören.

Offenbart sich hier ein grundsätzliches Problem? Sind die Bürgerinnen und Bürger im Deutschland des 21. Jahrhunderts womöglich schlecht darauf vorbereitet, mit extremen Diskussionen und Meinungen umzugehen, die „gutes Benehmen" ignorieren oder gegen die bislang geltende, allgemein akzeptierte Staatsräson agitieren. Garton Ash verweist auf das Verbot der Holocaust-Leugnung in Deutschland als einer gelungenen Maßnahme, den Faschismus zu bannen.[18] Man könnte aber einwenden, dass diese gut gemeinten Beschränkungen uns gegen den alltäglichen Rassismus und den wieder aufkeimenden Nationalismus in seinen neuen

---

[18] Timothy Garton Ash, s. Anm. 12, S. 345.

aggressiven Varianten argumentativ wehrlos werden ließen. Die Verteidigung unserer Werte und Vorstellungen, die das Fundament einer modernen, demokratischen und freien Gesellschaft bilden, haben wir nicht trainiert.

Zivilisierter Umgang mit
Meinungen

Nach Auffassung von Timothy Garton Ash brauchen wir sogar noch „mehr Meinungsfreiheit von besserer Qualität, um in dieser Welt-als-Großstadt gut zusammenzuleben."[19] Das klingt anstrengend. Vor allem die angemahnte bessere Qualität dürfte viele Akteure deutlich herausfordern. Die häufig unzivilisierte, oftmals menschenverachtende Form der Meinungsäußerung in sozialen Medien ist sicherlich kein Ruhmesblatt menschlicher Kommunikation. Nicht alles, was man sagen darf, muss man auch sagen. Und schon gar nicht in jeder nur denkbaren miserablen Art und Weise. Umgekehrt darf auch nicht jeder gleich tödlich beleidigt sein, wenn ihm etwas gegen den Strich geht, was andere meinen. Deshalb meine Kennzeichnung unserer Gegenwartsgesellschaften als multipolar: Fast jeder Meinungsunterschied wird irgendwo in den Weiten der Debattenräume extrem polarisiert.

Positionen werden als unvereinbar absolut gesetzt. Unversöhnlich stehen sich feindliche Blöcke gegenüber. Aber man darf die Auseinandersetzung deswegen nicht scheuen. Die kommunikative Herausforderung beschreibt Garton Ash so: „Auf welchen sozialen, journalistischen, bildungsmäßigen, künstlerischen und anderen Wegen lässt sich erreichen, dass die freie Rede fruchtbar ist, indem sie

---

19 Ebd., S. 14.

kreative Provokation ermöglicht, ohne Leben zu zerstören und Gesellschaften zu spalten?"[20]

Als Weg plädiert Garton Ash für eine „robuste Zivilität". Wir sollten frei reden, „ohne ein Blatt vor den Mund zu nehmen und ohne Ausflüchte zu suchen oder Selbstzensur zu üben: Wir müssen in der Lage sein, freimütige und sogar anstößige Äußerungen […] zu ertragen."[21] Ertragen bedeutet aber keineswegs mittragen oder gutheißen. Im Rahmen der Menschenrechte muss jeder akzeptieren, *dass* andere Menschen eine Meinung vertreten; er oder sie muss keineswegs akzeptieren, *was* die anderen da von sich geben. In diesem Kontext darf auch die abstrakte Verteidigung der Freiheit, dass jedermann seine Meinung ungehindert äußern darf, niemals als Zustimmung zum Inhalt seiner Aussagen missinterpretiert werden.[22]

Die Inhalte von Meinungsäußerungen, Glaubenssystemen oder Ideologien müssen sich dem Urteil aller Bürger stellen. Niemand muss schweigen. Dabei kann die Ablehnung nicht akzeptierter Meinungen sogar sehr deutlich ausfallen, solange die Kritik in einer zivilisierten Weise artikuliert wird. Pointiert und deutlich schärfer argumentiert Carlo Strenger, denn kein Mensch könne „authentisch respektieren, was er in Wahrheit für unmoralisch, irrational oder ganz einfach dumm hält."[23] Er plädiert für eine „zivilisierte Verachtung als eine Haltung, aus der heraus Menschen Glaubenssätze, Verhaltensweisen und Wertsetzungen verachten dürfen oder gar

---

[20] Ebd., S. 123.
[21] Ebd., S. 323.
[22] Das ist eigentlich selbstverständlich, wird aber in der gegenwärtigen, hitzigen Diskussions(un)kultur allzu häufig nicht beachtet.
[23] Carlo Strenger: „Zivilisierte Verachtung: Eine Anleitung zur Verteidigung unserer Freiheit", Suhrkamp 2015, S. 19.

sollen, wenn sie diese aus substanziellen Gründen für irrational, unmoralisch, inkohärent oder unmenschlich halten."[24] Nicht verhandelbare Bedingung bleibt für Strenger indes, dass jeder Diskutant sich dem „Prinzip der verantwortlichen Meinungsbildung"[25] verpflichtet und die zivilisierte Verachtung niemals gegen Menschen gerichtet ist. Das muss unsere tägliche Übung in Sachen Meinungsfreiheit sein: Wir halten Menschen und Meinungen strikt auseinander. Menschen haben eine Meinung, aber Meinungen „besitzen" nicht den Menschen; die Person kann nicht als Objekt ihrer Äußerungen identifiziert werden. Mit der inhaltlichen Ablehnung einer Meinung darf ich deshalb niemals den Menschen, der sie äußert, verurteilen – auch wenn das mitunter schwierig ist.[26]

Meinungsfreiheit ist mitnichten ein Naturrecht

Die Meinungsfreiheit ist in den westlichen Demokratien eine zentrale Freiheit jedes Menschen. Aber selbstverständlich ist sie nicht. Anders als die Herleitung der „Naturrechte" in der Aufklärung nahelegen mag, ist die Meinungsfreiheit alles andere als natürlich und dauerhaft. Im Gegenteil: Über einen langen Zeitraum wurde sie Machthabern und Eliten abgetrotzt. Meinungsfreiheit ist – wie alle anderen Menschenrechte auch – das Ergebnis der zunehmenden Zivilisierung des Menschen und der von ihm gebildeten Gesellschaften.[27]

---

[24] Ebd., S. 21.
[25] Ebd.
[26] Das komplexe Feld einer möglichen strafrechtlichen Würdigung von „verhetzenden" oder anderen strafbaren Meinungsäußerungen bleibt unberücksichtigt. Was justiziabel ist, wird zu verschiedenen Zeiten und/oder in verschiedenen Staaten ganz unterschiedlich definiert.
[27] „Zivilisation' bezeichnet einen Prozeß oder mindestens das Resultat eines Pro-

Meinungsfreiheit ist und bleibt eine *Errungenschaft* der Moderne! Unbequemer Weise können wir uns auf dem einmal erreichten Zivilisationsstand nicht ausruhen. Wir müssen ganz im Gegenteil erkennen, dass die Meinungsfreiheit fortlaufend aufs Neue von allen erobert, für jede und jeden verteidigt und gegenseitig gewährt werden muss.

zesses. Es bezieht sich auf etwas, das ständig in Bewegung ist, das ständig ‚vorwärts' geht", schrieb der Soziologe Norbert Elias (zit. n.: „Über den Prozeß der Zivilisation", Suhrkamp Taschenbuch Wissenschaft 1976 [1936/1968], Bd. 1, S. 3). So ein Prozess kann sich aber auch umkehren und rückwärtsgehen. Wir erleben es gerade in nicht wenigen Ländern der Welt.

3.
MEINUNGSBILDUNG

Das große Ordnen

Im modernen Mediensystem werden Argumente mit Haltung gleichgesetzt

Beim Debattieren geht es darum, Argumente gegeneinander antreten zu lassen, um Antworten auf drängende Fragen zu finden. Debattieren ist Problemlösen. Im modernen Mediensystem geht es allerdings häufig weniger um die Frage, wie sich Probleme lösen lassen, als darum, welche Haltung oder welcher Hintergedanke mutmaßlich hinter Argumenten verborgen ist. Debatten werden deshalb nicht geführt, sondern geordnet.

Was ist eine Debatte?

Wir führen Debatten, indem wir mindestens zwei Positionen gegeneinander antreten lassen. Eine Debatte umfasst aber viele verschiedene Fragen und oft eine ganze Reihe von Problemen. In der Klimadebatte etwa ließen sich zahlreiche Fragen diskutieren. Angefangen bei der Frage, ob es einen Klimawandel überhaupt gibt oder ob der Mensch für ihn verantwortlich ist, bis hin zur Frage, ob es sinnvoll ist, Elektromobilität staatlich zu fördern. Schließlich könnte man auch andere Technologien fördern oder der Staat könnte sich ganz heraushalten und die Anreize des Markts wirken lassen. Auch könnte man argumentieren, die Folgen eines Temperaturanstiegs bis x Grad ließen sich durch menschlichen

Erfindergeist und geeignete Anpassungsmaßnahmen auffangen und die Ressourcen seien nicht in der Verhinderung des Temperaturanstiegs am besten aufgehoben, sondern indem man die damit einhergehenden Probleme löst.

Alle diese Fragen gehören zur Klimadebatte und lassen sich selbst noch weiter aufschlüsseln. Durch das Stellen von Fragen gelangen wir zu weiteren Fragen und über das Beantworten dieser Fragen können wir irgendwann vielleicht die Ausgangsfrage beantworten und ein großes Problem lösen. Eine funktionierende Debatte hat daher Ähnlichkeit mit wissenschaftlicher Methode, ganz besonders mit dem kritischen Rationalismus: Wir können nie ganz sicher sein, ob wir uns nicht doch irren. Daraus folgt, dass wir natürlich weiter Fragen stellen müssen.

Da Debatten zu Fragen führen und Fragen wiederum zu weiteren Fragen und weil wir nie sicher wissen können, ob wir wirklich richtig liegen, ist eine Debatte offen und sie hat ein Ziel, das wir aber nicht kennen. Das Ziel einer Debatte ist vor allem nicht der Konsens, denn mit steigender Komplexität kann es diesen gar nicht geben. Was es aber geben kann, sind Antworten auf Fragen sowie Lösungen für einzelne Probleme. Diese Problemlösungen interpenetrieren sich. Sie kommen sich in die Quere, beeinflussen sich gegenseitig, haben Externalitäten, weshalb der Fokus einer Debatte oft auf eine andere übergeht, nur um einige Monate oder Jahre später wieder hinüberzuwechseln. Das ist der Grund, weshalb Debatten mit dem scheinbaren Paradoxon fertig werden, zwar ein Ziel zu haben, aber dennoch unendlich zu sein: Mit dem Debattieren ist man niemals fertig, die Debatte verharrt höchstens im Wartemodus, nur um einige Zeit später wieder aktuell zu werden. Nahezu alles keimt irgendwann aufgrund irgendeiner Frage oder eines Problems wieder auf und entfacht die gesamte Debatte von neuem. Das Ziel einer Debatte ist deshalb auch nicht, sie zu beenden. Im Gegenteil: Debatten, die für beendet erklärt werden, sind ein guter Warnhinweis dafür, dass die Gesellschaft etwas ihrer Offenheit verliert. Das gilt ganz besonders, wenn die Politik oder Medien selbst eine Debatte für beendet erklären. Insofern müssen wir feststellen, dass die westlichen Gesellschaften sich auf einem kritischen Pfad bewegen. Denn es wird zwar debattiert, aber die Debatten sind nicht so ergebnisoffen, wie man es im Westen erwarten würde. Woran liegt das?

Alles steht unter Beobachtung

Der alte philosophische Streit zwischen Konstruktivismus und Realismus läuft in den Medienwissenschaften auf die Frage hinaus, ob Medien Wirklichkeit konstruieren oder Ereignisse aus der Wirklichkeit selektieren.[i] Selektion bedeutet, dass Medien eine Gatekeeper-Funktion einnehmen. Sie suchen sich Ereignisse aus und berichten über sie. Damit erschweren sie manchen Anliegen den Zutritt, während sie anderen zu Aufmerksamkeit verhelfen.

Die Gatekeeper-Rolle klassischer Medien verliert allerdings an Bedeutung und zwar angetrieben durch Technologien, die unter dem Begriff Web 2.0 zusammengefasst werden, also durch die Möglichkeit, Medieninhalte nicht mehr nur zu konsumieren, sondern mit geringem Aufwand

---

[i] Stefan Weber: „Was können Systemtheorie und nicht-dualisierende Philosophie zu einer Lösung des medientheoretischen Realismus/Konstruktivismus-Problems beitragen?" in Siegfried J. Schmidt / Gebhard Rusch (Hg.): „DELFIN – 1997: Konstruktivismus in der Medien- und Kommunikationswissenschaft", Suhrkamp 1997, S. 199.

selbst zu produzieren. Angefangen hat diese Entwicklung mit Blogs, die es auch Laien erlaubten, Text und Bild ohne große Vorkenntnisse zu publizieren. Die Vernetzung im Web 2.0 war dabei anfangs dezentral. Die Publikationen waren, abgesehen von Suchmaschinen und Blog-Aggregatoren, hauptsächlich durch gegenseitige Verlinkung vernetzt.

Mit den großen Online-Intermediären wie Facebook und Twitter büßte das Web 2.0 einen Großteil seiner ursprünglichen Offenheit ein. Zwar machten Online-Intermediäre es noch leichter, Inhalte zu veröffentlichen, bildeten aufgrund des Netzwerkeffekts aber nahezu Monopolstellungen aus. Eine dezentrale Struktur wurde allmählich durch eine zentrale Struktur ersetzt, das Internet vertikal integriert. Heute sind YouTube, Facebook, Twitter und Instagram praktisch Kuratoren des Web. Ein großer Teil der Medieninhalte wird über diese Intermediäre konsumiert.

Dabei fügen sie dem Web 2.0 eine entscheidende Funktion hinzu und zwar die Möglichkeit, auf veröffentlichte Inhalte direkt zu reagieren. Sie also zu kommentieren, zu liken und sie mit anderen zu teilen. Das hat einen großen Einfluss auf das Beziehungsmodell in Medien. Statt einer zweiseitigen Sender-Empfänger-Beziehung gibt es nun eine triadische Sender-Empfänger-Zuschauer-Beziehung, wobei jeder Teilnehmer jede Rolle einnehmen kann, mitunter auch zwei Rollen gleichzeitig. Das ist etwa dann der Fall, wenn ein Journalist einen Artikel eines anderen Journalisten auf Twitter teilt und kommentiert. Er ist dann Empfänger und Produzent zugleich, während alle anderen Zuschauer sind – auch der Journalist, der den geteilten Artikel ursprünglich verfasst hat.

Wir stehen beim Konsumieren von Medien also unter ständiger Beobachtung, das gilt sogar dann, wenn wir nicht reagieren, also weder teilen noch liken oder kommentieren. Denn die Rezeption erfolgt in den neuen Medien quasi „on the fly". Kaum ist etwas veröffentlicht, erwartet man die Reaktionen und wenn wir reagieren, können wir nie wissen, wer gerade dabei zusieht. Wir müssen aber stets damit rechnen, dass jemand zusieht. In der Folge können wir natürlich versuchen, Medien nur passiv zu konsumieren, sie also nicht zu kommentieren, nicht zu teilen und nicht zu liken, also keinerlei Signale zu senden. Aber auch beim Nichtsenden von Signalen müssen wir davon ausgehen, dass dies als Kommunikation aufgefasst wird. Man denke nur an die Black-Lives-Matter-Bewegung, die mit dem Spruch „Silence is violence" versuchte, Menschen dazu zu zwingen, sich öffentlich zu positionieren. Hier wird aus der alten kommunikationswissenschaftlichen Binsenweisheit „Man kann nicht nicht kommunizieren" eine Drohung, die nicht nur gesellschaftlich bedenklich ist, sondern auch die Funktionsweise von Medien entscheidend beeinflusst.

Die Filterblase als Reaktion auf Medienvielfalt

Neben diesem triadischen Beziehungsmodell und der ständigen Beobachtung hat sich durch Online-Intermediäre noch etwas verändert. Plötzlich werden wir mit Themen und Positionen konfrontiert, die uns nicht gefallen. Wer früher an politischen Debatten interessiert war, hatte in der Regel ein Abonnement für ein oder zwei Zeitungen, die er regelmäßig las. Die Zeitung wurde mit der Post auf direktem Weg in die eigenen vier Wände geliefert. Alternativ gab man die URL direkt im Browser ein und landete so auf medial gewohntem Terrain. Wer Medien heute über die Online-Intermediäre konsumiert, ist hingegen einer Vielzahl unterschiedlicher Inhalte ausgesetzt. Hinzu kommt die Produktion von Inhalten durch Rezipienten, also durch Freunde, Follower und so weiter, wenn diese etwas kommentieren, teilen oder liken.

Auf den ersten Blick widerspricht diese ständige Konfrontation mit unliebsamen Inhalten dem populären Konzept der Filterblase, die auch von Journalisten gerne als Begründung für ihren Kampf gegen „Fake-News", „Hetze" und „Hass" angeführt wird. Bei genauerem Blick ist dieser Kampf aber vor allem eine Abwehrstrategie klassischer Medien, die ihre Rolle als Gatekeeper einbüßen. Denn die Filterblase gibt es zwar, allerdings ist sie nicht voreingestellt und damit kein Problem der Medien an sich und auch nicht in erster Linie ein Problem von Facebook, Twitter und Co. Sie ist eine Folge der größeren Vielfalt der Medienlandschaft. Das wird deutlich, wenn wir uns vergegenwärtigen, wie sie überhaupt entsteht, nämlich durch unsere Nutzung selbst. Das, was wir abstrakt „der Algorithmus" nennen, lernt von uns. Jede künstliche Intelligenz muss trainiert werden und sie wird trainiert durch unser Verhalten, also durch unsere inhaltlichen Präferenzen. Diese Präferenzen äußern wir subtil, etwa indem wir uns Artikel von Zeit Online im Durchschnitt länger anschauen als Artikel der F.A.Z. Oder sehr explizit, indem wir Blocklisten bei Twitter pflegen, um nicht mit Dingen (und Menschen!) konfrontiert zu werden, die uns stören. Die Filterblase ist also die Reaktion der Nutzer auf größere Vielfalt. Und zwar auch auf Vielfalt an Debattenthemen und Antworten auf Fragen innerhalb dieser Debatten. Es ist eine Strategie, mit der wir auf zunehmende Komplexität reagieren.

Der Medienwissenschaftler Bernhard Pörksen spricht in diesem Zusammenhang von Gereiztheit, da wir in der modernen Medienlandschaft ständig mit Meinungen, Positionen und Themen konfrontiert sind, die uns nicht gefallen. Ich würde sogar so weit gehen und sagen: In der modernen Medienlandschaft steht uns nahezu das gesamte menschliche Wissen offen. Wir kommen mit seiner Komplexität nur nicht zurecht. Eine Reaktion darauf ist die bekannte Empörung, die wir in sozialen Medien beobachten. Auf die Empörung (oder den Shitstorm) folgt oft die Empörung über die Empörung[2]. Der Gegenstand der Kommunikation wird verlagert von den Dingen an sich, über die wir etwas lernen könnten, auf eine Metaebene, wo es um Fragen der Form, der Gefühle und vor allem der Verortung geht. Um unliebsamen Inhalten aus dem Weg zu gehen, müssen wir Aufwand betreiben.

Das moderne
Mediensystem

Angelehnt an die Luhmannsche Systemtheorie können wir Medien als funktionales System der Gesellschaft beschreiben. Wie jedes soziale System wird das Mediensystem durch sinnhafte Operationen gebildet.[3] Entscheidend ist dabei die Autopoiesis: Soziale Systeme wie das Mediensystem erschaffen sich selbst und zwar durch Operationen, die an andere Operationen anknüpfen. Eine Tageszeitung veröffentlicht eine Reportage zu einem bekannten Thema, die Tagesschau bringt einen Kommentar, eine Lokalredaktion recherchiert, ob etwas Ähnliches auch bei ihnen in der Gegend stattfindet. Jede dieser Operationen nimmt also Bezug auf vorherige Operationen. Sinn bestimmt dabei, welche Operationen

---

2 Bernhard Pörksen: „Die große Gereiztheit: Wege aus der kollektiven Erregung", Carl Hanser Verlag 2019, S. 82.
3 Niklas Luhmann: „Soziale Systeme: Grundriß einer allgemeinen Theorie", Suhrkamp 2018, S. 95.

anschlussfähig sind, also zum System passen und es somit aufrechterhalten. Durch das Anknüpfen von Operationen an Operationen differenziert sich das System von seiner Umwelt. Das heißt, dass das Mediensystem seine Systemgrenzen selbst erzeugt.

Soziale Systeme stehen dabei vor der Herausforderung, dass die Umwelt stets komplexer ist als das System selbst. Das heißt, dass das System Komplexität reduzieren muss, um überhaupt System sein zu können. Ein System, das so komplex wie seine Umwelt ist, wäre gewissermaßen selbst Umwelt. Es wäre gar nicht als etwas Eigenständiges erfahrbar.

Das Mediensystem leistet diese Komplexitätsreduktion, indem es mit einer binären Codierung arbeitet. Es unterscheidet zwischen Information und Nichtinformation.[4] Behandelt wird, was im Sinne des Systems Information ist. Sobald die Information mitgeteilt wurde, wird sie zur Nichtinformation. Sie ist nun bekannt und wird als bekannt vorausgesetzt.[5] Das erklärt, wieso einmal etablierte Vorstellungen (und auch Formulierungen) sich so schwer aus der Welt räumen lassen, selbst wenn sie irreführend sind, falsch oder auf falschen Prämissen fußen: Sie werden als Bekanntes im Mediensystem weiterverarbeitet und das System schließt weitere Informationen an dieses Bekannte an. Das Falsche verfestigt sich, alles andere wird aussortiert. Es sei denn, es kommt dem System in die Quere. Dann braucht es andere Strategien, um damit umzugehen.

Als Luhmann Mitte der 1990er Jahre diese Funktionsweise von Massenmedien beschrieb, sah die Medienlandschaft noch gänzlich anders aus als heute. Zwar gab es bereits

4   Niklas Luhmann: „Die Realität der Massenmedien", Springer VS 2017, S. 28.
5   Ebd. S. 31.

vereinzelte Online-Medien, allerdings waren diese höchstens eine Verlängerung ihrer klassischen Printangebote. Der Journalismus war gewissermaßen unter sich. Es gab keine Polit-Influencer auf YouTube, kein Twitter, keine Blogs und vor allem gab es außer Leserbriefen kaum Widerspruch aus der Bevölkerung. Auch die ständige gegenseitige Beobachtung, die das moderne Mediensystem kennzeichnet, existierte nicht. Das Mediensystem war also relativ störungsfrei und konnte seine Systemgrenzen mit recht geringem Aufwand aufrechterhalten.

An dieser Stelle mag man einwenden, dass die Technologien des Web 2.0 gar kein Teil des Systems sind, das Luhmann „Massenmedien" nannte. Zieht man aber seine Charakterisierung heran beziehungsweise die Ursachen, aus denen sich Massenmedien als soziales System innerhalb der Gesellschaft ausdifferenzieren konnten,[6] dann müssen sie ein Teil davon sein. Denn wie die klassischen Institutionen des Mediensystems erlauben auch soziale Medien und Blogs eine zeitliche und räumliche Distanz zwischen Sendern und Empfängern. Funktional besteht kein Unterschied zwischen der Onlineausgabe der Welt, einem privat betriebenen Blog, einem YouTube-Video und einem Twitter-Thread. Alle nutzen technische Möglichkeiten, um Kommunikation zu erschaffen, die Raum und Zeit überdauert und viele verschiedene Menschen gleichzeitig erreichen kann. Führt man sich das vor Augen, ist leicht zu erkennen, warum der klassische Journalismus mitunter so gereizt auf die Herausforderungen des modernen Mediensystems reagiert. Er ist nicht mehr Herr im eigenen Haus.

---

6 Ebd. S. 26.

Für Journalismus ist
Komplexität Druck

Luhmann ging davon aus, dass das Mediensystem binär codiert ist und über die Differenz von Information/Nichtinformation Komplexität reduziert. Das Problem, vor dem das moderne Mediensystem steht, ist allerdings, dass es heute mit größerer Komplexität zurechtkommen muss. Das wird schnell ersichtlich, wenn man sich die Vielfalt an Inhalten vor Augen führt, die sich anschicken, als Information im Mediensystem behandelt zu werden beziehungsweise Teil des Systems zu werden. Es ist dieselbe Vielfalt an Inhalten, die dazu führt, dass Menschen sich in Filterblasen einrichten, weil sie von den vielen neuen Informationen und möglichen Argumenten überreizt beziehungsweise überfordert sind. Plötzlich stellt sich Journalisten die Frage, wie sie mit dem Beitrag eines YouTubers umgehen, der in einem einstündigen Video vorgibt, die CDU zu zerstören:[7] Ignorieren? Darauf eingehen? Widersprechen?

Systemtheoretisch ist hier die entscheidende Frage, ob das Mediensystem daran anschließt und wie es das tut. Dass Inhalte der neuen Medien, also Blogs, Facebook-Posts, Tweets etc. in klassischen Medien behandelt werden und damit im Mediensystem anschlussfähig sind, steht außer Frage, denn dafür gibt es zahlreiche Beispiele. Der YouTuber Rezo bietet mit seinem Video „Die Zerstörung der CDU" tatsächlich ein sehr eindrucksvolles, denn in diesem Fall reichte die Anschlussfähigkeit so weit, dass Zeit Online ihm eine eigene Kolumne gab.[8] Eine vermeintliche Trennung zwischen

---

[7] „Die Zerstörung der CDU", Rezo, Youtube, 18.05.2019.
[8] Serie „Rezo stört", Zeit Online, 2019f.

klassischem Mediensystem und neuen Medien ist hier völlig aufgehoben worden. Es ist *ein* System und wir alle sind Teil davon, sobald wir Inhalte teilen, liken oder kommentieren. Vielleicht nicht als einzelne, herausstehende Person, aber als Hintergrundrauschen, das andere Akteure wahrnehmen und an das sie anschließen, indem sie darauf reagieren.

Auch Faktenchecks sind ein gutes Beispiel dafür, wie Inhalte aus sozialen Medien in etablierten Medien als Information behandelt werden. Offensichtlich sind die Faktenchecks dabei selbst bereits Selektion, denn irgendwie müssen die Faktenchecker entscheiden, zu welchen Aussagen, Argumenten, Themen und Behauptungen sich ein Faktencheck aus ihrer Sicht lohnt und zu welchen nicht.

Hier zeigt sich etwas Interessantes, denn offenbar ist Information nicht gleich Information. Eine Information kann auch eine Falschinformation sein, eine irreführende Behauptung oder eine umstrittene These. Vor allem kann Information für das Mediensystem störend sein, sodass es Strategien braucht, um mit den Inhalten, die sich durch neue Technologien dem Mediensystem aufdrängen, zurechtzukommen. Entscheidend ist, dass es diese Information offenbar nicht einfach ignorieren kann.

Darüber hinaus stehen auch Journalisten und Medien im modernen Mediensystem unter ständigem Druck durch Beobachtung, denn auch sie sind abwechselnd Zuschauer, Empfänger und Produzenten. Alles, was sie sagen (oder nicht sagen), kann direkt rezipiert werden und ist dann im Gegensatz zum klassischen Leserbrief für alle anderen einsehbar. Man denke zum Beispiel an den Vorwurf, dass Zeitung A zu Thema B nicht ausreichend berichtet oder dass Journalist Bob etwas vermeintlich Falsches sagt und Journalistin Alice das als klare politische Positionierung auffasst. Man kann sagen, der Journalismus steht heute unter größerer Kontrolle. Er muss präziser sein, kann nicht mehr so einfach nur mit systeminternem Sinn arbeiten, sondern muss seine Inhalte noch mehr als sonst einem Realitätscheck unterziehen. Er muss besser zuhören, mehr wissen, mit unterschiedlichen Experten sprechen, auf die Zuschauer hören, darf sich nicht im Ton vergreifen und so weiter. Das ist Druck.

Das Ordnen von Debatten ist Reaktion auf Komplexität

Wie eingangs erläutert, benötigt eine funktionierende Debatte nicht viel. Nur ein Thema, eine Frage sowie Argumente, mit denen sich die Frage beantworten lässt. Die Debatte braucht außerdem eine Verankerung in der Realität, also in der Welt, wie sie außerhalb der Debatte tatsächlich ist und funktioniert. Je lockerer diese Verankerung im Fundament der Dinge an sich steckt, desto schwieriger wird die Debatte. Sie hat dann keinen Halt, gegen den sie die Argumente prüfen kann. Deshalb ist es so schwierig, über Weltanschauungen oder Glauben zu debattieren.

Faktenchecks zeigen aber gut, dass das Mediensystem auch ungültige Argumente nicht einfach ignoriert, sondern bereitwillig annimmt und verarbeitet. Es investiert dann viel Energie in ein Unterfangen, das Information ordnet. An die Codierung Information/Nichtinformation schließt also ein weiterer Prozess an: ein Ordnungsunterfangen unter Zuhilfenahme von Deutungen. Dieser Prozess ist nicht auf Faktenchecks beschränkt, sondern findet im gesamten modernen Mediensystem statt. Ein gutes Beispiel liefert die Berichterstattung über die private Seenotrettung durch NGOs im Mittelmeer. Wir haben es hier mit einer Frage in der Migrationsdebatte zu tun, die auf einem drängenden Problem fußt, nämlich dass seit 2016 bei der Überfahrt über das Mittelmeer mehr als 10.000 Menschen ertrunken sind.[9]

Eines der prominentesten Argumente gegen diese Arbeit der NGOs lautet wie folgt: Die Anwesenheit von Rettungsschiffen im Mittelmeer sorgt dafür, dass mehr Menschen die unsichere Überfahrt und damit den Tod riskieren. Das Argument stützt sich natürlich auf eine Prämisse, die lautet: Die private Seenotrettung hat einen Pull-Effekt. Genau hier ließe sich das Argument angreifen. Um das Argument zu entkräften und damit den Standpunkt pro Seenotrettung zu stärken, bräuchte man nur die Prämisse zu widerlegen. Journalismus kann das leisten oder zumindest weitere Fragen stellen.

Entscheidend ist, dass dieses Argument haltungsagnostisch ist. Es steht nicht eindeutig für eine bestimmte Position in der Migrationsdebatte, also pro Migration oder contra Migration. Im Mediensystem wird es aber so behandelt. 2018 veröffentlichte die Zeit einen Artikel, in dem ein Pro und Contra der privaten Seenotrettung gegenübergestellt wurden.[10] Kurz darauf entschuldigte sich die Redaktion für den Beitrag[11] – wohl auch, weil es in Folge des Artikels zu großer Empörung gekommen war. Statt das Argument zu entkräften, reagierten viele Journalisten sowie andere Nutzer in sozialen Netzwerken mit Empörung. Statt also tatsächlich zu debattierten, wurde das Argument einer vermeintlichen Haltung zugeordnet. Die Autorin des Artikels müsse migrationsfeindlich sein oder billige den Tod von unschuldigen

---

9   Uno-Flüchtlingshilfe Deutschland online.
10 Mariam Lau / Caterina Lobenstein: „Oder soll man es lassen?", Zeit Online, 11.07.2018.
11 „Gut gemeint, aber nicht gut genug", Zeit Online, 18.07.2018.

Menschen. So als sei das Äußern von Argumenten an sich ein eindeutiger Beweis dafür, auf welcher Seite jemand steht.

Ein anderes Beispiel finden wir in der Klimadebatte. Hier stellt sich die Frage, wie die Energieversorgung aus erneuerbaren Energiequellen in Zukunft sichergestellt werden soll, wenn diese Energiequellen abhängig vom Wetter sind und somit schwanken. Der Antwort auf diese Frage ließe sich journalistisch mit weiteren naturwissenschaftlichen und technischen Fragen näherkommen. Eine solche Debatte findet aber kaum statt. Dass es in der Klimadebatte überhaupt eine große Reihe an naturwissenschaftlichen und technischen Fragen zu beantworten gibt, das Thema also äußerst komplex ist, das spiegelt das Mediensystem nicht wider. Stattdessen werden Argumente, die der Debatte zuträglich sind, geordnet und zwar wieder in ein binäres Schema: pro oder contra Klimaschutz.

Dieses Ordnungsunterfangen im Mediensystem ist der Versuch, Informationen zu verarbeiten, die störend wirken. Der Prozess verläuft dabei nicht auf der Ebene der Debatte, also mit Argumenten, die sich in der Realität bewähren, sondern auf der Metaebene. Er nutzt Zuordnungen der Form: Aussage A ist gleichbedeutend mit Haltung H. Auf diese Weise kommen auch journalistische Kommentare zustande, deren Argumentation hinausläuft auf die Form: „Aussage A offenbart Haltung H und ist somit abzulehnen." Es erklärt außerdem, wie es sein kann, dass im Journalismus mit Begriffen wie „Klimaleugner" oder „Coronakritiker" gearbeitet wird: Die Debatte verlässt den Boden der Realität und verlagert sich auf die Metaebene, die geprägt ist von Form-, Gefühls- und Haltungsfragen. Wichtig ist hier nicht, ob ein Argument eine Frage beantworten kann, sondern wo dieses Argument zu verorten ist, wie es geäußert wird, von wem es (sonst noch) geäußert wird oder aus welchen angeblichen Gründen es geäußert wird. Argumente sind nicht einfach, sondern sie sind, was sie angeblich *bedeuten*.

Wir beobachten hier etwas, das der Kommunikationswissenschaftler Stefan Weber als Autopoietisierung des Journalismus bezeichnet, womit der Kreis zur Luhmannschen Systemtheorie wieder geschlossen wäre: Journalismus reproduziert sich selbst, indem er sich zunehmend auf sich selbst bezieht[12], statt sich mit der Welt da draußen zu befassen. Journalisten schreiben über Journalisten, YouTuber sprechen über Politiker, Politiker twittern über Journalisten, woraufhin Journalisten wieder über twitternde Politiker schreiben oder über Journalisten, die ebenfalls über Politiker schreiben, dabei aber die falschen Worte benutzen. All das findet statt in einem modernen Mediensystem, das klarzukommen versucht mit Komplexität und Informationen, die störend wirken, da sie an Bekanntes anschließen wollen, aber irgendwie nicht so recht zum Bekannten passen. Möglicherweise erklärt dieser Selbstbezug des Journalismus auch, weshalb so viele Menschen den Eindruck haben, der Journalismus würde lügen oder falsch informieren: Da er sich ständig auf sich selbst bezieht und große Teile der Welt außen vor lässt, erscheint er Zuschauern als Sandbox für journalistisch-aktivistisches Wunschdenken, das mit der Lebensrealität „draußen" kaum etwas zu tun hat. Und weil diese Zuschauer sich das nicht gefallen lassen, kommentieren sie sich online in Rage, werden damit selbst zu Medienproduzenten, über die sich der Journalismus selbst dann wieder ereifern kann.

---

12 Weber, s. Anm. 1, S. 212–217.

Fazit

Es zeichnen sich drei Entwicklungen ab:

1. Das moderne Mediensystem ist so vielfältig wie noch nie. Es ist kein abgeschottetes System, sondern durchlässig. Wir alle können Teilnehmer sein und zwar als stille Zuschauer oder aber als produzierende Rezipienten, auf deren Informationen sich klassische Medien beziehen.
2. Je besser die Möglichkeiten, uns ausgiebig und wahrheitsgemäß über jedes nur erdenkliche Thema zu informieren, desto komplexer die Aufgabe der Meinungsbildung und desto größer ist unser Drang, Ordnung zu schaffen. Da wir angesichts der Flut der Informationen häufig überfordert sind, schaffen wir Ordnung über die Metaebene. Hier zählen statt Argumenten Haltung, Gefühl, Gruppendenken.
3. Ordnung schaffen wir am einfachsten durch ein binäres Schema, also Freund/Feind, gut/böse oder richtig/falsch.

Für die Meinungsvielfalt hat das natürlich Konsequenzen. Wenn ein Argument oder auch nur die Nähe zu einem Argument in ein solches binäres Schema eingeordnet wird, dann ist der Negativwert dieses Schemas (böse/Feind/falsch) unsagbar. Es ist zwar Information, aber es ist falsche oder unerwünschte Information – und zwar selbst dann, wenn das Argument valide ist und einen Beitrag zur Problemlösung leisten könnte. So werden letztlich auch die Träger dieser Argumente zu Trägern negativer Information und damit zu Personen, über die man sich zwar ereifern darf, die aber selbst nicht mitreden sollen.

CHRISTOPH LÖVENICH

Fakt ist …?

Sogenannte Faktenchecker wie Correctiv agieren z.B. bei Facebook und in Mainstream-Medien. Sie tragen nicht zu mehr Sachlichkeit, sondern zu sehr einseitiger Meinungsbildung bei

„Nein, die DDR will keine Mauer bauen. Wie dich rechte Verschwörungsmythiker:innen täuschen. […] Es gibt keine Belege für Bautätigkeiten an der Grenze zu Westberlin. Staatsratsvorsitzender Walter Ulbricht wies in einer Pressekonferenz entsprechende Vorwürfe zurück."

So oder ähnlich hätte vor 60 Jahre eine Meldung lauten können, wie sie heute deutsche „Faktenchecker"-Medien formulieren. Die hiesige Obrigkeit hat fast immer Recht, Kritiker erfinden „Fake News", offizielle Stellen sind, wenn es gerade passt, unhinterfragbare Quellen. „Nein, geimpftes Personal der Kinderklinik Mannheim erlitt keine ‚heftigen Nebenwirkungen'" nach einer Corona-Impfung, so eine Meldung von Correctiv. Quelle: Mitteilung der Kinderklinik selbst.[1] Reißerischere Titel findet man beim Blog „Volksverpetzer", zum Beispiel: „Weimar: Wie dich Pandemie-Leugner über die Bedeutung des Urteils täuschen".[2]

---

[1] Steffen Kutzner: „Nein, geimpftes Personal der Kinderklinik Mannheim erlitt keine ‚heftigen Nebenwirkungen'", Correctiv online, 09.02.2021.
[2] Gordana Rammert: „Weimar: Wie dich Pandemie-Leugner über die Bedeutung des Urteils täuschen", Volksverpetzer, 24.01.2021.

Zunächst einmal stellt sich die Frage: Was ist denn dieses „Faktenchecken" überhaupt? Sich dazu berufen fühlende Medien bzw. Organisationen überprüfen Tatsachenbehauptungen, oder besser: geben vor, wirkliche oder vermeintliche Tatsachenbehauptungen objektiv unter die Lupe zu nehmen. Ist es eine Tatsachenbehauptung, wenn ein AfD-Politiker ventiliert, angesichts der Gewaltkriminalität an deutschen Bahnhöfen könnten „Bürger nur noch mit berechtigter Angst zur Arbeit fahren oder auf Reisen gehen'"? Für den „Faktenfinder" der ARD-Tagesschau, konkret dessen Chef Patrick Gensing, „erscheint [dies] eine deutlich übertriebene Interpretation zu sein."[3] Zwei Stühle, zwei Meinungen, keine Tatsachen.

Aber Hauptsache wieder gegen die AfD geschossen, denn die findet Gensing, der nach eigener Aussage in jungen Jahren mal „Antifa mäßig [sic] unterwegs'"[4] war, gefährlich[5]. So publiziert er denn auch Bücher zum Thema Rechtsextremismus und verfasst Faktenfinder-Beiträge wie „Parler, Gab und BitChute. Radikale Parallelwelten". Umgekehrt heißen die Artikel wiederum: „Mythos Antifa" und „Wo angeblich die Autonomen herrschen". Krude Anweisungen aus einem Handbuch für gendergerechte Sprache spielt Gensing herunter, indem er die Leser hinters Licht führt.[6]

3 Patrick Gensing: „,Berechtigte Angst' oder Stimmungsmache?", Tagesschau online, 03.02.2021.
4 Carla Reveland: „Patrick Gensing: ,Medien dürfen keine Ängste schüren'" (Interview), vocer, 21.04.2015.
5 Dario Sarmadi: „NPD im Wahlkampfmodus: Europa-Debüt einer ,sterbenden Partei'?", Euractiv, 16.05.2014.
6 Stefan Frank: „ARD- und ZDF-Faktenchecker erwischt: Die Schamlosen", Achse des Guten, 05.03.2021.

Corona

Beim aktuellen „Faktenchecker"-Hauptthema Corona unterstellt der Faktenfinder den Kritikern der überschnell zugelassenen Impfstoffe „Angstmache, Falschmeldungen und Gerüchte", „gefährliche Gerüchte", „Panikmache" und sogar „gezielte Panikmache", „um Menschen zu verunsichern". Zum gleichen Virus veröffentlicht er dann Artikel wie „Sinkende Zahlen. Trügerische Sicherheit?", „Covid-Langzeitfolgen. Eine Krankheit, die oft bleibt" und „Symptomlos ist nicht gleich ungefährlich". Es wird zwar immer einseitiger bei den Öffentlich-Rechtlichen, aber eben auch immer offensichtlicher.

Eine ebenso klare „Haltung" zeigt sich bei Correctiv und dem Volksverpetzer. Schaut man sich den Januar 2021 auf ihren jeweiligen Webseiten an, dann haben sich beide (Correctiv in seiner „Faktencheck"-Rubrik, bei Volksverpetzer kann man das nicht trennen) hauptsächlich mit Corona beschäftigt (Correctiv gar zu 90 Prozent) – und jeder einzelne dieser Beiträge richtete sich gegen die Kritik an der Coronapolitik, keiner überprüfte Behauptungen des vorherrschenden Narrativs. Überhaupt findet man bei den ganzen „Faktencheckern" zwar hin und wieder Texte, die nicht eindeutig den politischen Mainstream stützen – nach solchen aber, die ihn kritisch unter die Lupe nehmen oder ihm gar zuwiderlaufen, muss man lange suchen.

„Noch Ende Januar [2020] diffamierte ‚Volksverpetzer' Menschen, die vor Corona warnten", führt der Journalist Boris Reitschuster aus, „vor dem Kurswechsel um 180 Grad, der auffällig parallel mit dem unserer Regierung verlief".[7] Aus

---

7 Boris Reitschuster: „Wie Corona-Faktenchecker Agitation betreiben", Blog des Autors, 12.11.2020.

„Warum dir Rechte Angst vor dem Corona-Virus machen" wurde im März, „dass Rechtsextreme jetzt dazu umschwenken, das Virus zu verharmlosen". Rechts und rechtsextrem sind in deren Augen ohnehin dasselbe, und als Kritiker des Corona-Regimes muss man wohl in eine solche Kategorie gehören.[8]

International ließ sich das Gleiche beobachten. Ein Faktencheck der Presseagentur AFP im Februar 2020 ergab, dass ein in chinesischen Social Media massiv geteilter Post mit Massengräbern angeblicher Corona-Toter in Wahrheit ein Foto aus einem Hollywood-Film von 2011 abbildete.[9] Das aufzuklären, ist sinnvolle Arbeit. Inzwischen aber dürfte eher typisch sein, wie die Agentur AP auf die im Internet aufgetauchte Wutrede eines kanadischen Arztes reagierte. Dieser hatte die Corona-Hysterie „als größten Hoax, der einer nichtsahnenden Öffentlichkeit je angetan wurde'", bezeichnet und mit einer schweren Grippewelle gleichgesetzt, was mit dem Hinweis auf „medizinische Experten" und „amtliche Stellen im Gesundheitsbereich" als sachlich unzutreffend gebrandmarkt wurde.[10]

Immer geht es darum, Kritiker als Lügner hinzustellen, jede Skepsis gegenüber dominanten politischen Projekten vorzuführen und damit neutralisieren zu wollen. Die „richtige" Meinung, gestützt auf die „richtigen" Experten, gilt als alternativlos: Ja zu Lockdown und Klimapolitik, Nein zu Populisten und Russland usw. Gewiss, bei den

---

8   Hierzu eindrücklich „Die Zerstörung des HETZPORTALS Volksverpetzer", Nikolai Binner, YouTube, 07.03.2021.

9   „This image shows a scene from the trailer for 2011 disaster movie Contagion", AFP online, 26.02.2020.

10   Arijeta Lajka: „Pathologist falsely claims COVID-19 is a hoax, no worse than the flu", AP online, 02.12.2020.

Nachrichtenagenturen ist die Schlagseite weniger ausgeprägt. Zumindest in der Aufmachung bemühen sie sich um einen seriöseren Anstrich. Aber auch die „mit höchster Sorgfalt, Ausgewogenheit und Genauigkeit" arbeitende dpa[11] lässt Tendenzen erkennen. Contra Donald Trump, pro Bill Gates, bei Corona eher herrschaftsfreundlich. Ein Faktencheck-Artikel der Agentur beginnt gleich mit voller Framing-Breitseite: „Infolge der Corona-Krise sterben deutlich mehr Menschen als in anderen Jahren."[12] Wer überprüft denn eigentlich mal die Überprüfer auf ihre Behauptungen?

Wobei: Manchmal bedarf es dessen nicht einmal. Bei der US-Präsidentschaftswahl 2016 blamierte sich Correctiv-Chef David Schraven mit einem Newsletter, der Clinton als Siegerin auswies und Trump als schlechten Verlierer beschimpfte.[13] Da war der Wunsch wohl ein zu mächtiger Vater des Gedankens.

Entwicklung
und Geschäftsmodell

Im deutschsprachigen Raum arbeitet die ARD-Sendung „Hart aber fair" schon lange, seit den 2000er Jahren, mit einem auch so bezeichneten „Faktencheck". Einzelne Behauptungen von Gästen während der Talkshow werden später online nach ihrer Richtigkeit bewertet, wobei man natürlich nach Geschmack Aussagen herausgreift, Studien und „Experten"

---

[11] „dpa-Faktencheck. Faktencheck-Regeln", dpa online.

[12] Marco Krefting: „Rauchen, Trinken und Autofahren so gefährlich wie Corona?", Rhein-Neckar-Zeitung online, 19.01.2021. Zur angeblichen Übersterblichkeit siehe z.B.: Thilo Spahl: „Sterben in Zeiten von Corona in Schweden und Deutschland", Novo online, 15.02.2021.

[13] „Peinliche Letter-Panne: Wie Correctiv Hillary Clinton voreilig als Präsidentin feierte", Meedia, 09.11.2016.

auswählt, um sein Urteil zu fällen. Zwar gibt es glasklare Falsch- und Richtigbehauptungen – die Realität ist kein beliebiges „Konstrukt" –, aber auch einen Graubereich und vor allem die Tendenz, den kleinsten Splitter im Auge des Andersdenkenden aufzuspüren, während man selbst ein dickes Brett vor dem Kopf trägt.

Zum breiteren Phänomen entwickelte sich das „Fact-Checking" aber erst in den vergangenen Jahren. Facebook hat vor vier Jahren begonnen, „Faktenchecker"-Organisationen auf seiner Plattform einzusetzen – in Deutschland Correctiv und dpa. Vor dem Hintergrund des Brexit-Referendums und der Trump-Wahl in den USA war der Druck auf die Tech-Konzerne gewachsen, in die Willensbildung der Massen einzugreifen, damit sich derart störende Volkseruptionen möglichst nicht wiederholen. In Deutschland haben sich Correctiv (um David Schraven) und Volksverpetzer (um Thomas Laschyk) 2014 gegründet. Letztere zunächst als Augsburger Lokalmedium, „seit Herbst 2015 widmen wir uns vor allem Hetze und Fake News"[14], so die – doppelsinnige – Eigenaussage. Es ist kein Zufall, dass sich diese Medien nach dem Aufkommen der AfD und der Flüchtlingskrise von 2015 so formierten – Ähnliches gilt für den 2017 gestarteten Tagesschau-Faktenfinder.

„Wichtig für die Beurteilung eines Themas ist Laschyks Team offenbar, was die AfD zu irgendetwas sagt", bemerkt Alexander Wendt[15] – worauf Volksverpetzer dann lautstark die gegenteilige Auffassung vertritt. „Lebe stets so, dass die AfD etwas dagegen hat", lautet denn auch der Slogan auf

[14] „Über uns", Der Volksverpetzer online.
[15] Alexander Wendt: „Markus Söder, die Volksverpetzer und der Wert der Aufklärung", Tichys Einblick online, 26.08.2020.

einer Kaffeetasse, die man im Volksverpetzer-Merchandising-Shop erwerben kann. Dieser Online-Verkauf läuft über eine Firma eines ehemaligen MdL der Piratenpartei, während Volksverpetzer selbst – genau wie Correctiv – mittlerweile als gemeinnütziges Unternehmen firmiert.

Das Geschäftsmodell Correctiv gGmbH[16]: Der Journalist David Schraven, vorher bei Mainstream-Medien wie der taz, der Zeit, der Welt und der WAZ tätig, macht sich selbstständig, verfügt als Alleingesellschafter über eine Firma, die sich wegen ihrer Gemeinnützigkeit als Empfänger für großzügige Zahlungen ebenfalls gemeinnütziger Stiftungen eignet. Darunter die Brost-Stiftung (einst aus dem Vermögen der WAZ-Eigentümer entstanden), die nicht nur Anschubfinanzierung leistet. Natürlich darf auch George Soros' Open Society Foundation nicht fehlen. Konzerne wie die Deutsche Bank, Medien wie RTL und Behörden wie die staatliche Bundeszentrale für politische Bildung haben ebenfalls überwiesen. Über die Jahre hinweg kommen so Millionen zusammen. Dadurch kann Correctiv seine Beiträge Massenmedien kostenlos anbieten und erlangt mehr Reichweite. Seine „Faktenchecks" erscheinen in diversen Print- und Onlinemedien. Neben seiner Funktion als „Recherchezentrum" hat das Unternehmen auch Bildungsangebote im Repertoire, was einem gewogenen Finanzamt die Zuerkennung der Gemeinnützigkeit erleichtert. Schraven hat sich 2015 ein sechsstelliges Geschäftsführergehalt gegönnt, das bis 2018 auf um 90.000 € sank. Hinzu kommt noch seine Tätigkeit für die nicht-gemeinnützige Correctiv UG.[17]

[16] Dazu ausführlich und treffend Ansgar Neuhof: „CORRECTIV – Von Eigennutz und Gemeinnutz", Tichys Einblick online, 03.07.2017.
[17] Stefan Homburg: „Correctiv – Deutschlands seltsamster Konzern", Tichys Einblick online, 09.06.2020.

Die nach Eigenaussage „gemeinnützige und unabhängige Redaktion" hängt also von Geldgebern aus dem Establishment und jenen Kreisen ab, deren Politik dann auch vehement verteidigt wird. Die Brost-Stiftung etwa gilt als eher SPD-nah, in ihren Gremien sitzen aber auch Personen aus CDU-Kreisen. Stiftungsvorsitzender Bodo Hombach, einst Kanzleramtsminister unter Schröder und WAZ-Manager, war Vorsitzender des „Ethikrats" von Correctiv. Die gGmbH verfügt nämlich über eine Reihe von Gremien, wo man u.a. anderen etablierten Journalisten ein weiteres Pöstchen für den Lebenslauf verschafft. Dort und in der auf mehrere Dutzend Mitarbeiter angewachsenen Correctiv-Belegschaft sitzen zudem mehrere Grüne. Die Einschätzung, Correctiv sei „tief im grün-sozialistischen Milieu verankert",[18] greift dabei nicht weit genug. Denn vom Stützen herrschender Vorstellungen profitieren die politischen Eliten parteiübergreifend.

Dementsprechend gehen Correctiv & Co. fast ausschließlich gegen Alternativmedien, AfD und andere Oppositionelle vor, statt den Mächtigen auf die Finger zu schauen. Kritik am bayerischen Ministerpräsidenten Söder ist dann gleich „Hetze".[19] Die Alternativmedien sind in ihrer Social-Media-Reichweite bedroht, wenn „Faktenchecker" ihren Beiträgen Warnetiketten aufkleben können. Einschlägige Facebook-Einträge sind dann zwar noch vorhanden, werden aber in ihrer Sichtbarkeit reduziert, so dass weniger Nutzer auf sie stoßen. Zudem wird man darauf hingewiesen, dass diese Beiträge bedenklich seien.[20]

---

[18] Tomas Spahn: „Correctiv als selbsternannte Staatszensur", Tichys Einblick, 19.10.2019.
[19] „Feindbild Söder", Faktenfinder, Tagesschau online, 08.02.2021.
[20] Claudia Kornmeier: „Zulässig oder wettbewerbswidrig?", SWR online, 27.05.2020.

Anleitung für Unmündige

Der Youtuber und Philosoph Gunnar Kaiser beschreibt diese Veränderung gegenüber früheren Zeiten, als die sozialen Netzwerke ihren Nutzern gegenüber noch neutraler agierten. „‚Moment, bist du wirklich sicher, dass du das weiterleiten willst' oder ‚Moment, bevor du das liest, informiere dich doch bitte, dass das von ‚unabhängigen' ‚Fakten'-‚Checkern' eben gecheckt wurde und für falsch, teilweise falsch, irreführend erklärt wurde'. Also, da haben wir einen Paternalismus am Werk, an den wir uns sehr, sehr gewöhnt haben. […] Da ist Big Daddy, der uns sagt, wie wir die Dinge zu verstehen haben. Denn wir sind eben nicht in der Lage."[21]

Wer sich etwas Ungehöriges anschauen oder es teilen will, dem fährt der Zeigefinger vor die Nase. Die „Faktenchecker" sind Prediger und Gouvernanten, die dem gemeinen Bürger den Weg weisen sollen und wollen, wie er sich im Internet und darüber hinaus „richtig" verhalten soll. „Falschmeldungen zersetzen unsere Demokratie", behauptet Correctiv. Was aber bedeutet es für die demokratische Willensbildung, wenn selektiv und konsequent nur bestimmte Äußerungen und Positionen auf ihren Wahrheitsgehalt abgeklopft werden und oft eher Einschätzungen und Meinungen einen „Falsch-Stempel" erhalten als reine Tatsachen? Aus der Fülle der in diversen Medien ventilierten Aussagen sich die schwächsten Behauptungen und Interpretationen der „Gegenseite" herauszupicken, ist ein Leichtes. Eine bewährte rhetorische Methode. Die eigene Haltung als faktenbasiert darzustellen ebenfalls. Hängenbleiben soll dann, dass

---

21 Gunnar Kaiser: „Angriff auf die Demokratie" (Livestream), YouTube, 12.01.2021, 6:47ff.

bestimmte Auffassungen, Organisationen und Personen unseriös seien. Wenn man dann noch den Eindruck verbreitet, man sei selbst im Besitz der allein seligmachenden Wahrheit und der Rest Fake News, ist man Kombattant im Schützengraben der politischen Auseinandersetzung und kann keineswegs für sich beanspruchen, als neutrale Instanz über diese zu wachen.

„Der Vorwurf, etwas sei Fake-News, ist häufig ein politischer Kampfbegriff ohne Eigenwert", schreibt Gerald Hops zutreffend in der NZZ, „Desinformation, Propaganda und Denunziation sind – einmal mehr und einmal weniger – ständige Begleiter der politischen Diskussion gewesen."[22] Dem kann nur durch eine offene Streitkultur begegnet werden – nicht dadurch, dass eine Seite die andere in eine Ecke stellt und die Deutungshoheit für sich reklamiert. Zumal die historische Erfahrung zeigt, dass die Mächtigen, die Einflussreichen und der Staat die Wahrheit nicht unbedingt für sich gepachtet haben.

Wer mit einem „Faktenchecker"-Warnhinweis versehen wird, kann in Deutschland immerhin versuchen, sich juristisch zu wehren. Das Magazin Tichys Einblick z.B. hat im vergangenen Jahr im einstweiligen Rechtsschutz einen Erfolg gegen Correctiv erzielt, da das Gericht in diesem Stempel einen Wettbewerbsverstoß erkannte. Ähnlich die Achse des Guten.[23] Das „Faktenchecker"-Privileg „ist in etwa so, als könnte der Spiegel an allen Kiosken auf das Cover des Focus kleben, dass dort Falschinformationen verbreitet werden", befindet Boris Reitschuster.[24] Dieser hat früher

---

22 Gerald Hosp: „Es braucht kein Wahrheitsministerium am Meinungsmarkt", NZZ online, 27.01.2019.
23 Dirk Maxeiner: „Achgut setzt ‚Correctiv' Grenzen", Achse des Guten, 30.10.2021.
24 Reitschuster, s. Anm. 7.

lange für ebenjenen Focus journalistisch gearbeitet – wäre nicht auch er als Faktenchecker geeignet?[25] Oder warum nicht Einblick-Herausgeber Roland Tichy selbst, der auf eine jahrzehntelange Karriere als Chefredakteur zurückblicken kann? Das wäre dann eher ein Korrektiv der vorherrschenden Irrtümer als eine „corrective" Züchtigung der Abweichler, wie wir sie jetzt vorfinden. Es würde aber wohl bei den Preisen leer ausgehen, die die heutigen „Faktenchecker" vom Establishment erhalten. Correctiv z.B. bekam früh den Grimme-Preis, Volksverpetzer zuletzt den Augsburger Medienpreis samt Söder-Lob.[26] Das International Fact-Checking Network (zu dem Correctiv gehört) wird inzwischen sogar für den Friedensnobelpreis vorgeschlagen.[27]

Böcke als Gärtner

Apropos Volksverpetzer: Hier ist der Name wenigstens Programm. Wer sich traut, Kritik an „denen da oben" zu üben, wird sogleich verpetzt. Es zählt, was der Staatsrundfunk, die „richtigen" Experten und Mutti sagen. Als „Volksverpetzer VVP gUG" hat man ebenso wie Correctiv, nur in kleinerem Rahmen, den Weg der Gemeinnützigkeit einschlagen können. Steuerbegünstigt wird also auch schlichte Holzhammer-Propaganda wie „Gutachterin für Impfstoffe klärt auf: Warum keine ‚Langzeitdaten' kein Problem sind". Oder: „Ich wurde schon gegen Corona geimpft. So einfach lief das ab". Weiter gehen, hier gibt es nichts zu sehen! Den Vogel abgeschossen

25 Reitschuster wird übrigens wegen eines kritischen Tweets vom Tagesschau-Faktenfinder-Chef Gensing verklagt.
26 Wendt, s. Anm. 15.
27 „IFCN is heartened by a Nobel Peace Prize nomination for the work of the global fact-checking community", Poyntner Institute online, 21.01.2021.

hat man mit einem Artikelbild mit dem Slogan „Harter Lockdown = Mehr Freiheit".

Genau. „Krieg ist Frieden; Freiheit ist Sklaverei; Unwissenheit ist Stärke." So heißt es in George Orwells Roman „1984", wo im Wahrheitsministerium „Minitrue" die regierungsamtlichen Faktenschmiede die Tatsachen im Sinne des Großen Bruders konstruieren. Denn wer die offizielle Lesart bestimmt, hat die Macht. Für die USA wurde eine solche Einrichtung schon ernsthaft gefordert.[28] Als die EU-Kommission im Kampf gegen „Desinformation" – so hießen „Fake News" früher mal – letztes Jahr ihren „Europäischen Aktionsplan für Demokratie" (Neusprech?) vorstellte, beeilte sich die für „für Werte und Transparenz" zuständige Kommissarin sogleich zu betonen, dass sie nicht die Absicht habe, ein Wahrheitsministerium zu errichten …[29]

„Faktenchecker" bringen uns weder mehr Demokratie noch mehr Einsicht in die objektive Realität. Sie bestätigen bestehende Weltbilder, tragen zur Ächtung von Oppositionellen bei – und zu deren Behinderung, siehe Facebook. Dabei spielt eine große Rolle, dass die als offiziell geltenden deutschen „Faktenchecks" in den Händen denkbar einseitiger Missionare wie Gensing, Schraven und Raschyk liegen. „Der Bock taugt nicht zum Gärtner – auch wenn er meint, damit den grünen Acker vor unerwünschten Erdverwerfungen schützen zu müssen."[30] Gezielt handverlesene Wahrheitsmonopolisten untergraben freie Meinungsäußerungen und offene Debatten. Aber selbst wenn sie neutraler und ausgewogener wären: Wahrheitspolizei und zensorische

28 Josh Wilburg: „America Needs a Ministry of (Actual) Truth", Wired, 02.04.2020.
29 Knut Mellenthin: „Kein Wahrheitsministerium" in: Junge Welt 11.12.2020, S. 6.
30 Spahn, s. Anm. 18.

Eingriffe bedrohen die freie Gesellschaft. Nur wer sich umfassend informieren und diskutieren kann, ist in der Lage, selbst zum Faktenchecker zu werden und sich ein eigenes Urteil zu bilden.

CARLOS A. GEBAUER

Ich fordere Deinungsfreiheit!

**Tastendes Denken braucht Spielräume.
Einschränkungen der Meinungsäußerung machen die Gesellschaft
anfälliger für Irrtümer**

Nein, es ist kein Schreibfehler! Mein Plädoyer hier zielt nicht auf Meinungsfreiheit. Es geht mir tatsächlich um Deinungsfreiheit. Die gibt es zwar – noch – nicht. Aber was sollte dagegensprechen, sich für einen neuen Begriff zu begeistern? Ich möchte das, was ich über den Begriff der Deinungsfreiheit meine, in neun kleinen Schritten vorstellen.

1.

Grundrechtliche Freiheitsräume werden bekanntlich in Begriffen erfasst und mit Worten beschrieben. Der in terminologischer Hinsicht unproblematischste Schutzbereich eines solchen Raumes ist wohl der, den der 13. Artikel unseres Grundgesetzes benennt: die Wohnung. Bei ihr mag man über Angrenzungsfragen diskutieren („Gehört eine Garage mit zur Wohnung, wenn sie baulich nicht mit dem Gebäude verbunden ist?"). Im Kern aber ist unzweifelhaft: Wo ein Mensch lebt, schläft, isst und also wohnt, da ist seine Wohnung.

Schwieriger schon, aber immerhin doch noch an Äußerlichkeiten erkennbar, ist die Bestimmung des Begriffsinhaltes anderer Grundrechte: Was ist das religiöse Bekenntnis eines Menschen? Wann ist etwas eine Demonstration? Wer gehört zu einer Familie? In diesen Fällen lässt sich von

Umständen, die der Jurist bisweilen „Hilfstatsachen" nennt, auf den Kern des Schutzgutes rückschließen. Die Definition dessen, worum es geht, erhält damit wenigstens einen ersten argumentativen Ankerpunkt.

Ganz anders ist das mit der Meinungsfreiheit. Das zugehörige Grundrecht will das „Meinen" schützen. Was aber, fragen sich nicht nur Juristen, ist überhaupt das „Meinen"? Wodurch ist es gekennzeichnet? Was macht das „Meinen" aus? Versucht man, den Begriffsinhalt dieser Bezeichnung zu bestimmen, stößt man sehr schnell an Grenzen. Oder, besser gesagt: Man stellt fest, schon nach nur wenigen Gedankenschritten außerhalb aller Geländer in leerem Gelände zu stehen. Insbesondere der Versuch, sich dem mit „Meinen" gemeinten Meinungsinhalt wortlautinterpretatorisch nähern zu wollen, führt sofort ins Leere. Will sagen: Etymologisch meint es dieser Ansatz gar nicht gut mit uns. Die Suche nach Synonymen verrennt sich bald ohne substantielle Ergebnisse in der Trias aus Meinen, Denken und Fühlen. Definitorisch gewonnen ist damit nichts.

Dies spiegeln Gerichtsentscheidungen zu Streitigkeiten über Meinungsfragen üblicherweise wider, wenn sie betonen, das „Meinen" sei durch ein subjektives Element des Dafürhaltens gekennzeichnet. Dies rückt zwar die Vokabel der „Haltung" in die Nähe der Meinung, konturiert aber insoweit augenscheinlich nicht wirklich eine Antwort auf die Frage: Was genau tut einer, der etwas „meint"? Immerhin weist die Rechtsprechung hier auf das offenkundig Subjektive des Meinens hin: Das, worum es beim Meinen geht, spielt sich offenbar ganz wesentlich im Inneren des Einzelnen ab. Ich kann etwas meinen, ohne dass es irgendjemand bemerkt. Anders gesagt: Einer, der nur dasitzt, sich schweigend seinen Teil denkt und irgendetwas dabei meint, der verlässt sein

Inneres überhaupt nicht. Warum aber sollte er dann dazu eines einklagbaren Grundrechtes bedürfen?

Meinung muss man
äußern dürfen

2.

Diese Frage zu stellen, führt zwangsläufig zu der Erkenntnis, dass es im Kern nicht die Freiheit einer (unmerklichen) Meinung ist, die des verfassungsrechtlichen Schutzes bedarf. Was geschützt werden soll und muss, ist tatsächlich die Freiheit, eine Meinung zu äußern. Denn nur dann, wenn die Meinung eines einzelnen nach außen tritt, kann sie für einen Disput – und dann: einen Dissens – überhaupt erst bedeutsam werden. Anders gesagt: Einer jeden Abgrenzung von individuellen Befugnissen gegeneinander bedarf es nur dort, wo Interaktionen zwischen Beteiligten mindestens theoretisch möglich sind. Wer schweigend meint, der interagiert nicht. Und selbst der, der seine Meinung lautstark äußert, der sie schallend herausschmettert, kollidiert nicht mit irgendwelchen Sphären anderer, wenn die dies gar nicht zur Kenntnis nehmen. Robinson Crusoe konnte alles sagen, was er wollte. Es hatte keine Bedeutung für andere. Denn sie bemerkten es nicht.

Für die Bestimmung des Begriffs der „Meinungsäußerungsfreiheit" ist damit zumindest schon einmal die Erkenntnis gewonnen, dass das wahre Schutzgut für alles subjektive Meinen irgendwo in der äußeren, objektiven Welt liegen muss. Meinungsfreiheit als solche hat also kein fassbares Substrat, weil das bloße Meinen allen anderen unentdeckt bleibt. Interessant (und potentiell problematisch) wird es gesellschaftlich und rechtlich und systematisch erst, wenn das Element der Interaktion zum dann offengelegten Meinen hinzutritt.

3.

Damit sind zwar zwei abgrenzbare Sphären für die Betrachtung konturiert: eine (für Interessenkonflikte prinzipiell irrelevante) Sphäre der unbemerkten individuellen Subjektivität hier und eine in der objektiven Realität bemerkbare Sphäre von individuellen Äußerungen dort. Diese Differenzierung führt aber nicht weiter bei dem Versuch, die Frage zu beantworten, was genau eine „Meinung" sein kann, die äußern zu können Schutz verdiene.

An dieser Stelle dürfte sich empfehlen, den Blick der Betrachtung kurz vom Gegenstand der „Meinung" auf einen anderen Gegenstand zu wenden: Ebenso wie das Meinen hat nämlich auch das Wissen eine primär subjektive Komponente. Was ein Mensch weiß (und was er nicht weiß), ist zuallererst eine Frage nach dem, was er in seinem Kopf hat. Sagt er nicht, was er weiß, kann also auch sein Wissen nicht in der Interaktion mit anderen kollidieren.

Anders als im Kontext des „Meinens" (wo man oft sagen hört, es gehe um „Meinungsfreiheit" statt – wie beschrieben – um „Meinungsäußerungsfreiheit") geht Rednern hier offenbar nie durch den Kopf, ein Grundrecht der „Wissensfreiheit" einfordern zu müssen. Ohne hier psycholinguistisch zu spekulativ werden zu wollen, könnte die Vermutung naheliegen, dass all jenen, die zwar „Meinungsfreiheit" verteidigen, nicht aber auch „Wissensfreiheit", dabei unausgesprochen ein gewichtiger Unterschied zwischen Meinen und Wissen bewusst ist: Ob das, was einer zu wissen glaubt, und was er deswegen vernehmlich äußert, auch tatsächlich zutrifft, das lässt sich in der äußeren, realen Welt auf seinen Wahrheitsgehalt überprüfen.

Die Äußerung eines Umstandes, von dem ein Mensch weiß, dass er zutrifft, ist daher im Wesentlichen risikolos. Das subjektive Wissen kann nach außen treten und sich gefahrlos in den harten Wind der intersubjektiven Überprüfung wagen. Solange der Wissende sich nur zuvor selbst kritisch geprüft und dabei sichergestellt hat, seine Behauptung nötigenfalls objektivierbar beweisen zu können, muss er die Konsequenzen seines Heraustretens unter den Bedingungen eines funktionsfähigen Rechtsstaates nicht fürchten. Wer insoweit also unangreifbar ist, der braucht auch keine rechtlichen Schutzräume. Das Kollisionspotential seiner Erklärung in der öffentlichen Interaktion ist vernachlässigbar.

Ganz anders aber steht es – um nun wieder das „Meinen" in den Blick zu nehmen – um dasjenige Etwas, das unter den Schutz der Meinungsäußerungsfreiheit fallen soll. Was jemand nur meint, das kann er nicht als falsch oder richtig beweisen. Die Äußerung einer Meinung ist also gegenüber der Erklärung eines Wissens der weit riskantere kommunikative Akt. Wäre das, was der Meinende sagt, tauglicher Gegenstand eines Wissens, müsste seine Äußerung nicht mit dem subjektiven Gefühl eines Unbestimmtseins abgegeben werden. Anders als beim Wissen bietet das Meinen demjenigen, der meint, weder selbst kognitive, noch gar kommunikativ akzeptierte Sicherheit. Gegenüber der Sicherheit des Wissens ist das Meinen daher stets mindestens vorübergehend noch eher unbestimmt. Wer etwas meint, der fragt sich also eher noch selbst, als dass er sich schon eine Antwort gäbe.

Die Fühler
ausstrecken

4.

Da sich sowohl das noch ungeäußerte Meinen als auch das nicht erklärte Wissen nur im Bereich des individuellen Denkens abspielen, ließe sich konstatieren: Wissen ist die Art von Denken, die auf größerer individueller Sicherheit beruht als das Meinen. Denn der Inhalt erklärten Wissens lässt sich – sobald es geäußert ist – nötigenfalls als zutreffend beweisen. Der Inhalt des Gemeinten ist einem solchen Wahrheitsbeweis dagegen mindestens vorübergehend noch nicht zugänglich.

Bei Gericht erklären Zeugen, die ihre Wahrheitspflicht ernst nehmen, deshalb manchmal klarstellend: „Ich meine, mich zu erinnern, dass …". Denken, das noch keine eigene Sicherheit gefunden (oder sie durch Zeitablauf wieder verloren) hat, verunklart sich mit solchen Erklärungen in die sicherere, unangreifbare Sphäre des unverbindlichen Meinens. Insoweit ist alles Meinen dem bloßen Vermuten oder reinen Mutmaßen nahe: Ihm fehlt die Sicherheit, Gewusstes oder Bewusstes zu sein. All dies dürfte hier die definitorische Hypothese legitimieren: Meinen ist tastendes Denken.

Die Gedanken des Meinenden versuchen, sich tastend an einen Gegenstand heranzufühlen. Der Meinende will dabei durchaus positiv sagen, was er für richtig hält. Sein Meinen ist also mehr als nur die bloße Negation. Ein Zeuge, der vollends im Unbestimmten bleiben will, sagt dagegen nicht, was er aktuell noch über Früheres meint, sondern er erklärt stattdessen: „Ich weiß nicht, ob ich das damals wusste." Die Erklärung eines solchen Unwissens ist – ebenso wie ein prozesstaktisch vorsorgliches Bestreiten unliebsamen gegnerischen Vortrages mit Nichtwissen – die Verweigerung aller

Versuche, sich tastend an der interaktiven Wahrheitsfindung zu beteiligen. Und weil Irren für das Denken dasselbe ist wie das Stolpern für das Gehen, verweigert der sein Wissen so verschließende Zeuge selbst den vorsichtig tastenden Gang nach vorn.

5.

Ganz anders als ein solcher Zeuge, der sein subjektives Inneres von der Welt abkapselt, verhalten sich Menschen, die einander ihre Meinungen äußernd offenlegen. Im intersubjektiven Dialog wagen sich die tastend Denkenden aus ihrer Subjektivität hinaus in die Außenwelt, um ihr je eigenes inneres Erwägen in der Außenwelt gemeinsam mit anderen zu erproben und sich der gedanklichen Folgerichtigkeit ihrer eigenen Überlegungen zu vergewissern.

Einander zu erklären, was man meint, erfordert daher einen Raum des wechselseitigen Vertrauens. Denn das, was man meint, kann man dem anderen – wie gezeigt – nicht beweisen. Das Gemeinte ist dem Nachweis nicht ebenso zugänglich wie ein Gewusstes. Gleichwohl ist alles Meinen des Einzelnen auf diese Erprobung seines Überlegens im Dialog mit anderen, die möglicherweise etwas Abweichendes meinen oder vermuten oder mutmaßen, elementar angewiesen. Denn gerade weil der Meinende sein Meinen nicht insgeheim in der objektiven Welt einem experimentellen Wahrheitsbeweis unterziehen kann, um es dann – bei dessen Gelingen – interaktiv als erweisliches Wissen zu äußern, ist er auf einen Abgleich mit anderen unausweichlich angewiesen. Insofern ist es die Besonderheit allen Meinens, gerade wegen seiner wesensmäßigen Unbestimmtheit auf einen gedanklichen Abgleich mit einem ebenso wenig konturenscharfen Meinen anderer angewiesen zu sein.

Das bedeutet aber auch: Je weniger das eigene subjektive Meinen auf sich selbst zurückgeworfen ist, je mehr es sich also durch freie Äußerung in den Dialog mit anderen hervorwagen darf, desto weniger irrtumsanfällig ist und bleibt es. Wer nicht alleine denkt, sondern sich in seinem Meinen an anderen ausbalancieren kann, dessen Denken steht weniger in der Gefahr, ins Stolpern zu geraten. Auf diese Weise wirkt die Freiheit der Meinungsäußerung auf die Qualität des unmerklichen Meinens zurück. Die Balancen, die Gegengewichte, die Widerstände auch des geäußerten Meinens anderer konturieren das eigene Meinen und führen es dadurch vielleicht sogar in die Richtung des belastbaren, einem Beweis als richtig zugänglichen Wissens.

Weniger Freiheit
und schlechte Gedanken

6.

Der Schutzraum, in dem sich ein solcher Diskurs der Meinungen ereignen kann, vergrößert sich erheblich, wenn er nicht nur auf die Sphären des privaten Vertrauens konkreter Beteiligter zueinander beschränkt bleibt, sondern wenn er durch entsprechende verfassungsrechtliche Garantien im gesamten öffentlichen Raum ermöglicht wird. Je mehr Beteiligte risikolos wagen können, ihr noch nicht objektiv beweisbares Meinen oder auch ihr noch nicht gefestigtes moralisches Urteil mit anderen zu erörtern, desto größer wird der Diskursbereich für alle. Das angstlose Heraustreten des Einzelnen mit seinem Meinen in den offenen Dialog bereichert alle Diskursteilnehmer um die Möglichkeit, sich zu seinen Meinungsäußerungen zu positionieren, sei es zustimmend oder ablehnend.

Schneidet man die Möglichkeiten der Meinungsäußerungs-freiheit hingegen zurück, indem man sie den tastend Denkenden ganz oder teilweise entzieht oder indem man ihre Äußerungen durch die Androhung von Sanktionen nur faktisch eingrenzt, dann ergeben sich gleich mehrere Folgen. Man verkleinert nicht nur den Bereich, in dem eine intersubjektive Erörterung des individuellen Meinens stattfindet und aus dem heraus sich künftig für jedermann fruchtbares Wissen ergeben könnte. Man minimiert auch – wie vorstehend beschrieben – die Chancen für jeden Einzelnen, seine eigenen Irrtümer im Dialog mit anderen zu bereinigen. Die Qualität des individuellen Meinens lässt nach, wenn es sich nicht im Diskurs mit anderen bewähren kann oder muss. Das Potential folgerichtigen, subjektiven Denkens wird reduziert. Dies beraubt die Gesellschaft nicht nur ihrer Möglichkeiten, durch die intellektuellen Kapazitäten Einzelner gedeihliche Fortschritte zu erzielen. Es führt im Gegenteil sogar dazu, dass sich der Pool aus möglichen guten Gedanken verkleinert, da gute Gedanken nicht im Dialog geschärft und verbessert werden können. Mehr noch: In der erzwungenen Absonderung von anderen wächst die Wahrscheinlichkeit individueller Irrtümer. Wer alleine denkt und meint, wird durch andere nicht ausbalanciert. Kurz: Wo die Freiheit, eigenes Meinen nicht gefahrlos äußern zu können, begrenzt wird, da wächst die Wahrscheinlichkeit für schlechtere Gedanken.

7.

Es gehört zu den empirisch erfahrbaren Tatsachen, dass Meinungsverschiedenheiten unter Menschen regelmäßig mit höherer Emotionalität und – daraus abgeleitet – mit größerer Aggressivität oder gar Destruktivität ausgetragen werden als bloße Wissensverschiedenheiten. Die Erklärung für dieses Phänomen liegt auf der Hand, wenn man sich vergegenwärtigt, was den Unterschied zwischen meinendem Denken und wissendem Denken kennzeichnet: Die Äußerung einer nachweisbar unzutreffenden Wissenserklärung lässt sich experimentell vergleichsweise einfach aus der Welt schaffen: Man stellt die unrichtige These des Kontrahenten auf die praktische Probe, führt vor, dass sie dysfunktional ist, und hat damit sein Argument effektiv widerlegt. Genau das ist aber – wie erläutert – mit einer Meinungsäußerung nicht möglich. Das lediglich Gemeinte ist dem Experiment nicht zugänglich.

Stimmt X der von Y geäußerten Meinung also nicht zu, vertritt er eine andere Meinung oder tritt er dieser Meinung sogar robust argumentierend entgegen, dann hat Y keine greifbare Handhabe, einen effektiven Gegenbeweis anzutreten, um X zu kontern. In der Nichterweislichkeit der kollidierenden Mutmaßungen und in der Unwiderlegbarkeit der widerstreitenden Vermutungen liegt daher ein hohes Konfliktpotential. Die Meinungsäußerung des anderen zu ertragen, obwohl sie der eigenen Meinung diametral entgegensteht, ist daher eine erhebliche emotionale Zumutung. Und diese Zumutung stammt in aller Regel aus derjenigen Hirnhälfte, die das eigene Meinen nicht rational konturiert hat.

Derartige Zumutungen des geäußerten fremden, denkenden Tastens zu ertragen, ist aber die nicht hinweg zu denkende Bedingung dafür, einen allseits gesellschaftlich gedeihlichen Diskurs ermöglichen zu können. Denn nur weil der einzelne diese Zumutung des Dissenses erträgt, hat er auch selbst ein Recht darauf, von dem anderen verlangen zu können, ihm sein eigenes denkendes Tasten zumuten zu dürfen. Wo ein Wahrheitsbeweis (noch) nicht möglich ist, da haben alle unwiderlegten Meinungen denselben Status.

Toleranz als Geben und Nehmen

8.

Das Erfordernis der wechselseitigen Toleranz als unverzichtbare Bedingung der Möglichkeit für die Existenz eines solchen Diskursraumes beschreibt zudem eine weitere, geradezu architektonische Voraussetzung für die dauerhaft tragfähige Statik solcher Räume: Wer fremde, dissentierende Meinungsäußerungen nicht mit eigener, duldsamer Stabilität ausbalanciert, der stellt die Standfestigkeit dieses Modells für einen allseitigen Wissenserwerb durch denkendes Tasten insgesamt in Frage. Ein Dialog über das Meinen kann nicht nur dadurch gefährdet oder gar zerstört werden, dass ein Beteiligter die gesellschaftlich akzeptierten Toleranzbereiche vorsätzlich ignoriert und überdehnt.

Unbotmäßige Schwäche und Verletzlichkeit gefährden (insbesondere dann, wenn sie nur vorgeschützt sind) die wesentliche intellektuelle Konstruktionsbedingung jeder auf gedeihliche Dialoge angewiesenen Gesellschaft in gleicher Weise. Gäbe es nicht das Phänomen der Zumutungen, bedürfte es keiner Toleranzen ihnen gegenüber. Gerade weil das, was X als seine Meinung äußert, für Y eine Belastung ist, muss Y diese Last tragen, will er nicht seine Möglichkeit verlieren, seine Lasten bei X abzuladen. Do ut des – ich gebe, damit du gibst.

9.

Um nach allem nicht nur die wesentliche Bedeutung der eigenen Meinung, sondern auch die der Meinung des anderen terminologisch zu unterstreichen, plädiere ich für die Einführung des Wortes „Deinungsfreiheit" als der Freiheit jedes anderen, mir und allen anderen sein Meinen offenzulegen.

Ein solcher Neologismus ist wie eingangs gezeigt auch ohne jede Kollision mit semantischen Eingrenzungen aus der etablierten Bezeichnung des „Meinens" möglich. Das Wort „Meinen" hat keinen beschreibenden Charakter hinsichtlich seines Begriffsinhaltes, der dieser neuen Bezeichnung sprachlich Gewalt antäte.

Und was besonders bedeutsam ist: Anders als bei der „Meinung" bedarf es bei der „Deinung" auch keiner Klarstellung, dass nicht lediglich die Freiheit des unmerklichen Meinens gemeint ist. Denn an alles das, was ein anderer als seine „Deinung" tastend denkt, kommt man schon zwangsläufig nur dadurch heran, dass man ihm gestattet, es auch tatsächlich offen zu äußern. Für den Fall, dass sich mein terminologischer Vorschlag zur Einführung der Deinungsfreiheit gesamtsprachlich nicht durchsetzen sollte, bleibt hoffentlich die Erkenntnis: Nur wo das offene Reden frei ist, kann es auf Dauer auch sinnvolles, freies Denken geben.

MICHAEL VON PROLLIUS

Vom Wert der alternativen Perspektiven

**Bei der Meinungsbildung sollte
man nie die Unzulänglichkeit der eigenen
Erkenntnisfähigkeit vergessen und
stets versuchen, die Sicht der Anderen
ehrlich zu würdigen**

Wir leben in einer komplexen, dynamischen Welt. Diese Aussage ist keine Binsenweisheit, sondern weist auf eine Herausforderung hin: komplexe, dynamische, durch radikale Unsicherheit gekennzeichnete Systeme verstehen lernen. Politik, Wirtschaft und Gesellschaft sind solche Systeme, einschließlich des Gesundheitssystems. Sie sind gekennzeichnet durch viele handelnde Akteure, eine kaum überschaubare Vielzahl von Beziehungen zwischen den Akteuren, ferner Trends, Treiber und Triebkräfte, die uns in ihren Wirkungsweisen nur teilweise bekannt sind. Dazu gehören institutionelle Rahmenbedingungen und deren Auswirkungen, aber auch physische und geografische Aspekte. Nur eine Perspektive, eine Meinung, eine Moral – damit verstehen wir nichts oder nur einen Bruchteil. Stattdessen behaupten wir etwas und legen uns auf ein Narrativ fest, das uns genehm ist, uns von Alternativen befreit. Nicht erst seit der Aufklärung wissen wir, dass es besser geht.

Nachfolgend werden Aspekte eines ganzheitlichen Verständnisses mit wissenschaftlichem Fundament thematisiert. Dabei handelt es sich um weit mehr als eine akademische Fingerübung für Experten. Vielmehr ist diese ganz der alltäglichen Praxis zugewandte Perspektivenvielfalt zugleich Ausdruck einer inneren Haltung und bietet eine Antwort auf die Frage: Wie trete ich der Welt entgegen?

Der beschränkte
Mensch

Die Fähigkeiten des menschlichen Gehirns sind erstaunlich. Wir haben es seit der Steinzeit weit gebracht. Zugleich ist unsere Rationalität erheblich beschränkt. Das gilt insbesondere dann, wenn wir viele Faktoren zugleich berücksichtigen müssen, außerdem komplexe Ursache-Wirkungsbeziehungen, die eher Geflechten gleichen – noch dazu mit Rückkopplungsschleifen, die über die Zeit mitunter verzögert wirken und nicht linear. Leichter fällt uns das Denken in einfachen Zusammenhängen, etwa Gier sei die Ursache für die Weltfinanzkrise, Schwerkraft lässt den Apfel vom Baum fallen, ein flächendeckender und einheitlicher Lockdown ist die Lösung für die Corona-Pandemie.

In Wahrscheinlichkeiten denken, das fällt uns intuitiven Kausal-Denkern zumeist schwer. Wie hoch ist das Risiko, einen Fahrradunfall zu erleiden, und wie wahrscheinlich ist dann eine Kopfverletzung? Wie wahrscheinlich ist es, dass ein Auslandseinsatz im Sahel zu Frieden und Stabilität führt? Und wie wahrscheinlich ist es, dass 60 Prozent der deutschen Bevölkerung bis Ende Juni gegen Corona geimpft sind? Schließlich lieben wir Geschichten. Starke, gewiefte Männer und Frauen leisten Herausragendes, bewähren sich durch zielgerichtetes Handeln. Tor! Touchdown! Weltrekord. Wahlsieg.

Ein alltägliches Problem lauert: Wenn wir uns frühzeitig mit einer Meinung festlegen, blenden wir Alternativen regelmäßig aus und verteidigen das, wovon wir häufig allzu rasch überzeugt und anschließend schwer abzubringen sind. Wir wollen Recht behalten und nicht verlieren. Wir schauen nicht auf das Problem, sondern suchen Argumente für unsere vorgefasste Meinung. Die Folge sind unnötige Konflikte und letztlich ein Blick auf die Welt aus der Froschperspektive durch einen Strohhalm mit der selbstsicheren Behauptung, wir wüssten, wie die Welt aussehe und funktioniere, wie mit einer Pandemie umzugehen sei, wie soziale Gerechtigkeit hergestellt und das Klima kontrolliert werden könne.

Ein Blick in die Wissenschaftsgeschichte mit dem Schwerpunkt „Bounded Rationality" soll nachfolgend helfen, die Problematik zu verstehen. Dazu werden drei namhafte Wissenschaftler und ihre Arbeiten als Meilensteine thematisiert. Wer sich breiter und tiefer informieren möchte, findet einen fundierten Einstieg in der „Stanford Encyclopedia of Philosophy"[1].

Beschränkte Rationalität

Der spätere Nobelpreisträger Herbert Simon (1916–2001) veröffentlichte 1957 einen Aufsatz mit dem Titel „A Behavioral Model of Rational Choice". Bei seinen Untersuchungen von Entscheidungsprozessen in Organisationen, die den Schwerpunkt seines gesamten Forscherlebens bildeten, kam der amerikanische Sozialwissenschaftler zu einem Ergebnis, das der vorherrschenden Meinung entgegen stand. Simon kontrastierte den rationalen, allwissenden und maximierenden Homo oeconomicus mit einer realistischeren Sichtweise: Der

---

[1] Eintrag „Bounded Rationality" in: „Stanford Encyclopedia of Philosophy", Center for the Study of Language and Information (CSLI), Stanford University.

Mensch verfügt nicht über vollständige, uneingeschränkte Rationalität und auch nicht über unbegrenzte kognitive Fähigkeiten. Damit ist es für ihn regelmäßig nicht möglich, sofort eine optimale Lösung für ein Problem zu finden. Vielmehr sind die kognitiven Fähigkeiten des Menschen begrenzt. Er greift auf Heuristiken zurück, muss abwägen, trifft Entscheidungen unter Ungewissheit und muss Kosten beim Beschaffen von Informationen bewältigen. Zudem bestehen für den Menschen Zielkonflikte.

Und über mögliche Alternativen gibt es vielleicht erneut nur unvollständige Informationen. Ein Beispiel aus dem Schachspiel: Selbst Elitespieler verfügen nicht über die perfekten Informationen für den nächsten Zug. Sie können immerhin bis zu 100 Züge vorausdenken. Das ist aber nur ein Bruchteil der 10 hoch 40 bis 120 möglichen Züge. Die soziale Welt ist ungleich komplexer als ein Schachspiel. Kurzum, es bestehen erhebliche Unsicherheiten über Alternativen und deren Folgen. Diese Komplexität ist bereits bei einem aufgrund klarer Regeln überschaubaren Spiel wie Schach nicht kalkulierbar. Unsere Rationalität wird offensichtlich begrenzt durch unsere Denkkapazität, durch verfügbare Informationen und Zeit.

Kognitive Verzerrungen

In seinem Bestseller „Schnelles Denken, langsames Denken" (2011) untersucht der Nobelpreisträger Daniel Kahneman (*1934) kognitive Verzerrungen und Urteilsheuristiken aus seinem reichen Forscherleben. Ziel des Psychologen ist es, eigene Urteils- und Entscheidungsfehler sowie die anderer Menschen besser zu erkennen. Dabei zeigt der israelisch-amerikanische Hochschullehrer, wie schwer es uns Menschen fällt, in statistischen Zusammenhängen zu denken, und wie leicht stattdessen das assoziative und metaphorische Denken. Zugleich haben wir ein übermäßiges Vertrauen in unser eigenes Wissen und treten mit erheblicher Ignoranz der unbestimmten Welt entgegen.

Wir tendieren dazu, eher zu glauben als zu zweifeln. Das resultiert aus unserem „System 1", so nennt es Kahneman, das Ambiguität unterdrückt und spontan konsequente Geschichten konstruiert. Wir unterliegen durch derartige Assoziationen einem Kausal-Irrtum unseres Gehirns. Kahneman charakterisiert mit System 1 unser schnelles, automatisches und unbewusstes Denken, das lediglich einen minimalen Aufwand erfordert. Das System 1 habe gelernt, zwischen Ideen zu assoziieren, zeichne sich außerdem aus durch Fähigkeiten wie Lesen und dem Verstehen von Nuancen sozialer Situationen.

„System 2" hingegen kennzeichnet langsames Denken. Es benötigt Anstrengung und lässt sich nur bewusst und absichtsvoll nutzen. Wir können damit komplexe Berechnungen und Beurteilungen durchführen. Durch System 2 können wir Regeln folgen, Objekte anhand verschiedener Attribute vergleichen und zwischen Optionen gezielt wählen. Um System 2 zu nutzen, müssen wir uns fortwährend konzentrieren, sonst fallen wir in den System 1-Modus. Wenn das System 1 Schwierigkeiten begegnet, ruft es System 2 zur Hilfe.

Kahneman haben wir die Erkenntnis zu verdanken, dass wir nicht mehr als sieben Faktoren im Kopf miteinander in Beziehung setzen können, und schon das überfordert uns vielfach. Wir leben zudem überwiegend mit einer Verlustaversion und schätzen Gewinne von Neuem geringer. Heuristiken betrachtet der Nobelpreisträger für Wirtschaftswissenschaften kritisch, deren Schwächen hat er im Zuge seiner Jahrzehnte währenden Arbeit herausgearbeitet. Dazu gehören Repräsentativitätsprobleme wie die Unempfindlichkeit gegenüber dem Umfang einer Stichprobe, Verfügbarkeitsheuristiken mit illusorischen Korrelationen und dem Bevorzugen leicht abrufbarer Beispiele sowie Ankereffekte bei der Beurteilung subjektiver Wahrscheinlichkeitsverteilungen.

Rationale
Bauchentscheidungen

Die Vorteile von Heuristiken betont hingegen Gerd Gigerenzer (* 1947). Der deutsche Psychologe und langjährige Abteilungsleiter für Adaptives Verhalten und Kognition am Max-Planck-Institut für Bildungsforschung hat ebenfalls ein allgemeinverständliches Buch geschrieben: „Bauchentscheidungen. Die Intelligenz des Unbewussten und die Macht der Intuition" (2007). Gigerenzer zeigt in seinen Arbeiten, dass Heuristiken nützliche und bewährte mentale Strategien sind, die zudem Faustregeln und Abkürzungen von Entscheidungen bieten. Für eine tragfähige Entscheidung benötigt man in komplizierten Fragen zuweilen nur einen guten Grund statt umfänglicher Abwägungen.

Der langjährige Direktor des Harding-Zentrums für Risikokompetenz illustriert zudem den Minimalismus des „Take the best" u.a. am Beispiel der Heiratsentscheidung und bei Sportprognosen. Das Weglassen von Informationen kann hier sogar die Aussagequalität verbessern. Bekannt sind seine „Fast and Frugal Trees", das sind Entscheidungsbäume für schnelle, sparsame (hinsichtlich verwendeter Ressourcen) Entscheidungen mit hoher Leistungsfähigkeit. Sie werden u.a. erfolgreich in Notaufnahmen verwendet und schneiden dort besser ab als rationale, multifaktorielle, tiefgehende Analysen aller verfügbarer Informationen.

Bemerkenswert ist sein Plädoyer für Bauchentscheidungen als rationale Strategie. Das Bauchgefühl sei idealerweise Ausdruck einer Informationsverdichtung, die aus einer langjährigen Beschäftigung mit einem Sachverhalt stamme. Im Sport, bei der Kriminalpolizei und beim Schach sind sie beispielsweise unverzichtbar. Damit wird deutlich, dass Intelligenz keineswegs mit einer Rechenmaschine gleichzusetzen ist. Auch moralische Normen sind oft de facto Heuristiken, etwa „Tanz nicht aus der Reihe!" Heuristiken sind also ein elementarer Bestandteil unseres menschlichen Lebens, die für eine spezifische Entscheidungssituation geeignet sind, kaum aber für die Analyse dynamischer Systeme.

Zwischenfazit

Hervorgehoben sei an dieser Stelle:

- Die begrenzte Rationalität geht einher mit begrenzter Expertise und einem Hang zur raschen, assoziativen, fest gefügten Meinungsbildung. Das verdeutlicht die Notwendigkeit und den Wert verschiedener Perspektiven.
- Bereits das Erforschen von Denken und Entscheiden profitierte von multiperspektivischen Ansätzen. Herbert Simon arbeitete z.B. als Politologe mit vertieften mathematischen und ökonomischen Kenntnissen und nutzte frühzeitig Computersimulationen. Multiperspektivität ist für das Verstehen unserer sozialen Welt sehr hilfreich.
- Die Güte einer Aussage kann gemessen werden: mit den Gesetzen der Logik, mit Wahrscheinlichkeitsrechnung und hinsichtlich der Nutzenerfüllung. Das erfordert

mehr als ein einfaches Denken in einem Kausalzusammenhang mit zwei Kategorien, etwa aus A folgt B.

Besseres Verständnis der
sozialen Welt

Die Beschränkungen unserer begrenzten Rationalität sind nicht trivial und gelten für Fachleute wie Laien gleichermaßen. Wie kann es uns gelingen, ein umfassenderes und tiefergehendes Verständnis der komplexen sozialen Welt zu erlangen?

Strukturdenker

Diese Frage hat sich auch Philipp Tetlock gestellt und sie in einem jahrelangen Forschungsprojekt untersucht. Der amerikanische Psychologe und Professor an der University of Pensylvania hat zusammen mit dem Wissenschaftsjournalisten Dan Gardner seine Erkenntnisse in dem leicht lesbaren Buch „Superforecasting, The Art and Science of Prediction" (2015) aufbereitet. Im Zentrum steht die Frage, was gute Prognostiker ausmacht. Die Antwort lautet: Sie sind Strukturdenker.

Strukturdenker gehen systematisch an ein Wissensproblem. Sie sammeln Fakten von sehr unterschiedlichen Quellen, sie denken in Wahrscheinlichkeiten, sind bereit Irrtümer zuzugeben und zu korrigieren. Viele, aber nicht alle, arbeiten in Teams oder Netzwerken. Und sie zerlegen regelmäßig ein Problem in einzelne Teile, die sie Stück für Stück bearbeiten und lösen können. So wächst ein Gesamtbild, das verändert und präzisiert werden kann.

Strukturdenker sind keineswegs superschlau. Sie haben vielmehr eine gute mentale Haltung. In „Superforecasting" werden unterschiedliche Personen beschrieben, darunter eine Hausfrau, ein Rentner in Kalifornien, ein Finanzmarktexperte. Alle haben jenseits ihres Fachgebiets erfolgreiche Analysen und Prognosen im Good Judgement Project abgegeben. Das Projekt ist ein mehrjähriger internationaler Prognosewettbewerb mit zehntausenden Teilnehmern, der wissenschaftlich begleitet und von der amerikanischen Nachrichtendienst-Community unterstützt wurde.

Systemdenker

Das lenkt den Blick auf die Herausforderung, dynamische Systeme zu verstehen. Wir leben inmitten von ihnen und sind selbst ein Teil von ihnen. Vom Leben in der Gemeinde, Kommune, Kiez über das Arbeiten in Unternehmen, Behörden und nicht-staatlichen Organisationen bis zum globalen Shopping, Handel, Reisen. Auch eine Pandemie und bewaffnete Konflikte sowie Internet, Recht, Sprache und Mode lassen sich als Phänomene begreifen, die komplex, dynamisch und nicht determiniert sind.

Als System wird ein aus mehreren Einzelteilen zusammengesetztes Ganzes bezeichnet. Systemdenken bedeutet Strukturen, Dynamiken, Funktionen zu analysieren, um eine umfassendere Sicht zu gewinnen, die sich aus verschiedenen Perspektiven und im Idealfall aus verschiedenen Disziplinen speist. Simple Ursache-Wirkungsannahmen haben hier keinen Platz. Schon vor Jahrzehnten war die Botschaft Friedrich August von Hayeks richtig: *„[…] der Ökonom, der nur Ökonom ist, [wird] leicht zum Ärgernis, wenn nicht gar zu einer regelrechten Gefahr"*. Im Übrigen macht erst ein umfassendes Verständnis der Teile und des Ganzen Vorhersagen möglich, die diesen Namen verdienen.

Dynamische Systeme

Woran liegt das? Dynamische Systeme sind komplex, entwickeln sich nicht-linear, lassen sich als emergent und interdependent beschreiben.

– Komplex zielt auf die Unüberschaubarkeit eines Systems aufgrund der Vielzahl von Elementen, deren Verknüpfungen und Funktionalitäten, und ist auch ein Gegenteil von Einfachheit und Determinierbarkeit. Kompliziert ist etwas hingegen deshalb, weil einem das Wissen oder die Fähigkeit fehlt. Komplexität steht in Verbindung mit einem Mirakel, kompliziert mit einem Rätsel.
– Nicht-linear bezieht sich darauf, dass Eingang und Ausgang eines Prozesses nicht einfach und nicht proportional miteinander verbunden sind.
– Emergent ist ein System, dessen Gesamtverhalten nicht aus der Summe seiner Einzelkomponenten und deren Verhalten oder Wechselwirkungen beschrieben werden kann.
– Interdependent meint wechselseitige Abhängigkeit und wechselseitiges Beeinflussen.

Offenkundig ist ein dynamisches System mehr als die Summe seiner Teile. Es besitzt eine eigene Systemlogik und besteht nicht nur aus Handlungslogiken der Akteure. Für ein Verständnis der Funktionsweise und Entwicklung gilt es, Feedback-Schleifen, Kipp-Punkte und Netzwerkeffekte zu berücksichtigen. Das ist zweifellos anspruchsvoll und kann keineswegs jedermanns Sache sein. Bereits das Verständnis, dass die Realität komplex und durch radikale Unsicherheit gekennzeichnet ist, sollte zu Zurückhaltung und Demut einladen. Einfache Rezepte, simple Quick Fixes und statische Kausalannahmen wie das Festsetzen eines Höchstpreises, etwa einer Mietpreisbremse, werden dem nicht gerecht. Die behördliche Anordnung, die Realität solle gefälligst anders sein, ignoriert alle wesentlichen Funktionsmuster und Konstellationen. Dazu passend heißt es beim Militär, das erste Opfer des Krieges sei der Plan, der nur bis zum ersten Schuss Gültigkeit besitze.

Strukturell
unsichere Welt

Die beiden Ökonomen John Kay und Mervyn King thematisieren in ihrem lesenswerten Buch „Radical uncertainty. Decision-making for an unknowable future" (2020) die allgegenwärtige radikale Unsicherheit. Diese sei schwer zu handhaben und lasse sich kaum quantifizieren, anders als Risiko, z.B. die Wahrscheinlichkeit eines Ausbruchs von Covid-19 in China, bevor die Infektion bekannt war. Leider würden Experten glauben, mehr zu wissen, als es tatsächlich der Fall sei. Eine der wichtigsten, vernachlässigten Antworten laute: Ich weiß es nicht. Radikale Unsicherheit bedeute: Wir wissen es nicht und wir können es nicht wissen. Lösbare Unsicherheit zeichne sich hingegen durch Kalkulierbarkeit und die Möglichkeit aus, etwas nachzuschlagen.

Tatsächlich bleiben erhebliche Teile der Realität für uns unverständlich. Das zeigt Michael Blastland in seinem mitreißenden Buch „The Hidden Half. The Unseen Forces that Influence Everything" (2020) auf. Kausalitäten erweisen sich als nachweislich richtig, wurden empirisch bestätigt und bieten dennoch keine Erklärung, warum das Übertragen auf einen anderen Kontext scheitere. Das gilt für die Wirksamkeit eines Medikaments beim klinischen Test im Unterschied zur breiten Anwendung und beispielsweise beim gescheiterten Versuch, bessere sanitäre Einrichtungen auf dem indischen Subkontinent zu etablieren.

Damit kommt Ambiguität ins Spiel, die Realität bleibt vage, nicht eindeutig. Die häufig impliziten Modelle der Realität erweisen sich rasch als zu simpel. Das lässt sich ein wenig verbessern, durch tiefes Nachdenken, durch Visualisierungen zur Denkunterstützung mit Papier und Bleistift und heute längst auch mit unterstützender Rechenleistung von Computern.

Selbstreflektierte Denker

Es wird noch ein wenig anspruchsvoller: Die Komplexität existiert sowohl in der Realität als auch im Kopf des Betrachters. Wir können normalerweise nur das erkennen und berücksichtigen, was wir kennen, bzw. von dort aus Neues entdecken. Systemdenker sind sich ihrer eigenen Grenzen bewusst. Sie gehen nüchtern an ihre Aufgabe heran im Wissen um die Myriaden von Entwicklungsmöglichkeiten eines Systems, aus denen sie die treffenden auswählen müssen, um zu tragfähigen Aussagen zu kommen. Sie wissen, dass ihre eigenen Erwartungen ihre Analyse beeinflussen können und dass Ergebnisse kontraintuitiv ausfallen können. Schließlich ist ihnen bewusst: Unsere mentalen Modelle der Welt sind nicht identisch mit der realen Welt.

Systemdenker arbeiten qualitativ und quantitativ, interdisziplinär und angewandt wissenschaftlich, d.h. nicht akademisch als Selbstzweck, sondern mit wissenschaftlichen Standards der Transparenz, Nachvollziehbarkeit und

Falsifizierbarkeit. Dabei nutzen sie verschiedene Modelle der Realität, um dieser näher zu kommen, indem sie unterschiedliche Erkenntnisse gewinnen. Stets sollten sie einen Blick für die Adressaten ihrer Untersuchungen haben.

Über das Denken in Ordnungen hinaus, wie es Ordnungsökonomen beherrschen (oder beherrscht haben, weil es inzwischen keine Lehrstühle mehr gibt), beziehen Systemdenker nicht nur politische und ökonomische Aspekte in ihre Analysen ein. Hinzu kommen je nach Thema z.B. Infrastruktur, Militär bzw. Sicherheit, Geografie, Soziales, Kultur und Religion. Eine Methode, um wertvolle Einsichten in Situationen mit dynamischer Komplexität zu erlangen, die auch die Simulation künftiger Entwicklungen erlaubt, ist System Dynamics. Die Auswirkungen von Management-Entscheidungen lassen sich damit genauso wie die von politischen Entscheidungen und Interventionen jedweder Art untersuchen. Wer sich für eine Einführung in systemisches Denken interessiert, der kann zu Günther Ossimitz' „Entwicklung systemischen Denkens. Theoretische Konzepte und empirische Untersuchungen" (2000) greifen.

Simple Minds

Was passiert, wenn man Systemdenken nicht beherrscht? Das, was wir alltäglich erleben. Die Mietpreisbremse, die die Quantität und Qualität von Immobilien mindert. Mindestlöhne, die den Ärmsten schaden. Lockdowns, die enorme Schäden verursachen, ohne die Risikogruppen zu schützen. Der endlose Krieg gegen den Terrorismus, der im Fall von Afghanistan 20 Jahre andauert und stets aussichtslos war. Der brutale Krieg gegen und um Drogen, für den es keinen Friedensplan gibt. Noch problematischer wird es, wenn Denken in Alternativen unterdrückt und verfemt wird. Wie bereits Mancur Olsen aufzeigte, geht derartiger Druck von kleinen, gut organisierten Pressure Groups aus. Heute forcieren sie mit einer extremen, exklusiven Moral eine Privilegierung von Opfern und Diskriminierung differenzierter denkender Menschen. Zu ihren Aktivitätsfeldern gehören Wokeness als Steigerung politischer Korrektheit mit Rassismus und Gender, eine klima-sozialistische Schrumpfgesellschaft, aber auch konservatives Revolutionsstreben, Identitätsideologie und nationalistisch-völkisches Gedankengut.

Der einfache Denker ignoriert zudem Widerstände gegen Politik, befasst sich nicht mit dem Gesetz der unbeabsichtigten Konsequenzen und auch nicht mit kontra-intuitivem Verhalten von sozialen Systemen.

- So wurde die von Ceausescu drastisch forcierte nationale Geburtenpolitik in Rumänien nach kurzen Anfangserfolgen mit zunehmenden Geburtenzahlen vollständig unterlaufen und sorgte u.a. für einen verheerenden Anstieg der Sterblichkeit von Neugeborenen und Schwangeren sowie für massenhaftes Elend in Kinderheimen und von Straßenkindern.
- Die Lohn- und Preiskontrollen unter Nixon scheiterten nach kurzfristig scheinbar sinkender Inflation, die kurze Zeit später neue Rekordhöhen erreichte.
- Bestimmte Pflanzenschutzmittel, die zu Resistenzbildung führten, Nichtzielorganismen schädigten oder sich in der Nahrungskette anreicherten, sind ebenfalls Beispiele für die Folgen simplen Denkens.

Die Probleme haben einen gemeinsamen Nenner: Widerstand gegen die Eingriffe resultiert regelmäßig aus einem mangelnden Verständnis der Politikmacher von den Feedbacks in einem System. Wir denken Ereignis-Problem orientiert. Eine Abweichung vom Status quo und vom Ziel soll mit direkten Sofortmaßnahmen gelöst werden. Das erfasst aber Wesen und Funktionsweise des Systems nicht und ignoriert selbstverstärkende Feedback-Schleifen. Die politische Maßnahme bewirkt also genau das, was die Funktionsweise des Systems hervorbringt. Hätte man das System besser verstanden, wüsste man, die geplante Maßnahme führt nicht zu dem gewünschten Effekt.

Kausalrevolution

Seit geraumer Zeit bricht sich eine Kausalrevolution Bahn, die unser Verständnis von Ursache und Wirkung auf eine neue Stufe heben kann. In „The Book of Why" erläutert der israelisch-amerikanische Informatiker Judea Pearl (* 1936), unterstützt vom Wissenschaftsjournalisten Dana Mackenzie, diese wenig bekannte Entwicklung.

Da ist zunächst die Pearl'sche Leiter der Kausalität. Die Kausalleiter besitzt drei Stufen mit unterschiedlichen Wahrscheinlichkeitsklassen:

– Die niedrigste heißt Assoziation. Hier können alle Fragen allein mit Daten beantwortet werden. Ein Beispiel ist: Wenn ein Patient an den Symptomen X leidet, wie wahrscheinlich ist es, dass er an Krankheit Y leidet? Für eine Antwort hilft die Auswertung von Massendaten. Das ist zugleich der Schwerpunkt sogenannter Künstlicher Intelligenz.
– Die mittlere Stufe nennt Pearl Intervention, weil hier ein menschlicher Einfluss beteiligt ist. Nicht allein die Daten,

sondern die Relation zu Variablen spielt eine Rolle. Ein Beispiel ist: Werden meine Kopfschmerzen verschwinden, wenn ich diese Medizin nehme? Hier benötige ich Modelle und deren praktischen Test.

- Die höchste Stufe ist die des Kontrafaktischen. Hier werden Welten erdacht, die sich von der aktuellen Situation unterscheiden. Damit lassen sich Prognosen künftiger Zustände in einer spezifischen Situation betrachten, die sich durch Änderungen von der aktuellen Situation unterscheiden. Im Grunde handelt es sich um ein Pendant zu einem naturwissenschaftlichen Experiment. Ein Beispiel ist: War die Medizin für das Verschwinden meiner Kopfschmerzen verantwortlich? Oder wären sie auch ohne Medizin verschwunden? Es geht dabei nicht um statistisch untersuchbare Standardsituationen, sondern um ganz spezifische – hier meine Kopfschmerzen. Eine Alternative: Hätte Kennedy noch eine zweite Amtszeit erlebt, wenn er nicht erschossen worden wäre? Es sind aber auch weitaus komplexere Situationen vorstellbar und bearbeitbar.

Kausalität beruht für Pearl auf asymmetrischen Beziehungen zwischen verschiedenen Variablen. Mit einem Modell, zum Beispiel einem gerichteten Graphen, lässt sich Kausalität illustrieren. Verfügt das graphische Modell über Knoten, die Variablen darstellen, und gerichtete Kanten (Pfeile), die Kausalbeziehungen von einer Variablen zu einer anderen darstellen, dann handelt es sich um ein Kausaldiagramm. Für ein Kausaldiagramm lassen sich Regeln festlegen. So können einfache und komplexe Kausalbeziehungen abgebildet, entwickelt und entdeckt werden. Das ist zugleich eine smarte Form, Komplexität in einem einfachen Diagramm abzubilden. Angewandt auf Statistik, wird diese korrekter und aussagefähiger. Korrelationen werden durch Kausalität fundiert. Zudem lassen sich Kausaldiagramme und statistische Regeln verbinden und die Aussagekraft erhöht sich weiter. Schließlich lassen sich randomisierte kontrollierte Studien und Kausalanalysen verbinden.

Modelldenker

Menschen sind Modelldenker. Modelle sind Hypothesen. Das gilt selbst für Vorurteile, die eine intuitive, sehr einfache Form eines Modells bilden. Modelle sind nicht per se gut oder schlecht, sondern bilden mehr oder weniger die Realität ab. Was ist das beste Modell einer Katze? Eine Katze. Das beste Modell der Realität ist zwar die Realität, aber damit unbrauchbar, ähnlich wie eine Karte von den Alpen im Maßstab 1:1.

Modelle liefern Erklärungen, helfen Daten zu verstehen, die uns nicht sagen können, warum etwas passiert, nur was passiert ist. Modelle machen es möglich, die Folgen von Handlungen und Interventionen vorauszusehen. Wir können Annahmen und Mechanismen verifizieren und falsifizieren, zumindest vorläufig in der Modellwelt, und wir können Schlussfolgerungen überprüfen.

Scott E. Page (* 1963), amerikanischer Sozialwissenschaftler und Professor für Komplexität, Sozialwissenschaften und Management an der University of Michigan, verwendet das Akronym REDCAPE für den Nutzen von Modellen: Reason, Explain, Design, Communicate, Act, Predict, Explore (*Begründen, Erklären, Entwerfen, Kommunizieren, Handeln, Vorhersagen, Erforschen*). Sobald wir unsere Modelle explizit machen oder überhaupt ein Modell erarbeiten, können wir es auch überprüfen. Unser Denken wird transparent und überprüfbar. Es wird möglich, Zusammenhänge zu hinterfragen und zu detaillieren. Wir können untersuchen, welche Aspekte der Wirklichkeit in dem von uns erörterten Zusammenhang relevant sind. Das ist ein wesentlicher Unterschied zum qualitativen Narrativ und dem Beharren darauf, dass dieses oder jenes Argument unsere Sichtweise stütze und wir deshalb Recht hätten.

Wer sogar unterschiedliche Modelle verwendet, kann kognitive Verzerrungen vermeiden. Das ist etwa so, als würde man mehrere Scheiben von Käse mit Löchern hintereinander legen, bis die ganze Fläche bedeckt ist. Dementsprechend verfügen gute Modellierer über vielseitiges Wissen einschließlich diverser Weltanschauungen und viel Erfahrung, wie Scott E. Page in „The Modell Thinker: What you need to know to make data work for you" (2018) erläutert.

Zweites Zwischenfazit

Ziel war es, auf Herausforderungen der Analyse dynamischer Systeme hinzuweisen und dabei Komplexität zu thematisieren. Struktur- und Systemdenken eignet sich, um mit nicht trivialen, rückgekoppelten Ursache-Wirkung-Ketten umzugehen. Modelle können unser Denken explizit und transparent machen. Allerdings ist diese professionelle Perspektive voraussetzungsreich und nicht ad hoc von jedermann beherrschbar. Gleichwohl ist die Zeit reif, gerade auch in gesellschaftspolitischen Belangen gründlicher und systematischer nachzudenken, bevor man qualitativen Narrativen einer selektiven Ideologie oder Moral folgt. Systemdenken bietet hinreichend Raum für verschiedene Perspektiven und damit auch für ein besseres Verständnis der Grenzen des eigenen Verstehens.

Ausblick

Gute Entscheidungen sind auch in komplexen Situationen möglich. Voraussetzung ist die Kombination aus:

- Information über die relevanten Tatsachen, qualitativ und in Form quantitativer Daten,
- Wissen über Wirkungszusammenhänge, wofür geeignete Kausalmodelle die Grundlage bilden,
- Weisheit – nicht zuletzt als Abgrenzung von Nichtwissen, als reflektiertes Nutzen von Lebenserfahrung und durch Berücksichtigung von vielen Perspektiven.

Das führt zu Antworten auf die Fragen: Was ist? Was wäre, wenn? Wie viel erklärt das vorhandene Wissen und wie belastbar ist es?

Herausforderung Anmaßung von Wissen

Diskussionen und Diskurse werden von Narrativen und Macht beeinflusst, zuweilen beherrscht. Das gilt für wissenschaftliche Paradigmenwechsel respektive Revolutionen in den Naturwissenschaften, wie von Thomas Kuhn („The Structure of Scientific Revolutions") thematisiert, oder aber in einer milderen Form als Veränderung der Methodologie wissenschaftlicher Forschungsprogramme von Imre Lakatos („The Methodology of Scientific Research Programmes") vertreten. Für den weitreichendsten Methodenpluralismus setzte sich vehement Paul Feyerabend mit seinem wissenschaftstheoretischen Anarchismus ein.

In den sozialen und den alten Medien dominieren Meinungen und Rechthabenwollen statt ein friedliches Nebeneinander vielfältiger Perspektiven. Vorgefertigte Meinungen, lieb gewonnene Erkenntnisse, normative Setzungen, feindliche Abgrenzungen, Ideologie und Politisierung sowie die Kontrolle von Ressourcen sind Faktoren, die dazu führen, dass nicht der zwanglose Zwang des besseren Arguments greift, nicht verschiedene Ansichten unentschieden nebeneinander bestehen, sondern sich eine Perspektive, eine Meinung, eine Moral, eine als Erkenntnis getarnte Hypothese durchsetzen soll. Auch die Wissenschaft kann sich dem nicht entziehen.

„Ich weiß es nicht." ist keine geschätzte Äußerung. Das gilt umso mehr in einer Welt, in der vieles, wenn nicht fast alles, als machbar erscheint. Sozialingenieure, Gesellschaftsklempner, Angsttrompeter und Sensationalisten, aber auch Adepten des allzuständigen Staates und Befürworter von Einheitslösungen und zentralistischem Durchgreifen akzeptieren keine Unentschiedenheit. Stattdessen maßen sie sich Wissen an. Manche Ökonomen geben zwar zu, dass sie nicht alles Wirtschaftliche in ihren Modellen abbilden, behaupten aber, immerhin das Wichtigste zu berücksichtigen.

Ist das so? Friedrich August von Hayek richtete in seiner Nobelpreisrede eine Mahnung an seine Zunft. Ökonomen sollten sich darüber bewusst sein, wie begrenzt, vorläufig und dezentralisiert Wissen ist, und sich daher nicht Wissen anmaßen. Erst kürzlich hat Michael Blastland in „The Hidden Half" aufgezeigt, was wir alles *nicht* wissen, im Glauben, den Dingen auf den Grund gegangen zu sein. Nicht einmal die beiden eigentlich unumstrittenen Einflussgrößen Genetik und Umwelt sind in der Lage, wesentliche Phänomene zu erklären, wie er anhand von eindrucksvollen Beispielen wie der Reproduktion eines Flusskrebses aus sich selbst illustriert.

Wissen ist kein Ding, sondern ein Fluss. Wir wissen etwas häufig erst, wenn wir es brauchen. Deshalb ist es gesellschaftlich und persönlich wichtig, ein Mindset zu entwickeln, das sich durch Perspektivenreichtum, Gedankenreichtum und echtes Lernen auszeichnet. Das gilt umso mehr, als wir Menschen dazu neigen, in einfachen Ursache-Wirkung-Beziehungen zu denken. Wir mögen nun einmal Einfachheit und Klarheit, Entweder-oder, die Aufteilung in Freund und Feind. Mit den Worten der deutschen Schriftstellerin Hilde Domin (1909–2006), welterfahren und interdisziplinär gebildet: *„Wir sehen nicht die Dinge, wie sie sind. Wir sehen die Dinge, wie wir sind."* Und: *„Jeder meint, dass seine Wirklichkeit die richtige Wirklichkeit ist."*

Es ist Zeit, an die Stelle einer selbstbestätigenden Meinungsmache des „Entweder oder" das „Sowohl als auch" im Sinne von Bernhard von Mutius zu setzen und damit der Perspektivenvielfalt eine Gasse zu bahnen. Statt einer fertigen Meinung von Beginn an das Wort zu reden und diese durchsetzen zu wollen, wäre es hilfreich, erst zum Schluss eine Meinung zu vertreten und zugleich andere Sichtweisen gelten zu lassen. Das erfordert indes ein anderes Denken und Handeln, von Mutius spricht von „anderer Intelligenz" („Die andere Intelligenz. Wie wir morgen denken werden", 2008). Die Zeit ist dafür reif. Die Haltung tut gut, nicht nur den Mitmenschen, sondern zu allererst einem selbst. Gelassenheit, Demut, Toleranz und vor allem Neugierde, wenn man den Dingen auf den Grund zu gehen versucht, sind wesentliche Aspekte einer entkrampften Haltung, die Konfrontationen mildert und Einsichten erweitert. Dafür muss nicht unbedingt eine zweite Aufklärung her. Schaden würde es indes nicht.

Es lohnt sich, die Blickrichtung zu wechseln. Einfach einmal aufstehen und schauen, aufstehen und sich woanders hinsetzen. Ein Problem aus einer anderen, ungewohnten Perspektive, mit einer unliebsamen Theorie oder Wertehaltung zu betrachten, ist eine spannende Erfahrung – geradezu erhellend. Probieren geht in diesem Sinne nicht über Studieren. Vielmehr lässt sich Probieren mit Studieren prima verbinden. Einfach mal ausprobieren!

4.
CANCEL CULTURE

Das verführte Denken und seine Helfer

**Der Vorwurf „Verschwörungstheoretiker"
ist mit das mächtigste Diffamierungs-
werkzeug in Zeiten der Cancel Culture.
Davon lebt eine neue Riege staats-
naher Inquisitoren**

Im Jahre 2017 war Jens Spahn auf der Bilderberg-Konferenz zu Gast, ein Jahr später wurde er Gesundheitsminister. Nach der Konferenz wurde er am Flughafen von freien Journalisten gefragt, worum es bei der Konferenz gegangen sei und was besprochen wurde. Die Antwort von Jens Spahn war abweisend und lautete sinngemäß, es sei um Aliens und Reptilien gegangen.

Diese Episode steht beispielhaft für viele ähnliche Szenen. Es genügt schon, einen gewählten Politiker legitimerweise über Sinn und Inhalt einer unter dem Ausschluss der Öffentlichkeit tagenden Gruppierung mächtiger Menschen zu befragen, um in eine bestimmte Kategorie einsortiert zu werden. Die Botschaft ist klar: „Bitte gehen Sie weiter, hier gibt es nichts zu sehen." Wer trotzdem nachbohrt, muss sich den Vorwurf gefallen lassen, ein Spinner zu sein. Kaum ein Wort ist in letzter Zeit häufiger zu hören, wenn es um die Begründung dafür geht, warum eine bestimmte Debatte nicht geführt zu werden braucht: „Das ist eine Verschwörungstheorie!"

Die Königsdisziplin der
Cancel Culture

Seit Jahren macht sich ein Ungeist im öffentlichen Debattenraum breit, den man heute treffend als „Cancel Culture" bezeichnet. Missliebige Personen werden mit dem Verweis auf politisch inkorrekte Inhalte ihrer Rede diffamiert, ausgegrenzt und mundtot gemacht. Die Cancel Culture hat sich ihren Weg durch Universitäten und Redaktionsstuben bis in den Kulturbetrieb gebahnt. Die Protagonisten der Cancel Culture gehen davon aus, dass Worte verletzen können, dass bestimmte Ideen schädlich sind und es demzufolge jemanden braucht, der beides aus dem öffentlichen Raum (dem vielbeschworenen „Diskurs") entfernt, bevor „Schaden" angerichtet wird. Cancel Culture ist zu einer Zensurpraxis Einzelner und von Gruppierungen im vermeintlichen Dienst einer korrekten Ideologie geworden, welche über die Techniken des Druckausübens, des Mobbings und der Nötigung von Veranstaltern, Hochschulpräsidenten, Verlagen und so weiter versucht, die Entfernung von missliebigen Personen und Inhalten zu erzwingen.

In dieser Interessenslage ist der Vorwurf der „Verschwörungstheorie" die Königsdisziplin. Verschwörungstheorie klingt nach Lüge, nach faktenfreier Kommunikation, die es nicht wert ist, näher diskutiert zu werden und deren Verbreiter aus dem Diskurs der Vernünftigen ausgeschlossen gehört. Der Vorwurf der Verschwörungstheorie ist der Gipfel der inquisitorischen Praxis, die derzeit in westlichen Demokratien zu beobachten ist.

Die zumeist unklare Definition der Verschwörungstheorie lässt dabei jedoch selbst zu wünschen übrig und weckt den Verdacht, es gehe den Diskursraumvermessern weniger um die Qualität des Diskurses als vielmehr um das Ausklammern missliebiger Themen. Im Grunde behauptet ein Verschwörungstheoretiker lediglich, dass eine Verabredung zum nachteiligen Zusammenwirken von mindestens zwei Personen gegenüber einem Dritten vorliegt, ohne dass er dafür den Beweis erbringen kann. Doch bei dieser engen Definition bleibt es selten. Medial präsente Forscher, wie der Tübinger Amerikanist Michael Butter, nennen drei Merkmale von Verschwörungstheorien: „Alles ist geplant. Nichts ist so, wie es scheint. Alles hängt mit allem zusammen." Doch auch diese Aufzählung ist nur bedingt erhellend. Denn es braucht derart eingefahrenes Denken in eigenen Realitätskanälen gar nicht, um heutzutage als Verschwörungstheoretiker gebrandmarkt zu werden. Dafür genügt schon ein deutlich niedrigschwelligeres Agieren, das sich bereits im Aufstellen von Hypothesen, in Fragestellungen wie dem „Cui bono"? (Wem nützt das?) oder in einer abweichenden Interpretation von Fakten äußert.

Doch auch abgesehen davon, ist diese Definition kaum als wissenschaftlich zu bezeichnen. Warum?

1. Das meiste, was sich auf Regierungsebene abspielt, ist wohl geplant. Oder agieren Regierungen, internationale Organisationen oder auch nur ein Kaninchenzüchterverein ohne Programmatik oder Agenda?
2. Vieles ist nicht so, wie es scheint. Denn zu glauben, dass alles so ist, wie es auf den ersten Blick erscheint oder als Außendarstellung vermittelt wird, wäre „Naiver Realismus". Alles andere als Grundskepsis gegenüber politischen Abläufen wäre zudem demokratiefern. Gewählte Politiker sind dem Wähler gegenüber rechenschaftspflichtig; ein Abgleich ihrer Handlungen und Absichten

mit der Realität ist daher zwingend notwendig, wenn man das Prinzip der Repräsentation nicht aufgeben will.

3. Die Kriminalistik, der investigative Journalismus und die Wissenschaft schließlich verbinden Punkte und Personen, stellen Zusammenhänge her, versuchen, Muster zu erkennen. Dass es Machtmissbrauch gab und gibt, ist den meisten demokratischen Verfassungen im Übrigen bekannt, deshalb kennen diese in der Regel das Prinzip der Gewaltenteilung oder die Existenz von Grundrechten als Abwehrrechte gegen staatliche Gewalt.

Es geht um Macht, nicht um Erkenntnisgewinn

Der Begriff der Verschwörungstheorie hat heute den Platz eines Unterscheidungsmerkmals zwischen den medial satisfaktionsfähigen und den offiziell Ausgestoßenen eingenommen. Wer über den Begriff der Verschwörungstheorie bestimmt, erklärt sich zum Gatekeeper der Wahrheit. Der Vorwurf der Verschwörungstheorie an andere behauptet zugleich eine Deutungshoheit bei sich selbst. Ginge es tatsächlich um eine Deutung der Realität, gäbe es Debatten über strittige Themen, wie zum Beispiel den Kollaps des WTC-7-Gebäudes in den Medien – zumindest aber eine Widerlegung der Kritiker. Die sachliche Auseinandersetzung wird jedoch gerade gemieden. Es bleibt stets beim Schattenboxen zweier Gruppierungen, die sich in der Realität der Debatte gar nicht begegnen dürfen. Was wir in öffentlich-rechtlichem Rundfunk, Zeitungen oder Büchern über Verschwörungstheoretiker lesen, ist Schattenboxen auf Distanz, ein Tanz um einen Strohmann, eine klassische Fake-Debatte um ihrer selbst willen.

Als die Dresdener Jazztage im Herbst vergangenen Jahres wegen der Einladung von Daniele Ganser als Referent unter Beschuss gerieten, ließ sich für Gunnar Kaiser und mich als Initiatoren des „Appells für freie Debattenräume" die Probe aufs Exempel machen. Die Veranstalter riefen zum Dialog ein, luden Experten wie Michael Butter von der Universität Tübingen ein, um mit Daniele Ganser über dessen Thesen öffentlich zu diskutieren. Es war eine Einladung zu öffentlicher Kritik, diesmal aber unter Anwesenheit des „Gescholtenen". Doch Butter lehnte jede öffentliche Diskussion ab. Das wiederum wirft einen Schatten auf die eigene Herangehensweise, Verschwörungstheoretikern durch Fakten und Argumente Paroli zu bieten. Wäre die Kritik an Verschwörungstheoretikern so wissenschaftlich, wie sie sich gibt, ließe sich im direkten Vergleich der Argumente und der Faktenbasis eine Klärung von Streitpunkten erreichen. Insofern bleibt die Auseinandersetzung rund um umstrittene Themen in der Regel bei einer Einwegkommunikation.

Diese Erfahrung machten Gunnar Kaiser und ich auch, als es um das Thema des „Great Reset" ging, eine Agenda des Weltwirtschaftsforums zur Umgestaltung der Welt in Post-Corona-Zeiten, die Züge von Technokratie, Überwachung und planerischem Korporatismus enthält. Mein von Gunnar Kaiser als Podcast produzierter Text wurde von der Plattform YouTube gelöscht. Gunnar Kaiser wurde vom Vorsitzenden der Friedrich-Naumann-Stiftung zudem der Verschwörungstheorie bezichtigt, eine Zusammenarbeit mit ihm für die Zukunft öffentlichkeitswirksam über Twitter beendet. Nun lässt ein Thema wie der Great Reset sicher viel Spielraum für Interpretation. Die Existenz dieser Agenda jedoch als Verschwörungstheorie zu bezeichnen, und damit ins Reich der Märchen zu verbannen, schlägt kolossal fehl, zumal es Bücher zum Thema, zahlreiche offizielle Videos und Webseiten gibt und sich zudem viele Politiker und Repräsentanten globaler Institutionen, wie der Europäischen Kommission, der UN und der Weltbank, darauf beziehen. Spätestens wenn hohe Funktionäre diese Bezeichnung im Munde führen, muss darüber diskutiert werden, was unter dieser Agenda denn genau zu verstehen ist. Die Heftigkeit der Gegenwehr bei diesem Thema in den Mainstream-Medien macht uns relativ unmissverständlich klar, dass es sich hier um vermintes Gelände handelt, welches man aus welchen Gründen auch immer besser nicht zu sehr in das Licht der Öffentlichkeit rückt.

Das hat sicher auch mit dem veränderten Informationsauftrag zu tun, der sich in weiten Teilen der Presselandschaft seit Jahren feststellen lässt. Die Bespielung von Meinungssilos statt echter Debatten ist leider zum Geschäftsmodell der privatwirtschaftlichen Presse geworden, wie der ehemalige Rolling-Stone-Reporter Matt Taibbi in seinem Buch „Hate Inc." ausführt. Das Ziel bei Debatten von heute scheint nicht die Lösung eines Konflikts, sondern dessen Beibehaltung und Weiterbewirtschaftung zu sein. Das gilt auch für andere Themenfelder, die ideologisch stark besetzt oder umstritten sind, wie Migration, Gender, Klima oder Corona. Die zunehmend intolerante Haltung gegenüber Andersdenkenden in Redaktionen, wie man es in den letzten Monaten am Beispiel zahlreicher Rücktritte und Rauswürfe beobachten konnte, zeugt von einem zunehmenden Unvermögen, Binnenpluralität im Medieninnenraum zu realisieren. So homogen wie die Leserschaft sein soll, wird auch die Redaktion. Die Langweiligkeit und Inhaltsleere des Medienprodukts ist die unausweichliche Folge.

Das Fake- und Verschwörungsthema ist bei Mainstream-Medien trotzdem sehr beliebt, denn jeder Beitrag zu diesem Thema ist immer auch versteckte Eigenwerbung. Die Auflagen von Zeitungen sind seit Jahren im ständigen Sinkflug, Bücher zum Thema Verschwörungstheorie und Fake News nehmen inflationär zu, liegen aber wie Blei in den Regalen. Der Leser scheint sich nur ungern darüber belehren lassen zu wollen, was er oder sie aus welchen Gründen auch immer zu glauben hat. Der Mainstream kauft sich über das Thema Fake News/Verschwörungstheorie also immer auch externen Sachverstand zur Versicherung der eigenen Deutungshoheit ein, statt die Auseinandersetzung über letztere dem freien Meinungsmarkt und letztlich der Konsumentscheidung des Lesers zu überlassen. Zur gleichen Zeit kultiviert die Verlagsbranche ihre eigenen Fake-Fabriken in Form der Regenbogenpresse, und erdreistet sich, derartiges ebenfalls Journalismus zu nennen.

Die Nomenklatura der Korrekten

Der politische und der mediale Mainstream haben sich gerade in eine risikoreiche Kooperation begeben. Institutionelle und akademische Verschwörungstheorie-Erklärer bekommen viel Aufmerksamkeit, haben aber letztlich immer die gleiche dürre Botschaft: Es gibt einfältige Menschen, die an einfache Zusammenhänge glauben, weil sie aus Verwirrung, Furcht und fehlender Bildung mit der Komplexität der Welt überfordert sind; aber glücklicherweise gibt es noch die Mainstream-Medien, die vielleicht diese Personen noch auf den Pfad der Vernunft zurückzubringen vermögen.

Schelskys Einordnung der Intellektuellen als „Priesterkaste" hat hier eine besonders starke Ausprägung gefunden. Der Mainstream ist aktuell nichts anderes als eine herrschaftsstützende Amtskirche, welche die ihm zugeneigten Inquisitor-Intellektuellen gegen die Häretiker der „freien Medien" in Stellung bringt. So bildet der selbsternannte Putztrupp des öffentlichen Debattenraums inzwischen selbst ein eigenes Netzwerk, und damit seine eigene Echokammer, in welcher bestimmte Deutungen der Realität „offizialisiert" werden.

In den Medien geben sich Mainstream-Experten wie Michael Butter, Pia Lamberty, Katharina Nocun und Philipp Hübl thematisch die Klinke in die Hand und zeigen dabei vor allem, wie gut sie sich mit der psychischen Verfassung der Schwurbler auskennen. Die staatlich üppig ausgestattete Amadeu-Antonio-Stiftung ist sich selten zu schade, dem Thema Verschwörungstheorie noch einen antisemitischen Anstrich zu geben, das angegliederte „Institut für Demokratie und Zivilgesellschaft" stellt den Bezug zu „rechts" her, gerne noch ergänzt durch die eine oder andere Studie, in welcher dann durch Auswertung von Telegram-Gruppen (wer folgt wem?) eine Nähe von bestimmten Personen zueinander behauptet wird – was in jedem anderen Kontext natürlich eine Verschwörungstheorie darstellt. Den Rest erledigen Faktencheckerportale wie „Volksverpetzer", die in der Endlosmühle des Propagandakanals versuchen, Etiketten aufzukleben und Diffamierungszusammenhänge herzustellen.

Zur Belohnung gibt es neben Fernsehauftritten und Engagements für die Beteiligten kostenlos die Hybris oben drauf, an der vermeintlichen Spitze einer Deutungspyramide zu stehen. Das alles hat natürlich nichts mit Wissenschaft, sondern viel mit Propaganda zu tun. Und es ist zudem risikoreich. Der Finanzmathematiker und Buchautor Nassim

Nicholas Taleb stellte schon in seinem Buch „Der schwarze Schwan" die Überlegung an, dass alle Branchen, in denen Kompetenz über die Anerkennung von Kollegen vermittelt wird statt durch einen Test mit der Realität, über kurz oder lang zum Scheitern verurteilt sind. Derartige „Experten" können quasi also nur in bestimmten medialen Lebensräumen eine Zeitlang überleben. Der interessierte Leser schaut bei all dem währenddessen weiter in die Röhre. Er erlebt keinen Erkenntnisgewinn, sondern die schleichende Abnutzung einer vorgesetzten Expertenriege und ihren Austausch gegen eine neue.

Dem erkenntnisorientierten Leser und Nachrichtenkonsumenten bleibt derweil weiter nur, sämtliche Realitätskanäle offen zu halten, sich aus möglichst verschiedenen Quellen zu informieren und seine Skepsis gegenüber allen Arten von Glaubenssystemen zu kultivieren. Dieser Weg kann zwar leider keine Scheinsicherheiten bieten, sorgt aber laut dem Autor und echten Experten in Sachen Verschwörungstheorie, Robert Anton Wilson, irgendwann dafür, dass man nichts mehr glaubt – oder paranoid wird.

„Der Zweck ist Einschüchterung aller anderen"

Die Website cancelculture.de sammelt seit 2020 einschlägige Fälle aus dem deutschsprachigen Raum

THILO SPAHL: *Karo, du machst seit einem guten halben Jahr für das Freiblickinstitut die Website cancelculture.de. Warum?*

KARO VOORMANN: Die Seite ist eine Art öffentliche Sammlung, aus der sich dann für jeden nachvollziehbar ein Bild des Phänomens ergibt. Auch für uns, die wir das Ganze ins Leben gerufen haben und nun einigermaßen fleißig befüllen. Dabei geht es uns nicht um die „Opfer", sondern um die Kultur.

Du meinst die „angeblichen Opfer", die in Wirklichkeit ja nur davon profitieren.

Genau. Als die Kritik an der Cancel Culture in Deutschland ein wenig lauter wurde, kam ja schnell die Reaktion, das sei alles nur Gejammer von irgendwelchen „Rechten" und schon deshalb nur ein Phantom, weil Dieter Nuhr immer noch munter im Fernsehen auftritt und Lisa Eckhart ihren Roman nach der Absage in Hamburg wahrscheinlich viel besser verkauft als ohne sie. Das stimmt ja auch. Aber es zeigt nur, dass es einige wenige gibt, die die Angriffe gut aushalten können.

Das Freiblickinstitut ist ja eher eine linksliberale Einrichtung. Warum verteidigt ihr Rassisten und Sexisten?

Wir verteidigen niemand. Wir dokumentieren eine Kultur, die uns allen schadet. Der Kampf für Meinungsfreiheit ist ein klassisch linkes Thema. Dass heute Leute, die sich selbst links nennen, glauben, sie würden mit Zensur und der Unterdrückung unliebsamer Meinungen für die Demokratie kämpfen, ist schon ziemlich grotesk. Demokratie lebt von offenen und vor allem kontroversen Debatten, nicht von Orthodoxie und ängstlichem Konformismus.

Kannst du das Canceln mal grob beschreiben? Was ist damit gemeint?

Typischerweise geht das so: Einer schreibt etwas auf Twitter oder in einem Artikel, was gegen ihn ausgelegt werden kann. Und jemand anderes startet dann eine Empörungskampagne, in der Konsequenzen gefordert werden. Das ist oft genug erfolgreich und manchmal auch nicht. Bei cancelculture.de bringen wir aber auch vieles andere. Grob gesagt alles, was darauf zielt, die freie Meinungsäußerung zu behindern.

Es muss also nicht immer ein Angriff auf die Person sein?

Nicht unbedingt. Meistens ist es das direkt oder indirekt aber schon. Es geht uns nicht darum, Opfer zu präsentieren. Die einzelnen Menschen, die in unserer langen Liste stehen, sind sozusagen Kristallisationskeime, an denen sich diese Unkultur manifestiert. Sie sind Beispiele. Und zwar im wahrsten Sinne des Wortes. Denn Cancel Culture wirkt vor allem dadurch, dass sie Exempel statuiert. Der einzelne Betroffene unter Beschuss ist nur Mittel zum Zweck. Der Zweck ist Einschüchterung aller anderen. Es geht darum, ein Klima des Konformismus und der Selbstzensur zu erzeugen und zu pflegen. Das Zielobjekt soll eingeschüchtert werden und in Zukunft besser die Klappe halten. Und mit ihm soll unzähligen anderen eine Botschaft gesendet werden.

Die die meisten offenbar gut verstehen.

Ja, es geht darum, Abweichler von einer militant verfochtenen Orthodoxie zu stigmatisieren und einzuschüchtern.

Klingt brutal. Und nicht gerade tolerant.

Teilweise ist es wirklich brutal. Wir nehmen auch körperliche Angriffe auf, etwa wenn Boulevard-Journalisten das Auto angezündet wird oder Demonstranten tätlich angegriffen werden. In der Regel ist das Ziel aber Rufschädigung durch öffentliches Anprangern. Und ja, es ist genau das Gegenteil von tolerant. Das ist aber kein Problem für die Kanzellanten, da sie die Bedeutung des Begriffs schon erfolgreich ins Gegenteil verkehrt haben.

Was sind die Themen?

Es geht eigentlich immer um Ismen und Phobien: Rassismus, Sexismus, Antifeminismus, Nationalismus, Ableismus, Islamophobie, Transphobie, Xenophobie, Homophobie. Und wenn es dafür nicht reicht, um Verharmlosung: also Rassismusverharmlosung, Virusverharmlosung, Sexismusverharmlosung. Oder Leugnung: Klimaleugner, Coronaleugner.

Gibt es auch Cancel Culture von rechts?

Klar gibt es auch Angriffe von rechts. Aber die haben eine ganz andere Bedeutung. Was passiert, wenn irgendein AfD-Typ fordert, du sollst Deinen Job verlieren?

Du wirst befördert.

Genau. Also, vielleicht manchmal. Auf jeden Fall kann man nicht behaupten, dass wir alle die ganze Zeit vor uns hinmurmeln: „Nicht vergessen, Karo! Auf keinen Fall auf Twitter etwas schreiben, was alte weiße Männer als Beleidigung ansehen könnten."

Es gab so ein paar Fälle von Cancel Culture auf der Gegenfahrbahn. Zum Beispiel die „Oma ist 'ne alte Umweltsau"-Geschichte. Aber ich glaube, da wurden keine Karrieren zerstört.

Wir suchen auch nach solchen Fällen, wo „Linke" betroffen sind, da wir ja auch zeigen wollen, dass Cancel Culture für alle eine Problem ist, egal, wo man politisch steht. Aber es scheint schon so zu sein, dass es Leute, die sich selbst als links sehen, deutlich weniger trifft. Hengameh Yaghoobifarah haben wir aufgenommen, nachdem sie sich einen Shitstorm und zumindest die angedrohte Seehofer-Anzeige für ihre „Polizisten auf den Müll"-Geschichte in der taz eingehandelt hat. Aber der Karriere abträglich war das ja eben nicht.

Nö, hat ihr sogar noch einen Nebenjob als Luxusgüter-Model beim KaDeWe eingebracht.

Allerdings nicht wegen ihres Artikels, sondern weil sie halt nicht so toll aussieht. (Eigentlich müsste ich, glaube ich, sagen „aussehen", weil Yaghoobifarah das Pronomen „they" für sich wünscht, aber das würde dann ja jeder für einen Tippfehler halten)

Apropos Luxuskaufhaus: Wäre vielleicht auch mal interessant, die Rolle der Reichen und Mächtigen bei der Cancel Culture zu beleuchten ... Oder ist das insgesamt eher so ein Mittelschichtsding?

Ich glaube, es ist vor allem ein Minderheitending.

Ähm, ja, also ... Du meinst jetzt diskriminierte Minderheiten?

Nein. Ich meine, dass es eine kleine Gruppe von Menschen ist, die die ganze Maschine am Laufen hält. Die die ganze Empörungsarbeit machen. Und das sind eben keine Linken im klassischen Sinne, sondern Wokisten. Was für die gilt, hat Bernd Stegemann sehr deutlich formuliert, als er daran erinnerte, dass Moral ein Mittel der Unterdrückung ist, und schrieb: „‚Woke' verfolgt eine moralistisch-regressive Politik, die mit links gar nichts zu tun hat. Sie hat ein reaktionäres Menschenbild und betreibt eine reaktionäre Politik."[1]

Nochmal zu Yaghoobifarah. Es war doch bei ihr ein bisschen wie bei Lisa Eckhart, nämlich insgesamt eher gut fürs Geschäft, oder?

Ja, das kann man so sehen. Aber die beiden sind nicht unbedingt typisch. Sie gehören zu einer kleinen Gruppe, deren Geschäftsmodell Provokation umfasst. Die können in der Tat von der Cancel Culture profitieren. Die leben vom Gegenwind. Aber damit sind sie eben die Ausnahme.

---

[1] Zit. n. „Freiheit, Gleichheit und Überfluss", perlentaucher, 13.02.2021.

Im Personenverzeichnis von cancelculture.de findet man vor allem Namen, die man nicht kennt.

Sagen wir mal: die viele nicht kennen. Die meisten sind schon ein bisschen in der Öffentlichkeit, sonst hätten wir gar nichts von ihnen erfahren. Du musst aber kein Promi sein, um wegen einer unliebsamen Meinungsäußerung öffentlich angegangen zu werden. Und die Quote derer, die das unbeschadet überstehen, ist wirklich nicht groß. Ich habe von den weit über 200 Personen, deren Fälle wir bisher dokumentiert haben, die allermeisten vorher nicht gekannt. Ich habe das mal grob in Kategorien aufgeteilt. Wir haben, nach Häufigkeit geordnet, Journalisten/Publizisten, Wissenschaftler, Künstler, Politiker, Aktivisten, Schauspieler/Moderatoren, Sportler, Musiker, normale Leute, Beamte, Unternehmer/Manager und Geistliche.

Was sind „normale Leute"?

Solche, die vorher keinerlei Öffentlichkeit gehabt haben und zum Beispiel etwas auf Facebook gepostet haben, was hinterher von „Rechten" verbreitet wurde.

Und woher habt ihr die Infos zu den Fällen?

Vor allem aus den Medien. Wir können ja nur die aufnehmen, die auch irgendwo beschrieben sind und von denen ich etwas mitbekomme, weil sie über ein paar Google Alerts oder Leserzuschriften bei mir aufschlagen. Insofern ist das nur ein kleiner Ausschnitt. Aber ich glaube, er gibt das Spektrum ganz gut wieder. Wer auf cancelculture.de ein bisschen schmökert, bekommt schon einen guten Eindruck vom Zustand der Meinungsfreiheit in unserem Land.

Betrachtet ihr nur Deutschland?

Hauptsächlich – und noch ein bisschen Österreich und Schweiz.

Was gehört für dich alles zu Cancel Culture?

Es geht um ein Klima, das geschaffen wird und das von Einschüchterung, Mitläufertum und Selbstzensur geprägt ist. Cancel
Culture wird zwar von ein paar eifrigen Aktivisten angetrieben,
aber sie sickert überall ein. Erstens werden Tabuthemen definiert,
zweitens wird die öffentliche Debatte durch ein kleines Heer
von Freiwilligen überwacht, die mit der Lizenz zur Empörung
ausgestattet sind. Drittens halten viele von denen, die einmal
einen Shitstorm abbekommen haben, hinterher lieber den Mund.
Viertens lernt das ganze Volk, was man sagen darf und was nicht.

Das ganze Volk?

Naja, alle, die sich öffentlich äußern. Und das sind schon eine
Menge. Das fängt beim privaten Facebook-Post an, geht beim
Elternabend, im Verein oder am Arbeitsplatz weiter und wird
so richtig existenziell, wenn man Journalist, Professor, Lehrer,
Politiker, Schauspieler, Sportler usw. ist, also mit dem, was man
sagt, ein paar mehr Leute erreicht. Dann muss man inzwischen
genau aufpassen, was man sagt. Auch weil man natürlich eher
berufliche Konsequenzen zu befürchten hat als zum Beispiel
ein Malermeister.

*Und man muss sich gewissermaßen ständig weiterbilden, um
auf dem Laufenden zu sein, was noch geht und was inzwischen
schon nicht mehr opportun ist.*

Genau. Und ich war noch nicht fertig. Fünftens werden parastaatliche Zensurapparate eingerichtet, die in den sozialen Medien alles sperren und löschen, wozu sie gerade Lust haben. Sechstens werden in großen Unternehmen und Behörden Regelwerke für politisch korrektes Verhalten und Sprechen erarbeitet und über die PR-Abteilungen als Nachweis der besonderen Fortschrittlichkeit verbreitet.

Glaubst du, das funktioniert? Glaubst du, Audi verkauft mehr Autos, weil die Mitarbeiter sich jetzt nicht mehr Audianer, sondern Audianer_innen nennen sollen?

Nein. Aber nicht allen im Unternehmen geht es darum, mehr Autos zu verkaufen. Manche haben ganz andere Ziele. Die wollen zum Beispiel einen „Personalmanagement Award für besondere Leistungen im Diversity Management" gewinnen. Der Leitfaden für gendergerechte Sprache bei Audi heißt übrigens „Vorsprung beginnt im Kopf" und klingt wie der Versuch, die Nachfolge des berühmten Claims „Vorsprung durch Technik" anzutreten, der im Januar seinen fünfzigsten Geburtstag feiern konnte und daher wahrscheinlich inzwischen als alter weißer Mann gilt. Noch hat man ihn nicht fallen gelassen, aber immerhin durch „Future is an Attitude" ergänzt, was ja auch schon andeutet, dass es immer mehr um die richtige Haltung geht.

Bei Audianer fällt mir jetzt spontan Indianer ein. Kommen die auf der Website vor?

Moment. Muss ich mal schauen. Wir haben ja leider keine Suchfunktion. Ist nur so 'ne kostenlose Wordpress-Seite, weil wir kein Geld haben.

Soll ich zu Spenden aufrufen?

Das wollte ich damit andeuten. Cancelculture.de ist ein rein ehrenamtliches Projekt im Dienste einer guten Sache.

Und, kommt das Wort „Indianer" vor?

Ja, sogar zweimal. Einmal weil die TV-Moderatorin Annemarie Carpendale unbedachterweise auf Instagram ein Rosenmontags-familienfoto postete, auf dem sie im Indianerkostüm zu sehen ist. Offenbar war ihr nicht bekannt, dass laut der Deutschen Gesellschaft amerikanischer Ureinwohner (Native American Association of Germany) auch hierzulande gelten soll: „Native American ist eine Kultur – kein Kostüm."

Dabei sollte sich doch eigentlich inzwischen herumgesprochen haben, dass mit „kultureller Aneignung" nicht zu spaßen ist.

Und noch einmal, weil eine deutsche Schauspielerin sich beklagt, dass in der deutschen Synchronisierung von „Kevin – allein in New York" das N-Wort und das I-Wort vorkomme. Zitat: „Das ist an Ignoranz und Respektlosigkeit gegenüber indigenen und schwarzen Menschen gar nicht zu übertreffen." Netflix hat dann natürlich sofort versprochen, die Synchronisierung zu ändern. Und 7543 Likes hat es ihr auch noch eingebracht.

Okay, wieder etwas gelernt. Ich hätte mir unter einem „Ih-Wort" bisher etwas wie „Pfui" vorgestellt.

Ist ja gar nicht so falsch. Pfui ist, was man nicht in den Mund nehmen sollte.

Was sind sonst noch Themen?

Also N-Wort eher selten. Aber Rassismus insgesamt natürlich schon.

Wie zum Beispiel?

Zum Beispiel in Gestalt einer Beschimpfung der südkoreanischen Megaboygroup mit Namen BTS.

Was genau hat sich zugetragen?

Der Bayern3-Moderator Matthias Matuschik beleidigt in seiner Radiosendung die Band. Er nennt sie unter anderem „kleine Pisser" und bezeichnet sie als „irgendein scheiß Virus, wogegen es hoffentlich bald ebenfalls eine Impfung gibt". Was er offenbar nicht bedenkt …

… wahrscheinlich, weil er das Critical-Wokeness-Training ge-schwänzt hat …

Was er nicht bedenkt, ist, dass die Jungs zig Millionen Fans haben, die sie vergöttern. Oder er weiß es natürlich, aber denkt sich: Dann werden die es vielleicht verkraften, wenn mal ein kleiner bayerischer Radiomoderator sie scheiße findet und das im Radio sagt, weil es sein Job ist, mit einer launischen Radioshow zu unterhalten. Und so ist es auch. Es ist den Jungs in Korea natürlich piepegal. Die würden sagen: Ob der Herr Matuschik uns für „Pisser" hält oder in Bayern ein Sack Kartoffeln umfällt, was kümmert's uns! Und dann könnte doch auch der Herr Matuschik sagen: Leute, was soll die Aufregung?

Das darf er aber nicht sagen.

Nein darf er nicht. Weil nämlich auf Twitter längst Hashtag #Bayern3Racist trendet. Stattdessen muss er sagen, dass er einen großen Fehler gemacht hat, dass er akzeptiert, „dass ich viele von euch, insbesondere die asiatische Community, durch meine Worte rassistisch beleidigt haben könnte". Dass er aber daraus lernen wird und dass er sich immer „sehr gegen rechte Umtriebe und für Schutzsuchende eingesetzt" hat. Und der Sender muss sich natürlich auch entschuldigen …

Und sicherstellen, dass in Zukunft keiner der Angestellten mehr die entsprechenden Weiterbildungsmaßnahmen schwänzt.

Zitat: „Wir werden mit Matthias und dem ganzen Team das Thema ausführlich aufarbeiten und dafür Sorge tragen, dass solche gravierenden Fehler zukünftig nicht mehr passieren."

Wer Matuschik Rassismus unterstellt, nur weil er eine Band „hatet", könnte, wenn er genau hinhört, neben Rassismus auch noch „Coronaverharmlosung" feststellen. Er hat in unernster Art und Weise über ein Virus geredet.

Yep, kommt strafverschärfend hinzu. Ich glaube, es ist auch ziemlich klar, dass der Mann kein Rassist ist. Und das gilt für fast alle, die heute wegen solcher Sachen beschuldigt werden. Man bezeichnet dieses Phänomen als „concept creep": Weil du echten Rassismus nur noch ziemlich selten findest, wird das Konzept immer weiter ausgedehnt. Früher warst du Rassist, wenn du gesagt hast: „Wir wollen hier keine dreckigen N*." Und Leute, die so etwas denken und sagen, sind ja auch Rassisten. Heute bist du Rassist, wenn du als Sportreporter über einen japanischen Fußballspieler sagst: „Es wäre sein erster Treffer für 96 gewesen. Den letzten hat er im Land der Sushis geschossen." Dafür ist Jörg Dahlmann bei Sky rausgeflogen.

Den Matthias Matuschik darf man nicht verwechseln mit dem Matthias Matussek.

Das sind zwei verschiedene Menschen, die nur mit derselben Kultur Probleme haben. Matussek ist der „Bierkastenredner der Rechtsextremen", sagt die taz. Und ist wiederum nicht zu verwechseln mit Milosz Matuschek, dem Initiator des „Appells für freie Debattenräume".

Den kenne ich. Der schreibt auch einen Beitrag für dieses Buch.

Sehr gut. Er ist auch auf cancelculture.de verzeichnet.

Delikt?

Einen Text mit dem Titel „Was, wenn am Ende ‚die Covidioten' recht haben?" bei Ken FM veröffentlicht und dann bei der NZZ rausgeflogen.

Falscher Inhalt oder falsches Medium?

Falsches Medium. Also Kontaktschuld. Der Artikel war vorher schon unbeanstandet bei der NZZ erschienen.

Würdest du bei Ken FM veröffentlichen?

Ob ich denen den Gefallen tun würde, mit meinem guten Namen Seriositätspunkte zu sammeln?

Ja.

Ich glaube schon. Das Risiko ist nicht so groß, weil mein Name ja ein Pseudonym ist. Und ich würde mich jetzt auch nicht so richtig ausgenutzt fühlen. Die haben ja Reichweite. Und vielleicht würde ich mit meiner rationalen Argumentation auch den einen oder anderen erreichen, der in Gefahr ist, sich zu sehr irgendwelchen Verschwörungstheorien hinzugeben.

Übrigens heißt das nicht mehr „Verschwörungstheorien". Das heißt jetzt „Verschwörungsmythen".

Wieder was gelernt. Und lass mich raten, warum: Weil es für echte „Theorien" eine Herabwürdigung wäre, wenn man ihren Namen für unwissenschaftliche Hirngespinste missbraucht.

So ist es. Und wenn man sich die Theorien als Menschen vorstellt, kann man das auch empathisch nachempfinden.

Empathisch oder emphatisch?

Beides. Okay, Themenwechsel: „Corona" würde man auf der Website bestimmt auch finden, wenn ihr mehr Spenden kriegen würdet und euch eine Suchfunktion leisten könntet?

Allerdings. Die Inzidenz ist erheblich. Am Anfang hatte ich sogar ein bisschen Schiss, dass uns in der Postpandemiezeit die Fälle ausgehen.

Aber dann hast du verstanden, dass es niemals eine Postpandemiezeit geben wird.

Das zum einen. Und dass es neben dem Infragestellen der Lockdownpolitik noch genug andere gefährliche Meinungen gibt, die unterdrückenswert erscheinen. Aber erstmal noch zu Corona: Das war schon interessant, weil es ein ganz neues Thema war. Gab's ja vorher nicht. Und es war gewissermaßen eine Eskalationsstufe im Einsatz für Meinungshygiene. Bisher konnte man falsche Meinungen angreifen, weil sie vermeintlich zu psychischem Leid führen …

Wenn zum Beispiel eine „Person of Colour" ihre Blutdrucksenker in einer „Mohren-Apotheke" kaufen soll.

Zum Beispiel. Oder wenn auf einem Filmplakat nur Männer sind, obwohl auch Frauen in dem Film mitspielen. Oder wenn eine 72-jährige koreanische Restaurantbesitzerin Bibelsprüche an der Wand hat und einer lautet „Einem Mann sollst du nicht beiliegen, wie man einem Weib beiliegt; die Personen, die das tun, sollen ausgetilgt werden aus der Mitte ihres Volkes" oder so ähnlich, und dann wegen Volksverhetzung angeklagt wird. Oder wenn ein Baggerfahrer auf seinem Bagger einen „Der Fahrer spricht ausschließlich Deutsch"-Aufkleber hat. Oder wenn ein bisexueller Entertainer auf der Bühne Witze über Muslime macht. Oder wenn ein Fotograf in einer Ausstellung ein Porträt von Thilo Sarrazin zeigt. Das sind heutzutage alles kleine Verbrechen. Aber bei Corona ist das noch schlimmer. Da wurden abweichende Meinungen zu einer unmittelbaren Bedrohung für Leib und Leben unbeteiligter Bürger aufgeblasen.

Maskengegner als virale Superspreader im doppelten Sinne.

Genau. Und wenn dann der Präsident der Bundesärztekammer darauf verweist, dass es keine wissenschaftliche Evidenz für den

Nutzen einer Maskenpflicht gibt, ist das für Karl Lauterbach „ein Rücktrittsgrund, wenn er das nicht sofort zurücknimmt". Weil eben die Volksgesundheit auf dem Spiel steht und deshalb alle Volkserzieher mit einer Stimme sprechen müssen. Dann kann so ein Ärztepräsident nicht einfach sagen, was er denkt.

Sondern muss es erst bei den Faktencheckern oder Herrn Lauterbach persönlich freigeben lassen.

Wenn er nicht will, dass Twitter oder Youtube seinen Account sperrt.

Was einem Ärztepräsident genauso passieren kann wie einem US-Präsident.

Im Prinzip ja. Laut eigenen Regeln erlaubt Youtube keine Beiträge, „in denen der Nutzen des von der Weltgesundheitsorganisation (WHO) oder lokalen Gesundheitsbehörden empfohlenen Social Distancing oder der Selbstisolation ausdrücklich infrage gestellt wird und die dazu führen könnten, dass Menschen sich nicht an diese Empfehlungen halten".

Besprechen wir zum Abschluss noch einen Fall aus der Politik. Kürzlich sind Gesine Schwan und Wolfgang Thierse zu Objekten des Fremdschämens in der eigenen Partei geworden. Und zwar weil Thierse einen Aufsatz über Identitätspolitik in der F.A.Z veröffentlicht hat. Und dann haben beide irgendwie noch geschwächelt beim korrekten Sprechen über, äh, Dings.

Über LGBTIQA+. Hier habe ich's: „Wolfgang #Thierse beleidigt Schwarze und Menschen der LGBTIQA+ Community, setzt linken Kampf gegen Rassismus, rechten Rassismus gleich und fordert

Meinungsfreiheit für rassistische Praktiken wie Blackfacing",
schreibt Liban Farah.

Der oder die da wäre?

Der da laut Twitterprofil wäre: Kandidat der SPD für das Marburger Stadtparlament, Listenplatz 17.

Okay. Was liegt gegen die Schwan vor?

Die hat in ihrer Funktion als Vorsitzende der SPD-Grundwertekommission bei einer Veranstaltung die FAZ-Feuilletonchefin Sandra
Kegel in Schutz genommen, obwohl die einen „queerfeindlichen
Kommentar" zu der #ActOut-Kampagne schwuler und lesbischer
Schauspieler veröffentlicht und dann auch noch die Frechheit
besessen hatte, ihn als „Ideologiekritik" zu bezeichnen, womit
sie sich „wissentlich oder unwissentlich der Terminologie von
Rechtspopulisten bediente".[2]

*Echt jetzt? Weiß doch jeder, dass das Wort „Ideologiekritik" voll
nazi ist. Und so eine darf für die FAZ schreiben?*

Außerdem soll eine teilnehmende „nicht-binäre Person" von
Schwan „misgendert" worden sein. Und hinterher fand sie das
auch noch „nicht schlimm". So von wegen: „Ich kann das nicht
wissen."

Wie tief man fallen kann!

---

2 Tilmann Warnecke: „Esken und Kühnert ‚beschämt'. SPD debattiert Umgang mit
queeren Menschen", Tagesspiegel online, 02.03.2021

Ja. Wenn man bedenkt, dass die mal Kandidatin für das Amt des Bundespräsidenten war.

Steinmeier würde so was nicht passieren.

Nein, weil Steinmeier weiß, dass Meinungsfreiheit „kein Freibrief für die Verbreitung von rücksichtslosen Beleidigungen und für ungebremsten Hass auf alle, die anders leben, anders denken, anders aussehen, anders lieben"[3] ist. Und Saskia Esken und Kevin Kühnert wissen das auch. Deshalb haben sie gesagt, dass sie sich für die „mangelnde Sensibilität im Umgang mit den Gäst*innen" und die „Rechtfertigung im Nachgang" zutiefst schämen.

Wenn ich mich recht erinnere, ist Thierse aber am Ende als moralischer Sieger aus der Sache gegangen.

Ja, er hat nicht gekuscht, sondern gleich Esken aufgefordert, sie solle ihm sagen, ob er in der Partei noch erwünscht ist, und hat dann enorme Zustimmung selbst aus den Reihen der SPD bekommen. Besonders schön hat es die NZZ formuliert: Zunächst gab es Entrüstung, „doch dann ging ein warmer Regen der Zuneigung auf ihn nieder." Das ist Grund zum Optimismus.

Damit wollen wir enden. Besten Dank für das Gespräch.

Gerne.

---

3   Zit. n. Silke Fokken: „Kein Freibrief für ungebremsten Hass", Spiegel online, 18.11.2019.

COLIN WRIGHT

Cancel Culture am eigenen Leib erfahren

Als Evolutionsbiologe in den USA läuft man Gefahr, für den Hinweis auf die Zweigeschlechtlichkeit des Menschen seine Karriere opfern zu müssen. Aktivisten organisieren Kampagnen gegen Wissenschaftler

Angesichts der moralischen Autorität, die viele Progressive den Lektionen der „gelebten Erfahrung" zuschreiben, scheint es kontraintuitiv, dass ausgerechnet sie jetzt energisch die Geißel der Cancel Culture herunterspielen. Keine Geringere als die progressive Ikone Alexandria Ocasio-Cortez, Abgeordnete im US-Repräsentantenhaus für die Demokraten, hat das Phänomen mit dem Hinweis abgetan, dass es sich nur um einen Haufen privilegierter Leute handele, die für ihre problematischen Ansichten „herausgefordert" und „zur Verantwortung gezogen" würden.[1] Der New-York-Times-Kolumnist Charles Blow glaubt, dass Cancel Culture gar nicht existiert, außer als wünschenswertes Nebenprodukt des Graswurzel-Aktivismus. „Noch einmal: Es gibt so etwas wie Cancel Culture nicht. Es gibt die freie Meinungsäußerung. Sie können sagen und tun, was Sie wollen, und andere können sich dafür entscheiden, nie wieder etwas mit Ihnen, Ihrem Unternehmen oder Ihren Produkten zu tun zu haben. Die

---

[1] Alexandria Ocasio-Cortez auf Twitter, 10.07.2020.

Reichen und Mächtigen sind nur verärgert, dass die Massen jetzt ihren Dissens organisieren können", schrieb er auf Twitter.[2]

Ein gängiges Argument lautet, dass die angeblichen Pseudo-Opfer, die sich über Cancel Culture beschweren, hochkarätige Zyniker seien, die für Klicks und Fans den Märtyrer spielten. Ocasio-Cortez beschreibt die Klagenden als Menschen, die „ihre Gedanken in den größten Medien veröffentlichen und verstärken". Es ist schwer, darin kein rhetorisches Hütchenspiel zu sehen. Wenn gecancelte Individuen in der Versenkung verschwinden, hören wir nie ihre Geschichten. Aber wenn sie es schaffen, ihre Geschichte an die Medien weiterzugeben, werden sie als verhätschelte Wichtigtuer abgetan. Mit Hilfe dieser „Wie du es machst, machst du es falsch"-Logik können die Cancel-Culture-Truther die Existenz von Tausenden Opfern herunterspielen.

Natürlich ist es absolut richtig, dass wohlhabende Cancel-Culture-Zielobjekte wie J. K. Rowling enorme Aufmerksamkeit erhalten. Aber das liegt nicht nur an ihrem Reichtum und ihrer Berühmtheit: Es liegt daran, dass ihre Geschichten stellvertretend für die vielen anderen, eher unbekannten Personen stehen, die in der Presse, an Universitäten, in Social-Media-Foren und in Kunst- und Literatursubkulturen gemobbt werden. Die überwiegende Mehrheit der Opfer von Cancel Culture sind Menschen, von denen Sie noch nie etwas gehört haben, die nicht die Mittel haben, sich zu wehren, oder die gelernt haben, zu schweigen, um nicht den Ruf oder die Jobsicherheit zu verlieren, die sie noch haben.

Ich spreche aus Erfahrung, weil ich einmal einer von ihnen war. Dies ist nicht das erste Mal, dass ich öffentlich

---

[2] Charles Blow auf Twitter, 11.07.2020.

auf meine Leidensgeschichte angespielt habe. Ich habe auf Twitter und in verschiedenen Podcasts darüber gesprochen.[3] Aber die anhaltenden Bemühungen, die Existenz von Cancel Culture zu leugnen, haben mich davon überzeugt, dass ich meine eigenen Erfahrungen systematischer darlegen muss.

Anfänge in der Wissenschaft

Im Jahr 2008 beschloss ich, eine akademische Laufbahn als Biologe einzuschlagen. Die Wissenschaft im Allgemeinen und die Evolutionsbiologie im Besonderen waren schon in jungen Jahren eine Leidenschaft von mir. Schon während meines Studiums führte ich einen Blog, in dem ich Pseudowissenschaften entlarvte und Kreationismus sowie Intelligent Design (ID) kritisierte. Ich war unverblümt und stürzte mich manchmal kopfüber in Debatten mit christlichen Konservativen. Kreationisten und IDler erwiderten mir häufig, ich läge falsch oder sei dumm, aber meine Kritiker nannten mich nie einen Fanatiker.

Das änderte sich jedoch, als ich 2013 mit dem Graduiertenstudium begann. Das war ein Umfeld, in dem ich mir keine Sorgen wegen rechter Kreationisten machen musste. Vielmehr kam die Pseudowissenschaft, die ich beobachtete, von der anderen Seite des politischen Spektrums – vor allem in Form von sogenannten „Blank Slate"-Verfechtern, also „Sozialkonstruktivisten" die (fälschlicherweise) behaupteten, geschlechtsspezifische Unterschiede in der menschlichen Persönlichkeit, den Vorlieben und dem Verhalten seien ausschließlich das Ergebnis der Sozialisation.

---

3 Siehe den Twitter-Account des Autors: @SwipeWright.

In dieser Zeit begann ich auch, mich für das zu interessieren, was viele heute als „Gender-Ideologie" bezeichnen. Diese Ideologie fordert nicht nur eine mitfühlende Behandlung für Trans-Personen (was ich unterstütze), sondern fördert auch die wissenschaftlich ungenauen Behauptungen, dass das biologische Geschlecht auf einem kontinuierlichen „Spektrum" existiere, dass die Begriffe „männlich" und „weiblich" bloße soziale Konstrukte seien und dass das eigene Geschlecht durch die selbsterklärte „Identität" und nicht durch die reproduktive Anatomie bestimmt werden könne.[4] Als ich mich gegen diese Behauptungen zu Wehr setzte, wurde ich als transphober Fanatiker beschimpft. Aus Angst vor beruflichem Schaden hörte ich auf, mich zu engagieren, und überließ das Feld denjenigen, die modische Fiktionen propagieren.

2018 schloss ich mein Studium der Evolutionsbiologie an der University of California in Santa Barbara mit der Promotion ab und nahm eine Postdoc-Stelle an der Pennsylvania State University (PSU) an. Ich war gerade Twitter beigetreten und beobachtete, dass die Pseudowissenschaft, die ich auf dem Campus erlebt hatte, inzwischen in die weite Welt metastasiert war und zum Stoff alltäglicher Hashtags wurde. Selbst Wissenschaftler, die ich persönlich kannte und respektierte, plapperten diesen Unsinn als wissenschaftliche Tatsache nach. Aber ich traute mich nicht, irgendetwas zu sagen. Ich wollte mich bald auf Tenure-Track-Stellen für Assistenzprofessoren bewerben; ich konnte mir nicht erlauben, öffentlich die Behauptung zu widerlegen, dass innerlich empfundene Geschlechtsgefühle die Biologie übertrumpfen.

---

4   Siehe Colin Wright: „JK Rowling Is Right – Sex Is Real and It Is Not a ‚Spectrum'", Quillette, 07.06.2020.

Im Oktober 2018 kam der Skandal um die sogenannten Grievance Studies ans Tageslicht, der den intellektuellen Verfall innerhalb der akademischen Bereiche, die sich mit Gender und Sex beschäftigen, erneut in den Fokus rückte.[5] Wenige Wochen später veröffentlichte eine der renommiertesten wissenschaftlichen Fachzeitschriften der Welt, Nature, einen Leitartikel, in dem behauptet wurde, dass die Klassifizierung des Geschlechts eines Individuums anhand einer Kombination aus Anatomie und Genetik „keine Grundlage in der Wissenschaft hat".[6] Diese Ereignisse, die so dicht hintereinander geschahen, ließen mich meine Zurückhaltung aufgeben. Trotz der Warnungen meiner akademischen Mentoren, dass es meine Karriere ruinieren könnte, wenn ich mich zu Wort meldete, ließ ich meine aufgestaute Frustration in einem Essay heraus, den ich an Quillette schickte. Er wurde unter der Überschrift „The New Evolution Deniers" (Die neuen Leugner der Evolution) veröffentlicht.[7]

Der Aufsatz ging viral. Und während ich meinen gerechten Anteil an Lob dafür erhielt, wusste ich auch, dass ich den Kritikern einen regelrechten „Gotcha"-Moment beschert hatte. („Ich habe mich nicht über ein Jahrzehnt zum Wissenschaftler ausbilden lassen, nur um still zu sitzen, während die Wissenschaft im Allgemeinen und mein Fachgebiet im Besonderen von Aktivisten angegriffen wird, die die Wahrheit einer Ideologie und einem Narrativ unterordnen", schrieb ich.) Blank-Slate-Feministinnen

---

5 Siehe Jillian Kay Melchior: „Fake News Comes to Academia", Wall Street Journal online, 05.10.2018.

6 „US proposal for defining gender has no basis in science" (Editorial), Nature online, 30.10.2018.

7 Colin Wright: „The New Evolution Deniers", Quillette, 30.11.2018.

und Trans-Aktivisten gleichermaßen beschuldigten mich öffentlich des falschen Denkens.

Ketzerei im
21. Jahrhundert

Was noch schlimmer war: Meine Häresien vervielfachten sich, da ich auf Twitter gegangen war, um meine Ansichten zu verteidigen und mich meinen Kritikern zu stellen. Schließlich verfasste ich zusammen mit dem Endokrinologen Dr. William Malone und der Autorin Julia Robertson einen weiteren Quillette-Aufsatz mit dem Titel „No One Is Born in ‚The Wrong Body'" (Niemand wird im falschen Körper geboren), in dem ich den Standpunkt vertrat, dass Kinder dem Risiko langfristiger Schäden ausgesetzt sind, wenn sie mit ideologisch verdrehten Fehlinformationen über ihren Körper und ihr Verhalten indoktriniert werden.[8]

Im Oktober 2019, nach der Veröffentlichung dieses zweiten Artikels, erhielt ich die Nachricht, dass jemand eine Anzeige in EcoEvoJobs, der größten Jobbörse in meinem Bereich, veröffentlicht hatte, in der stand: „Colin Wright ist ein transphober Mensch, der die Rassenwissenschaft unterstützt."[9] Das war auf dem Höhepunkt der wissenschaftlichen Rekrutierungssaison. Der Beitrag wurde schließlich vom Betreiber des Forums entfernt. Aber es war unklar, wie lange er dort stand und wie viele meiner Kollegen ihn gesehen hatten. (Ich äußerte den Betreibern des Forums gegenüber meine Besorgnis und drängte darauf, dass sie die Einträge überprüfen, bevor sie online gehen, aber mir wurde mitgeteilt,

---

8 William J. Malone et al.: „No One Is Born in ‚The Wrong Body'", Quillette, 24.09.2019.
9 Siehe meine Tweets vom 11.07.2020.

dass dies nicht möglich sei. Glücklicherweise erklärte sich ein technisch versierter Freund bereit, ein Skript laufen zu lassen, das das Forum minütlich nach meinem Namen durchsuchte und mir eine SMS schickte, wenn es einen Treffer gab.) Zu dieser Zeit hatte ich fast hundert Bewerbungen für den Wissenschaftsbereich geschrieben, die von Findungskomitees geprüft wurden. Ich sperrte mein Twitter und beschloss, mich wieder einmal bedeckt zu halten.

Aber natürlich bin ich wieder rückfällig geworden. Wenn Sie nach gemeinsamen Merkmalen unter denjenigen von uns suchen, die zur Zielscheibe von Cancel-Attacken werden, dann sind es nicht Geld oder Privilegien. Vielmehr sind viele von uns einfach unfähig, Slogans zu murmeln, von denen wir wissen, dass sie nicht wahr sind. Mit der Zeit sind wir verärgert über die unehrliche Propaganda, die sich als soziale Gerechtigkeit ausgibt, und wir melden uns zu Wort. Es ist eine Gewohnheit, die in der Wahrheitsliebe verwurzelt ist, ein Impuls, der vor nicht allzu langer Zeit noch von Progressiven geschätzt wurde.

Ich brach mein Twitter-Schweigen am Valentinstag 2020, als das Wall Street Journal einen Aufsatz veröffentlichte, den ich gemeinsam mit der Entwicklungsbiologin Dr. Emma Hilton verfasst hatte und der den Titel „The Dangerous Denial of Sex" (Die gefährliche Verleugnung des Geschlechts) trägt.[10] Obwohl durch die Platzbeschränkungen des Kolumnen-Formats eingeschränkt, waren Dr. Hilton und ich in der Lage, die Wissenschaft des biologischen Geschlechts kurz zu umreißen und detailliert darzulegen, wie dessen

---

[10] Colin M. Wright / Emma N. Hilton: „The Dangerous Denial of Sex. Transgender ideology harms women, gays – and especially feminine boys and masculine girls", Wall Street Journal online, 13.02.2020.

Leugnung verletzlichen Gruppen schadet, einschließlich Frauen, Schwulen, Lesben und insbesondere geschlechts-untypischen Kindern. Mehr noch als andere Artikel, die ich verfasst hatte, löste dieser eine Flutwelle von Online-Hass aus – vielleicht, weil wir die teure Einbildung angegriffen hatten, dass die Gender-Ideologie Kinder rette, anstatt ihnen zu schaden. Mehrere Professoren der PSU prangerten den Aufsatz öffentlich als transphob an. Studenten und Dozenten beschwerten sich beim Diversity-Komitee meines Fachbereichs, dass ich „einen persönlichen Angriff auf Personen mit nicht-binärer Geschlechtsidentität" gestartet hätte, und dass meine Anwesenheit an der PSU „ihnen das Gefühl gebe, sich weniger wohl zu fühlen".

Wenn schon, denn schon, dachte ich und twitterte im Februar 2020 einen Guardian-Artikel[11] mit der Überschrift „Teenage transgender row splits Sweden as dysphoria diagnoses soar by 1,500%" (Teenager-Transgender-Streit spaltet Schweden, während Diagnosen von Dysphorie um 1.500% ansteigen), begleitet von meinem eigenen Zwei-Wort-Kommentar: „social contagion" (soziale Ansteckung). Mein Tweet hätte für diejenigen Sinn ergeben, die mit der Forschung der Wissenschaftlerin Lisa Littman von der Brown University vertraut sind, insbesondere mit ihrer wissenschaftlichen Arbeit, in der sie einen Zusammenhang zwischen schnell einsetzender Geschlechtsdysphorie(ROGD) und der gesellschaftlichen Ansteckung innerhalb von Cliquen von Teenager-Mädchen vermutet.[12] Die Aktivisten waren jedoch in der Lage, meinen Kommentar so zu verdrehen, dass der

11 Richard Orange: „Teenage transgender row splits Sweden as dysphoria diagnoses soar by 1,500%", Guardian online, 22.02.2020.
12 Lisa Littman: „Parent reports of adolescents and young adults perceived to show signs of a rapid onset of gender dysphoria", PLOS ONE, 16.08.2020.

Eindruck erweckt wurde, ich würde die Kinder selbst ins Visier nehmen oder andeuten, dass Geschlechtsdysphorie wie ein Virus sei. In dem Wissen, dass ich mich nach einer neuen Stelle umsah, beschuldigte mich ein Doktorand der Michigan State University (und Vorsitzender der Graduate Employees Union) namens Kevin Bird, „ekelhafte transphobe Pseudowissenschaft zu verbreiten".[13] Im Gegensatz zu anderen Kritikern gab Bird nicht einmal vor, von etwas anderem motiviert zu sein als von dem Wunsch, mir eine Anstellung in meinem Fachgebiet zu verwehren.

Bird selbst bietet eine interessante Fallstudie, denn sein Beispiel illustriert, wie selbst ein einzelner ideologisch radikalisierter Troll den Anschein einer Graswurzelkampagne erwecken kann. Wenn Ihnen Birds Name bekannt vorkommt, liegt das daran, dass er derselbe Aktivist ist, der eine Kampagne gegen den Vizepräsidenten für Forschung und Innovation seiner eigenen Universität, den theoretischen Physiker Stephen Hsu, geführt hat.[14] Bird kann keine besondere Auszeichnung in seinem akademischen Fachgebiet vorweisen, hat auf Twitter seine Sympathie für das Abbrennen von Banken und Denkmälern bekundet[15] und gibt zu Protokoll, dass er kein „Interesse an der Erlangung oder Entdeckung der Wahrheit" hat, wenn er Wissenschaft betreibt. Aber er hat auch unermüdlich daran gearbeitet, seine Online-Stellung als Cancel-Culture-Vollstrecker und als Kämpfer „gegen Faschismus" aufzubauen. So konnte er Flashmobs von Online-Trollen mobilisieren, um bei seinen

---

13 Tweet von Kevin Bird vom 23.02.2020.
14 Siehe Peter Toshev: „On Steve Hsu and the Campaign to Thwart Free Inquiry", Quillette, 01.07.2020.
15 „Seeing banks and monuments to white supremacy burn is the proudest I've been of America in a long time", Tweet vom 31.05.2020.

Deplatforming-Bemühungen zu helfen – weshalb Hsu trotz der fadenscheinigen Natur von Birds Rassismusvorwürfen gezwungen war, zurückzutreten.

Etwa zu dieser Zeit wurde ich von einem Lehrstuhlinhaber für Biologie an einem privaten Liberal Arts College im Mittleren Westen kontaktiert. Er lobte mich für meine Schriften und erzählte mir, dass er sogar meinen Aufsatz über die neuen Evolutionsleugner als Diskussionsgrundlage in seinen eigenen Klassen verwendet hatte. Aber während er und seine Kollegen aus dem Biologie-Fachbereich meine Einstellung wahrscheinlich unterstützen würden, meinte er, dass die Personalabteilung der Hochschule mich mit ziemlicher Sicherheit als „zu riskant" ablehnen würde. Diese Erfahrungen erinnern mich daran, dass, wenn Blow „die Massen" preist, die Leute wie mich gecancelt hätten, er in Wirklichkeit nur eine kleine Koalition professioneller Trolle wie Bird lobt, die in einem wirksamen Bündnis mit den risikoscheuen Bürokraten in Führungspositionen arbeiten, die mittlerweile in vielen Colleges und Universitäten das Sagen haben.

Kontaktschuld ist ein Markenzeichen aller sozialen Paniken. Und Anfang März informierte ein enger Freund und Forschungsmitarbeiter, der jetzt Assistenzprofessor an einer großen Forschungsuniversität ist, per SMS darüber, dass seine Kollegen begonnen hatten, ihn über unsere Beziehung zu befragen. Er erzählte, diese Art von Dingen käme so häufig vor, dass er das Bedürfnis verspürte, meine Ansichten öffentlich anzuprangern, um seinen Namen reinzuwaschen. Und genau das tat er dann auch. Fragen Sie sich selbst, welche anderen ideologischen Bewegungen und historischen Epochen wir mit solchen Aktionen in Verbindung bringen!

Später im selben Monat postete wieder jemand: „Colin Wright ist ein Transphobiker, der Rassenwissenschaft unterstützt" auf dem EcoEvoJobs-Board. Ich kontaktierte – wieder – den Betreiber des Forums und äußerte meine Bedenken. Diesmal erhielt ich keine Antwort. In der Zwischenzeit informierte mich ein anonymer Twitter-Account, dass „präventive E-Mails" zu meiner Person an universitäre Findungskomitees verschickt worden seien. Es ist unmöglich, diese Behauptungen zu überprüfen. Ich stelle allerdings fest, dass dieselbe Taktik bekanntlich gegen den ehemaligen Psychologieprofessor Bo Winegard angewandt wurde, der vor kurzem vom Marietta College gefeuert wurde, nachdem ähnliche (vielleicht dieselben) Aktivisten hartnäckig versucht hatten, ihn als Rassisten und „Rassenwissenschaftler" zu verleumden.[16] Tatsächlich kann es vorkommen, dass diese anonymen „Massen", wie Blow sie nennt, nur aus einer einzelnen Person bestehen.

Kein Platz für wahre Intellektuelle

Im April habe ich mich entschieden, die Universitätswelt zu verlassen. Um der PSU ein Lob auszusprechen: Ich wurde nicht gefeuert. Tatsächlich hatte ich die Möglichkeit, meinen Fellowship-Vertrag um ein weiteres Jahr zu verlängern. Ich glaubte jedoch nicht mehr daran, dass noch so viel harte Arbeit oder Talent meinerseits im derzeitigen Klima zu einer unbefristeten akademischen Anstellung führen würden. Auch wollte ich meine Zeit nicht damit verbringen, ständig auf falsche Anschuldigungen von Transphobie und Rassismus zu reagieren. Ich hatte mich auf diese Reise begeben,

---

16 Bo Winegard: „I've Been Fired. If You Value Academic Freedom, That Should Worry You", Quillette, 06.03.2020.

weil ich die Wissenschaft liebe und helfen wollte, die Kräfte der Pseudowissenschaft in der Öffentlichkeit zurückzuschlagen. Aber dieses Projekt ist unmöglich, wenn Wissenschaftler selbst von kleinen Aktivistengruppen eingeschüchtert werden, die verlangen, dass die wissenschaftliche Methode dem magischen Denken untergeordnet wird, und die versuchen, das Leben derer zu ruinieren, die anderer Meinung sind. Wenn Sie in meine Fußstapfen treten, müssen Sie damit rechnen, ähnlich behandelt zu werden.

Keine der Ansichten, die ich jemals vertreten habe, ist extrem. Vielmehr werden alle oder die meisten von so ziemlich jedem, der kein Aktivist oder professioneller Wissenschaftler ist, als gesunder Menschenverstand angesehen. Ich werde sie hier wiederholen: Männlich und weiblich sind keine sozialen Konstrukte, sondern echte biologische Kategorien, die nicht in ein Spektrum fallen. Menschen sind zweigeschlechtlich, und das spielt in bestimmten Kontexten eine Rolle, zum Beispiel im Sport. Das Ignorieren der Realität des Sexualdimorphismus kann Frauen und Mitgliedern der homosexuellen Community schaden, deren Erfahrung von Diskriminierung in diesen realen Unterschieden zwischen männlichen und weiblichen Körpern wurzelt. Esoterische Geschlechtertheorien, die die Realität der Biologie leugnen oder die das biologische Geschlecht mit sekundären Geschlechtsmerkmalen oder geschlechtsspezifischen Stereotypen in einen Topf werfen, können Kinder verwirren und sind wahrscheinlich mitverantwortlich für den massiven Anstieg der selbstberichteten Geschlechtsdysphorie unter Heranwachsenden, insbesondere unter Teenagerinnen.

In den letzten Zeilen von „Die neuen Evolutionsleugner" schrieb ich, dass die akademische Welt „nicht länger ein Zufluchtsort für unerschrockene, frei denkende Intellektuelle" sei, und dass „man sich jetzt entscheiden muss zwischen einem Leben als universitärer Wissenschaftler mit Maulkorb oder einem Leben als vollwertiger Intellektueller". Meine eigene Erfahrung, die durch den ständigen Strom von E-Mails, die ich von beunruhigten Akademikern erhalte, noch verstärkt wird, lässt vermuten, dass die Situation nur noch schlimmer geworden ist.

Was Sie hier gelesen haben, ist die Geschichte nur eines Ex-Universitätsforschers. Aber es sollte jeden beunruhigen, dass die gesamte wissenschaftliche Welt nun als Geisel einer lautstarken Minderheit gehalten wird, die darauf besteht, dass wir in einer intellektuellen Fantasiewelt leben müssen, die kaum mehr ist als eine ideologisch verbrämte Spielart christlicher Mythen. Täuschen Sie sich nicht: Cancel Culture ist sehr real. Und ihre Erscheinungsformen sind nicht auf die Reichen und Mächtigen beschränkt. Wie bei vielen kulturellen Prozessen wird der Kampf, sie zurückzudrängen, ein langer, harter Kampf sein. Ich behaupte nicht zu wissen, wie er enden wird. Aber ich weiß, dass er damit beginnt, dass wir unsere Augen für das Problem öffnen. Alles andere würde – wenn ich einen Ausdruck aus dem Lexikon des „Social-Justice"-Aktivismus borgen darf – die buchstäbliche Auslöschung meiner eigenen gelebten Erfahrung bedeuten.

„Die Denunzianten sind Feiglinge"

Nick Buckley wurde gekündigt, weil er Black Lives Matter kritisiert hatte. Weil er sich wehrte, bekam er seinen Job zurück

Das Aufflammen der Black-Lives-Matter-Bewegung (BLM) im Sommer 2020 wurde von einer Verschärfung der Cancel Culture begleitet. BLM-Kritiker werden mundtot gemacht, indem man ihnen Rassismus vorwirft. Es sind oft gecancelte Prominente, deren Geschichten in den Medien behandelt werden, aber die Cancel Culture ist für Normalbürger besonders gefährlich.

Eines der Opfer war Nick Buckley, der seit fast 20 Jahren als Mitarbeiter einer sozialen Einrichtung in Manchester tätig ist. Anfang des Jahres wurde Nick von der gemeinnützigen Vereinigung, die er gegründet hatte, entlassen.[1] Eine Petition forderte seine Entfernung als Reaktion auf einen Blogbeitrag, den er geschrieben und in dem er Black Lives Matter kritisiert hatte. Aber er hat sich gewehrt und wurde wieder eingestellt.

---

[1] „Award-winning charity boss who helped thousands of disadvantaged children is SACKED for criticising Black Lives Matter's ‚neo-Marxist' agenda", Daily Mail online, 27.06.2020.

SPIKED: *Bitte erzählen Sie uns von Ihrer Arbeit und den Vorgängen, die zu Ihrer Entlassung geführt haben.*

NICK BUCKLEY: Ich arbeite seit fast zwei Jahrzehnten im Großraum Manchester und versuche vor allem, junge Menschen davon abzuhalten, in Kriminalität und unsoziales Verhalten zu geraten. Im Jahr 2011 habe ich einen gemeinnützigen Verein gegründet. Wir haben in einer Ein-Zimmer-Wohnung angefangen und uns zu einer Organisation mit über 20 Mitarbeitern entwickelt, die Gemeindezentren und Projekte auf den Straßen betreibt.

Im letzten Sommer habe ich zum ersten Mal von Black Lives Matter gehört. Ich habe mich damit beschäftigt und die Website gefunden. Ich war völlig schockiert von dem, was ich dort las. Ich hatte das Gefühl, dass die Ziele von BLM genau den Menschen schaden würden, denen sie angeblich helfen wollen. Ich bin ein großer Anhänger der Eigenverantwortung – wir dürfen die Menschen nicht wie Opfer behandeln und ihnen sagen, dass die Gesellschaft so ausgelegt sei, dass sie scheitern müssten. Das ist die falsche Botschaft.

Ich fühlte mich verpflichtet, die Leute wissen zu lassen, worum es bei der BLM-Bewegung wirklich geht. Ich schrieb einen 600-Wörter-Blogeintrag darüber und postete ihn auf LinkedIn. Einige widersprachen mir, aber höflich. Eine Woche später setzte jemand einen Link zu dem Blog auf Twitter. Das war der Moment, von dem an sich die Dinge überschlugen. Fast sofort richtete jemand eine Petition ein, um meine Entlassung beim Verein zu fordern. Es gab auch einige direkte Beschwerden an den Vorstand, die mir unterstellten, ich sei ein Rassist und ein Nazi, und dann geriet der Vorstand in Panik und kündigte mir – per E-Mail.

Was hat Sie dazu bewogen, sich zu Black Lives Matter zu äußern?

Das erste war der Aufruf, die Finanzierung der Polizei zu streichen („Defund the police"). Ich habe noch nie so eine verrückte Idee gehört. Als ich als Sozialarbeiter für die Stadt gearbeitet habe, habe ich mit unzähligen Menschen darüber gesprochen, was ihnen wichtig ist. Ganz oben auf der Liste stand der Wunsch nach mehr Polizei in ihren Vierteln. Die Leute, die am meisten Polizei wollen, sind immer die Menschen, die in den ärmsten Gegenden leben, weil sie am ehesten Opfer von Verbrechen und antisozialem Verhalten werden. Genau die Leute, von denen BLM behauptet, sie wollen ihnen helfen, sind diejenigen, die am meisten unter diesem Vorschlag leiden würden.

Ich habe auch gesehen, dass BLM die westliche Kernfamilie zerstören will. Aber wenn es etwas gibt, das wir in unserem Land verbessern müssen – in den Bereichen, in denen ich arbeite – dann sind es die Familien. Wir brauchen Väter, die in den Haushalten bleiben. Väter in den Familien zu haben, ist etwas, was das Leben der jungen Menschen verbessert. Wenn es hier wirklich um das Leben von Schwarzen geht, warum reden wir dann so viel über einen amerikanischen Polizisten, der Tausende von Meilen entfernt in einem anderen System arbeitet? Er hat etwas Schreckliches getan – niemand verteidigt, was passiert ist. Aber wir brauchen keine Probleme aus anderen Ländern zu importieren. Wir müssen uns um unsere eigenen kümmern.

Wie haben Sie es geschafft, Ihren Job wieder zurück zu bekommen?

In der ersten Woche war ich total fertig. Ich sprach mit einem Freund, der mich fragte, warum ich keinem der Leute antworte, die mich in den sozialen Medien angriffen. Am nächsten Tag beschloss ich, mich zu wehren. Ich habe mit Tausenden von Menschen gesprochen, und meine Botschaft war immer, dass das Leben ungerecht ist, aber man sich nicht zum Opfer machen darf. Es war also an der Zeit, meinen eigenen Rat zu befolgen.

Und dann stand ein Journalist von der Mail on Sunday vor meiner Tür. Es war perfektes Timing. Ich gab ein großartiges Interview. Und von dem Tag an, als es in der Zeitung stand, änderte sich alles. Ich erhielt hunderte von persönlichen Nachrichten in den sozialen Medien von Leuten, die mir sagten, ich solle die Kritiker nicht an mich heranlassen. Das hat mir psychisch wirklich geholfen.

Ein ehemaliges Vorstandsmitglied des Vereins startete eine Petition, um mich wieder einzustellen und sammelte 18.000 Unterschriften. Zu dieser Zeit trat ich auch der Free Speech Union bei. Das war fantastisch. Sie besorgte mir einen kostenlosen Anwalt, der sagte, es sei ein klarer Fall. Der Verein dachte, er könnte mich einfach entlassen, aber es gibt Gesetze für solche Situationen. Die Gewerkschaften haben auf diese Gesetze gedrängt, um Arbeiter vor ungerechtfertigten Entlassungen zu schützen. Es ist eine Schande, dass einige Gewerkschaften nicht an diesem Prinzip festhalten und angesichts dieser neuen Art von Verfolgung nicht für die Menschen kämpfen. Der Anwalt schrieb dem Vorstand. Er legte dar, welche Fehler der Vorstand gemacht hatte, und kündigte an, dass ich ihn verklagen würde, wenn er nicht zurückträte. Das tat er. Ein neuer Vorstand wurde ernannt und stellte mich wieder ein.

Wie groß ist die Bedrohung durch die Cancel Culture für normale Menschen?

Wenn man ein Otto-Normalverbraucher ist, hat man keine Ressourcen. Du hast keine Stimme. Als reiche, berühmte Person kann man wenigstens seine Version der Ereignisse nach außen tragen, weil man eine Fangemeinde in den sozialen Medien hat, oder die Presse die Geschichte aufgreift. Aber wenn man ein Durchschnittsbürger ist und die Mafia ist hinter einem her, dann ist man auf sich allein gestellt. Man hat nicht die finanziellen Mittel oder das Know-how, um eine Kampagne zu führen. Wenigstens hatte ich etwas Presseerfahrung. Aber dass die Sache bei mir so gut ausging, war vor allem Glück. Wenn die Mail on Sunday nicht gewesen wäre, glaube ich nicht, dass es so ausgegangen wäre.

Wenn wir über Cancel Culture sprechen, dann geht es nicht darum, dass jemand von einem anderen auf Twitter geblockt wird. Dass sich einer die Freiheit nimmt, einem anderen nicht zuzuhören. Cancel Culture ist, wenn aktiv versucht wird, das Leben von jemandem zu zerstören, weil einem nicht gefällt, was er sagt. Es ist der Versuch, jemanden zu entlassen, oder dafür zu sorgen, dass Arbeitgeber ihn nicht einstellen, oder seine Familie anzugreifen, um ihn zu zerstören.

Was sagt der Angriff auf Sie über Black Lives Matter und Identitätspolitik im weiteren Sinne aus?

Das ist kein neues Thema. Wir haben in der Geschichte religiöse Eiferer und Diktatoren gehabt, die Menschen „gecancelt" haben. Oft haben sie sie getötet. Wenn die Leute, die das früher getan haben, Diktatoren und Faschisten waren, dann kann man mit Fug und Recht behaupten, dass die Leute, die das heute tun, nur neue Ausprägungen dessen sind.

Wenn ich eine Rede halte oder einen Artikel oder einen Blogeintrag schreibe, denke ich, dass ich Recht habe. Aber ich bin immer offen dafür, dass mich jemand korrigiert oder darauf hinweist, dass ich einen Punkt falsch verstanden habe. Aber wenn man mit diesen Personen spricht, ist das anders. Sie denken nicht, dass sie Recht haben – sie *wissen*, dass sie Recht haben. Sie sind so überzeugt davon, dass sie sogar glauben, Gandhi und Mandela und Martin Luther King würden mit ihnen marschieren, wenn sie noch leben würden. Wer etwas anders sieht als sie, täuscht sich nicht, er ist böse. Sie machen da keinen Unterschied. Und wenn man glaubt, dass jemand böse ist, warum sollte man dann mit ihm diskutieren?

Was würden Sie Menschen raten, die sich in einer ähnlichen Situation befinden wie Sie sie erlebt haben?

Wenn sie nicht der Auffassung sind, dass sie wirklich eine Grenze überschritten haben, dann sollten sie sich auch nicht entschuldigen. Eine Entschuldigung schafft das Problem nicht aus der Welt. Sie bringt die Leute nur dazu, Sie noch heftiger zu verfolgen.

Man muss sich wehren. Wenn einem alles weggenommen wird, dann ist man ein gefährliches Individuum. Du hast nichts zu verlieren, also nimm es nicht einfach hin. Suche Leute wie mich und wende dich an uns. Verschaffe deiner Stimme Gehör und versuche, mit der Presse zu sprechen. Es ist schwer. Aber ich habe eines gelernt: Wenn man einen vernünftigen Angriff und eine vernünftige Verteidigung hinbekommt, dann knicken solche Leute wie die, die hinter mir her waren, ein. Wenn man eine Kampagne aufzieht, sind sie leicht zu schlagen. Weil sie alle Feiglinge sind, und weil das, was sie glauben, weder Hand noch Fuß hat.

Das Interview führte Paddy Hannam.

DETLEF BRENDEL

Kampf der Kulturen

Freie Gesellschaften leben von einer Diskussionskultur, deren Voraussetzung gegenseitiger Respekt ist. Cancel Culture und bevormundende Sprachpolitik kündigen dieses respektvolle Verhältnis auf

Es liegt im Wesen einer auf Meinungsfreiheit und Meinungsvielfalt basierenden demokratischen Gesellschaft, dass ihre Prinzipien verteidigt werden müssen, weil sie wegen eben dieser Vorzüge nie ungefährdet ist. Besorgt wird auf die politisch rechte Seite gesehen, ob von dort Gefahr droht. Ebenso argwöhnisch wird das politisch linke Spektrum beobachtet und analysiert. Zusätzlich gibt es, wo auch immer diese zu verorten sind, Verschwörungstheoretiker, Wutbürger und andere Unruhestifter mehr, die als mögliche Risiken verdächtigt werden können. Diese konventionellen Blickwinkel und Betrachtungen reichen heute nicht mehr aus, um die Bedrohungen des öffentlichen Diskurses zu erkennen, die sich unabhängig von der gewohnten Rechts-Links-Systematik entwickeln. Es sind nicht nur die offenen politischen Auseinandersetzungen, die durchaus legitim das Klima der Demokratie prägen, sondern die Art und Weise, wie sich die Praxis der Auseinandersetzungen in der Gesellschaft entwickelt hat. Der Diskurs beginnt der Agitation zu weichen. Dynamisch entwickelt sich hier eine Spaltung.

Daher müssen wir auch Entwicklungen in Frage stellen, die aktuell als modern und fortschrittlich gelten. Die traditionelle Analyse versperrt den Blick auf signifikante Veränderungen in der Gesellschaft, die sich unabhängig von tatsächlichen oder gefühlten Parteizugehörigkeiten entwickeln. Die wirklichen Risiken entstehen nicht an den Rändern des politischen Spektrums, sondern in der Mitte der Gesellschaft. Dort beobachten wir einen moralisch aufgeladenen Stellungskrieg, bei dem sich alle Seiten immer tiefer in ihren Schützengräben verschanzen. Diejenigen, die sich als die Guten fühlen, stehen den Bösen, die sich ebenfalls für Gute halten, gegenüber. Wer zu den Bösen gehört, wird jeweils von den Guten definiert.

Themen werden zunehmend dadurch bestimmt, wer sich von wem benachteiligt, beleidigt, angefeindet, diskriminiert oder herabgesetzt fühlt. Emotionalität dominiert über Rationalität. Die Gefahr dieser Auseinandersetzungen liegt darin, dass sie so subjektiv sind. Individuelle Empfindungen, Meinungen oder Interpretationen einzelner dürfen nicht zu einer normierenden Beschränkung aller werden. Sonst wird ein Klima der Unsicherheit geschaffen, das die notwendige Freiheit der demokratischen Meinungsbildung und den rationalen gesellschaftlichen Diskurs behindert sowie eine weitreichende Zensur fördert. Die besondere Gefahr dieser mentalen Entwicklung besteht darin, dass die neuen Spielregeln auf den ersten Blick positiv und zustimmungsfähig erscheinen. Gendergerechte Sprache, politisch korrektes Verhalten, die Vermeidung von eventuell als Diskriminierung zu empfindenden Formulierungen – das dient doch hehren Zielen. Oder nicht?

Wir müssen uns mit Political Correctness, mit Genderismus, der Umgestaltung und Überwachung von Sprache, den überall lauernden Fallen einer möglichen Diskriminierung und mit Phänomenen wie Cancel Culture beschäftigen, um die tatsächlichen Gefährdungen zu erkennen. Der Begriff Cancel Culture ist dabei falsch und irreführend. Er signalisiert, dass dieses Vorgehen etwas mit Kultur zu tun hat. Das Gegenteil ist der Fall. Cancel Culture ist eine brutale Einschränkung von Menschen und Kultur, die weit entfernt ist von Moral, Anstand und Sittlichkeit. Aber der Begriff Kultur ist dehnfähig. Ein Behältnis mit Seife und Zahnbürste gilt auch als Kulturbeutel. Verstehen wir Kultur als Summe menschlicher Leistungen, die das Zusammenleben in einer Gesellschaft prägen, insbesondere auch Sprache und Kunst, ist die Agitation durch Diskriminierung, Blockade und Bedrohung keine Leistung, sondern pure Destruktion.

Die Kommunikation in der spezifischen Form des Hineinpostens von Meinungen isoliert am Computer sitzender Individuen in die sozialen Medien, das anonyme Liken und die Bildung von Schwarmverhalten in virtuellen Netzen fördern die Verfestigung vorgefasster und in Häppchen dargebotener Meinungen und die Polarisierung. Diese Entwicklung den Online-Medien anzulasten, greift zu kurz. Diese Plattformen begünstigen das Verhalten. Verantwortlich für die Inhalte und die neue Form der Massenkommunikation sind und bleiben allerdings die Nutzer. Es sind deren Verhaltensweisen, die der Konfrontation den Vorzug gegenüber dem Dialog geben. Die zu einer Demokratie gehörende gesunde Streitkultur, der Schlagabtausch mit Argumenten statt mit Vorwürfen, wird pervertiert.

Bevormundende
Sprachkosmetik

Der Kulturkampf darüber, welche Wörter verwendet werden dürfen und ob in der Mitte eines Wortes der Doppelpunkt zu stehen hat, nimmt zu. Ein gutes Beispiel ist der vom Berliner Senat vorgelegte „Leitfaden für Mitarbeitende der Berliner Verwaltung zum diversitysensiblen Sprachgebrauch". Dieses Diktat im Sinne einer kaum noch nachzuvollziehenden Political Correctness treibt seltsame Blüten. Der Begriff „Asylbewerber", eigentlich eine sinnvolle Beschreibung des Status der betroffenen Menschen, soll künftig durch „Schutzbedürftige" oder „geschützte Personen" ersetzt werden. Geschützt sollte eigentlich jeder Bundesbürger sein. Auch „Ausländer" wird es künftig nicht mehr geben. Wie feinsinnig doch die Vermutung einer möglichen Diskriminierung ist. Diese werden nun als „Einwohnende ohne deutsche Staatsbürgerschaft" bezeichnet.

An die angeblich politisch korrekte Bezeichnung „Menschen mit Migrationshintergrund" haben sich die Einwohnenden mit deutscher Staatsbürgerschaft inzwischen gewöhnt. Aber auch der Migrationshintergrund scheint eine Diskriminierung zu sein. Künftig sollen aus ihnen deshalb „Menschen mit internationaler Geschichte" werden. Eindrucksvoll dokumentiert diese Terminologie, dass bei der krampfhaften Suche nach nichtdiskriminierenden Begriffen der eigentliche Zweck, die verständliche Benennung, hinter eine zweite Absicht, das Signalisieren von Wertvorstellungen, zurücktritt. Das, was hier an ideologischer Überfrachtung von Sprache betrieben wird, ist Ausdruck der Erziehung durch den Gouvernantenstaat.

Diese Regulierung der Sprache nutzt auch nicht jenen, deren vermeintlicher Befindlichkeit man Rechnung zu tragen vorgibt. Die Bezeichnung eines Menschen als geschützte Person, die eine internationale Geschichte hat, verhindert weder Diskriminierung noch Rassismus. In der gesellschaftlich notwendigen Diskussion müssen die Hirne der Menschen erreicht werden, nicht deren Münder und Schreibhände.

In diesem Kontext gehört auch der Gender-Wahnsinn, der inzwischen sogar die Duden-Redaktion erreicht hat. Im Online-Wörterbuch des Verlags ist das generische Maskulinum bei Personenbezeichnungen eliminiert worden. Begriffe wie Mieter, Schüler oder Arzt hätten keine geschlechtsneutrale Bedeutung, sondern müssten, so der Verlag, durch neue Bedeutungsangaben präzisiert werden. Daher gibt es nun statt eines Wortartikels jeweils zwei, einen für die männliche und einen für die weibliche Form. Einen für den Bürger und einen für die Bürgerin. Einen für den Menschen und einen für die Menschin. Noch ist hier unter „Gebrauch" vermerkt „selten, meist scherzhaft", aber das kann sich ja ändern.

Die Unkultur der
Cancel Culture

Für den gegenwärtig zu erlebenden und zu erleidenden Kulturwandel spielt die „Cancel Culture" eine zentrale Rolle. Cancel Culture ist ein Angriff auf die Meinungsfreiheit, dessen Tragweite besorgniserregende Ausmaße angenommen hat. Cancel Culture ist nicht nur eine Meinungsstornierung, sondern eine massive Unterdrückung von unerwünscht erscheinenden Meinungen, die auf radikale Ausgrenzung abzielt. Die sich selbst als die Guten empfindenden Säuberungskräfte kämpfen gegen diejenigen, die sie für die

Schlechten oder Bösen halten. Die Zuschreibung des Bösen erfordert dabei keineswegs den Nachweis klarer Sachverhalte, sondern begnügt sich in der Regel mit Assoziationen und Interpretationen.

Zur Radikalität von Cancel Culture gehört, dass nicht nur kritisiert wird, sondern nach Ausgrenzung und Diffamierung gestrebt wird. Eine Begründung dieser massiven Zensur lässt sich immer konstruieren. Der Anschein von Blasphemie, ein sexistischer Gedanke, eine nicht ausreichende Würdigung der Betroffenheit bestimmter Minderheiten, eine religionskritisch erscheinende Formulierung reichen aus, um als unerträglich klassifiziert zu werden. Mitunter reicht auch schon, dass der Anzugreifende bei bestimmten Themen eine nicht ausreichend erscheinende „Haltung" gezeigt hat, zum Beispiel, dass er es versäumt hat, sich von einem durch Diffamierung als aussätzig Gekennzeichneten zu distanzieren.

Klima der öffentlichen
Denunziation

Die Folgen dieses Klimas der öffentlichen Denunziation sind gesellschaftlich relevant. Unter dem Titel „Grenzen der Freiheit" zeigt eine 2019 publizierte Studie des Instituts für Demoskopie Allensbach, dass die deutsche Bevölkerung die Meinungsfreiheit, als die am wichtigsten empfundene Garantie der Verfassung, heute nicht ohne Einschränkungen gewährleistet sieht. Fast zwei Drittel der Menschen sind überzeugt, man müsse darauf achten, zu welchen Themen man sich wie äußert, weil es ungeschriebene Gesetze gebe, welche Meinungen akzeptabel und zulässig sind. Dabei wird zwischen öffentlichem Raum und privatem Bereich deutlich differenziert. Im Freundes- und Bekanntenkreis meinen 49 Prozent, ihre Meinungen frei äußern zu können. Dieses Empfinden sinkt im öffentlichen Raum auf nur noch 18 Prozent.[1] Die Einschränkung der gefühlten Meinungsfreiheit wird mit dem Eindruck verbunden, dass sich die soziale Kontrolle verstärkt hat und individuelle Äußerungen und Verhaltensweisen zunehmend unter Beobachtung stehen. Ein zufriedenstellendes Gefühl gelebter Freiheit ist das nicht.

Political Correctness trägt zu Unbehagen und Unverständnis bei. Wenn Begriffe wie „Ausländer" durch „Menschen mit Migrationshintergrund" oder sogar durch „Menschen mit internationaler Geschichte" ersetzt werden, wenn die geforderte Genderneutralität es verlangt, in Anreden auch das Dritte Geschlecht zu adressieren, ruft das Unverständnis hervor. Wenn Literatur korrigiert wird, um aktuellen Sensibilitäten und Normen zu entsprechen, stimmen nur noch rund 14 Prozent der Befragten zu. Als Beispiel wird in der Allensbach-Studie Astrid Lindgrens „Negerkönig" in Pippi Langstrumpf genannt, der politisch korrekt nur noch als „Südseekönig" zu akzeptieren wäre.[2]

In den 2000er Jahren haben ein englischer und ein französischer Verlag, die mit der Publikation der „Fünf Freunde"-Reihe von Enid Blyton sehr erfolgreich waren, dem gefühlten Zeitgeist geschuldete Anpassungen vorgenommen. Die Kinderbücher wurden nicht nur grammatikalisch nivelliert, um der Leserschaft eine vereinfachte Rechtschreibung zur Erleichterung der Lektüre zu bieten. Moral-Lektoren reinigten die Texte auch im Hinblick auf politisch eventuell unkorrekte Formulierungen, statteten die Freunde mit Mobiltelefonen

---

[1] „Grenzen der Freiheit: Eine Dokumentation des Beitrags von Prof. Dr. Renate Köcher in der Frankfurter Allgemeinen Zeitung Nr. 119 vom 23. Mai 2019", Institut für Demoskopie Allensbach online.

[2] Ebd.

aus, damit sie sich bei der Schatzsuche nicht verirrten, und strichen im Sinne von Entchristlichung eine Passage, in der die Freunde zur Kirche gehen. Der Zauber der Originaltexte von Enid Blyton hat dabei offenbar Schaden genommen. Denn die jugendlichen Leser (oder ihre Eltern) haben an der Ladenkasse abgestimmt. Sie haben durch fehlende Käufe die Auflagen spürbar sinken lassen. Diese Jugend macht Mut. Sowohl in England als auch in Frankreich sollen die Bücher wieder in die Originalfassung gebracht werden. Die Freunde dürfen jetzt sogar wieder Gluten essen.[3]

Astrid Lindgren, aus deren Fantasie der Negerkönig stammt, hat dabei noch Glück, dass von Erregten der Cancel Culture nicht gefordert wird, ihre Bücher wegen rassistischer oder diskriminierender Kreativität auf den Index zu setzen. Der Autorin von Harry Potter, Joanne K. Rowling, geht es da anders. Verschiedenen öffentlichen Äußerungen und ihrem Roman „Troubled Blood" will man entnommen haben, dass sie etwas gegen Transgender hat. (Es trifft nicht zu.) Ob das zutrifft oder nicht, soll an dieser Stelle unerheblich sein. Es mag ihre Meinung sein und wer anderer Meinung ist, kann auf den Kauf ihrer Bücher verzichten. Erheblich ist dagegen, dass mit allen Mitteln versucht wird, die Autorin zu diffamieren und einzuschüchtern und es sogar schon zu öffentlichen Bücherverbrennungen gekommen ist. Hasskommentare in den Sozialen Medien sollen die Autorin mundtot machen. Unbedingtheit und Undifferenziertheit derjenigen, die meinen, die Regeln für Menschen und auch für Kunst festlegen zu können, führen zu einer Radikalität, die keinen

3 „Politisch korrekte ‚Fünf Freunde' verkaufen sich nicht – Verlage reagieren", Tagespost online, 12.02.2021 und „Le Club des cinq: les versions ‚politiquement correctes' se vendent mal", Le Figaro online, 10.02.2021.

sachlichen Diskurs mehr kennt, sondern auf Diskreditierung und Ausgrenzung abzielt.

Bücherverbrennungen wegen politischer, religiöser, weltanschaulicher oder moralischer Einwände haben eine lange Tradition. Die demonstrative Zerstörung, die während der Inquisition sicher einen Höhepunkt hatte, sollte eigentlich spätestens nach den staatlichen organisierten Aktionen während der Zeit des Nationalsozialismus ihr Ende gefunden haben. Die Praxis der Bücherverbrennung existiert allerdings immer noch, wenngleich heute für das Zündeln virtuelle Scheiterhaufen zur Verfügung stehen, die auch ohne Feuer perfekte Vernichtung ermöglichen.

Seismograf Kunst

Cancel Culture ist salonfähig geworden und hat sich in allen Bereichen des Lebens etabliert. Boykott wird zu einer weitreichenden Bedrohung für eine auf Meinungsfreiheit basierende Gesellschaft. Dimensionen und Konsequenzen sind in der Kunst abzulesen, die als Seismograf für die fatale Entwicklung dienen kann, auf Grundlage moralischer Gesinnungsprüfung des Künstlers seine Arbeit zu zensieren. Ein straffällig gewordener Künstler ist natürlich vor Gericht zu bringen. Durch anschließendes Canceln das von ihm geschaffene Kulturgut hinter Schloss und Riegel zu bringen, ist allerdings verhängnisvoll.

Auch unter Künstlern hat es schon immer Verbrecher gegeben. Bei der Bewunderung von Werken Benvenuto Cellinis oder Caravaggios denkt niemand an die von ihnen begangenen Morde. Der von seinen Ehefrauen als Sadist charakterisierte Pablo Picasso gilt nach wie vor als genialer Künstler. Gauguin-Bilder erzielen Spitzenpreise auf dem

Kunstmarkt; obwohl er ein Kind geheiratet hatte. Die Kunst dieser Künstler hat also noch Glück. Vielleicht weil deren Urheber schon tot sind und deshalb nicht durch Ausstellungsverbote sozial getötet werden müssen.

Bei lebenden Künstlern setzt die Wucht der Zensur-Maschinerie ein. Beispiele sind zahlreich. Nach gegen ihn erhobenen Belästigungsvorwürfen ist der Hauptdarsteller der Netflix-Fernsehserie „House of Cards", Kevin Spacey, aus der sechsten Staffel herausgeschnitten worden. Der von ihm gespielte Frank Underwood sei verstorben, hieß es drehbuchgerecht. Der mit Spacey gedrehte Film „Gore" wurde nicht gezeigt und aus dem bereits fertiggestellten Spielfilm „Alles Geld der Welt" wurde der Schauspieler entfernt und alle entsprechenden Szenen wurden mit Christopher Plummer nachgedreht.

Bei der Premiere des Films „Intrige" von Roman Polanski riefen Feministinnen zum Boykott auf und blockierten die Kinos, weil der Film von einem „Vergewaltiger auf der Flucht" geschaffen worden sei. Placido Domingo, dem im Zuge der MeToo-Debatte teils Jahrzehnte zurückliegende sexuelle Belästigungen vorgeworfen worden waren, musste als Chef der Oper in Los Angeles zurücktreten und ankündigen, nicht mehr an der Met in New York zu singen. Auch seine Auftritte an der Deutschen Oper Berlin wurden abgesagt, weil diese gegenüber den Frauen nicht mehr vertretbar seien. Die Hollywood-Schauspielerin Gina Carano wurde nach einer Kampagne #FireGinaCarano mit der Begründung gefeuert, dass ihre Social-Media-Posts, in denen sie konservative politische Positionen verteidigte und Corona-Maßnahmen kritisierte, „Menschen aufgrund ihrer kulturellen und religiösen

Identitäten verunglimpfen".[4] Der bisexuelle Entertainer Kay Ray darf nach 25 Jahren nicht mehr im Schmidt-Theater auf St. Pauli auftreten, weil er sich über den Islam lustig machte. Schauspieler, die sexuelle Vergehen begangen haben oder begangen haben sollen, werden aus Filmen herausgeschnitten. Bewunderte Filme eines Regisseurs werden wegen eines über 40 Jahre zurückliegenden Vergehens boykottiert. Einem Tenor, dessen Stimme und Interpretationen nach wie vor grandios sind, werden Auftritte verweigert. Die Zensur stellt die Dirigenten, Fotografen, Maler und Autoren kalt. Sie nimmt ihnen die Plattform für ihre Arbeit und verbannt sie aus der für einen Künstler entscheidenden öffentlichen Wahrnehmung.

Dieser Umgang mit den Künstlern ignoriert deren Würde. Es ist keine kritische Auseinandersetzung mit Kunst, sondern das Bestreben, Person und Persönlichkeit eines Künstlers zum Verschwinden zu bringen. Es ist eine moderne Form der Inquisition, bei der Ankläger und Richter in Personalunion Prozess und Vollstreckung erledigen. Dazu passt die Warnung von Heinrich Heine in seiner Tragödie „Almansor". Den Moslem Almansor lässt er bei einer Koranverbrennung sagen: „Das war ein Vorspiel nur. Dort, wo man Bücher verbrennt, verbrennt man am Ende auch Menschen."

In der Kunst gab und gibt es immer Werke, die jemand als obszön, blasphemisch oder unmoralisch empfindet. Er hat die Freiheit, sie zu ignorieren. Er hat nicht das Recht, sie zu vernichten. Zur Freiheit von Kunst gehört auch die Freiheit, dass sie das ihr gewogene Publikum suchen darf.

---

4   Daniel Holloway: „Lucasfilm, UTA Drop ‚Mandalorian' Star Gina Carano Following Offensive Social Media Posts", Variety online, 10.02.2021.

Auch für Kunst sind offenbar Verbraucherschutzbestimmungen einzuhalten. Bei diesen geht es allerdings nicht um den Wert einer Operninszenierung, eines Films oder eines Bildes. Es geht um die Keimfreiheit der Menschen, die diese Werke produziert haben. Man stelle sich vor, dass Historiker Belege für pädophile Neigungen von Michelangelo fänden. Wäre nach über 500 Jahren sein Deckengemälde in der Sixtinischen Kapelle weiß zu streichen? Hier ist beruhigend, dass diese Kapelle zum apostolischen Palast gehört. Der Vatikan muss in dieser Hinsicht aktuell ganz anderen Angriffen widerstehen. Und auch das hat hier Tradition. Papst Paul III. stellte Cellini für drei Morde und zahlreiche andere Vergehen einen Freibrief aus, weil er dessen Kunst schätzte. Soweit darf die Freiheit der Künstler nicht gehen. Sie heute allerdings auszuradieren, weil ein Künstler sich nicht konform verhalten hat, ist ein verhängnisvoller Weg in die Unfreiheit. Kunst ist an dieser Stelle nur der Seismograf. Die Konsequenzen aus dieser die Meinungsfreiheit limitierenden Spaltung der Gesellschaft machen die zwei Drittel der Menschen transparent, die überzeugt sind, sich nicht mehr öffentlich zu jedem Thema frei äußern zu können.

Die Furcht vor Diskriminierung als Ausdruck eines politisch nicht korrekten Verhaltens ist zu einem Motor der Diskriminierung geworden. Jeder hat aber das Recht auf seine Meinungen. Jeder in einer Demokratie lebende Mensch hat auch das Recht, seine Meinungen zu artikulieren. Diese Freiheit schließt die Pflicht ein, die Meinungen anderer zu akzeptieren. Man kann die Meinungen anderer angreifen, man kann darüber diskutieren, man kann, aber muss nicht einen Konsens anstreben. Das sind Meinungsfreiheit und Diskussionskultur, von der freie Gesellschaften leben.

Voraussetzungen dafür sind allerdings Sachargumente und gegenseitiger Respekt. Das ist Kultur.

ILKA BÜHNER

Vorsicht, Humor!

Die Satire stößt an Grenzen der Political Correctness. Zunehmend laufen Kabarettisten und Comedians Gefahr, dass ihre Kunstdarbietungen Shitstorms und Reaktionen der Cancel Culture hervorrufen

Humor kann mächtig sein, denn er entlarvt vermeintlich, was sich unter der Oberfläche des Humoristen verbirgt, und damit sind sich Humor und Kleidung gar nicht so unähnlich. So wie mit Kleidung zeigt man auch im Humor die Zugehörigkeit zu einer Gemeinschaft. Nicht jeder wird Gefallen an der einen oder anderen Art der Darstellung, sie vielleicht sogar abstoßend finden, dennoch sollte niemandem verboten werden, zu sagen oder zu tragen, was er möchte.

Das äußere Erscheinungsbild und die Art des dargebotenen Humors sind aktuell fast untrennbar miteinander verwoben. Nur wer versteht, beides ausgeglichen darzustellen, bekommt von der Öffentlichkeit das Etikett „Einwandfrei" ans Humor-Revers geheftet und darf seinem Beruf teils mit Lobpreisungen geneigter Kreise nachgehen. Fällt der Humorist allerdings aus der aktuellen Humor-Konvention heraus, macht er sich über tatsächliche oder vermeintlich schützenswerte Inhalte lustig oder über bestimmte Klischees, läuft er Gefahr, dafür verurteilt zu werden.

Humoristen befinden sich dieser Tage auf einem Minenfeld, denn die Humor-Konvention ist teils gnadenlos geworden. Jedes „falsche" Wort wird abgestraft, und was für wen falsch ist, hängt auch vom Stereotyp des Humoristen ab.

Macht ein Weißer Witze über Schwarze, geht das gar nicht,[1] aber wenn ein Afghane (Faisal Kawusi) Witze über Migranten macht, ist das plötzlich urkomisch. Relevant scheint zu sein, dass das Bühnenprogramm der eigenen Erfahrungswelt entstammt oder die eigene Meinung widerspiegeln könnte. Die Vermarktung des eigenen Klischees fällt auf fruchtbaren Boden und vermittelt das Gefühl, man würde gar nicht über Stereotypen lachen, sondern über eine Persönlichkeit.

Guter und
schlechter Humor

So hält es auch ein aktueller Star im Kreise der Comedians, Felix Lobrecht. Er gewann den Comedy-Preis 2020.[2] Mit überheblichem Habitus erzählt er von seinen Alltagserfahrungen mit anderen Menschen. Seine Schilderungen ergeben schnell das Bild eines Klischees und in der Pointe folgt die Bewertung des selbigen. Abwertend zieht er über die beschriebenen Stereotypen her, wie in seinem Programm für die „1 Live Comedy Nacht" 2019: „… schauten die mich an, als hätte ich Holocaust leugnend auf ein schwules Kind eingetreten" und „… einfach so eine antiautoritäre Fotze".[3] Das Publikum fand es herrlich und belohnte ihn für diese Art von Humor mit genanntem Preis.

Für manche seiner Themen erhält auch er Kritik in den sozialen Medien, aber die wirkt eher mahnend als

---

[1] Konrad Wolf: „‚Chris Tall Presents': Das größte Problem der Show ist ihr Gastgeber", ze.tt, 10.11.2019.

[2] „‚Der Deutsche Comedypreis 2020': Felix Lobrecht räumt gleich doppelt ab", Vip. de, 05.10.2020.

[3] „Felix Lobrecht – Krasser Einbruch – 1LIVE Köln Comedy-Nacht XXL 2019", MySpass, YouTube, 27.10.2019.

diffamierend. Zum „Sicherheitsrisiko", zu dem man Lisa Eckhart bereits gemacht hat,[4] worauf später noch einzugehen sein wird, wurde er nicht erklärt. Noch scheint er sich an die ungeschriebenen Gesetze der Humor-Etikette zu halten. Er lässt die Finger von Tabus, insbesondere benachteiligte Minderheiten und Themen, für die in der breiten Öffentlichkeit nur eine korrekte Sichtweise zugelassen ist, etwa Klima oder Corona. Mit diesen Menschheitsbedrohungen ist nicht zu spaßen und Kritik an der korrekten Sichtweise ist mehr als nur unerwünscht. Wer sie dennoch ausspricht, und sei es auch nur in Form von Satire, wird von der Öffentlichkeit mit einem abwertenden Etikett sanktioniert, was ähnlich anhaftet wie flüssiges Pech.

Wie guter von schlechtem Humor zu unterscheiden sei, beschreibt der Spiegel und macht damit klar, wer für was zu sanktionieren ist: „Satire soll nach oben hin austeilen, Missstände aufzeigen – wer hingegen Klischees über Minderheiten verbreitet, tut genau das nicht. Er oder sie tritt dann einfach nur nach unten. Sind das Ziel Juden, Schwarze oder Geflüchtete, ist das nicht länger schwarzer Humor, sondern brauner.[5]

So werden benannte Stereotypen nun auch in Disney-Klassikern und der „Muppet Show" mit einer Warnung gekennzeichnet. Vor 18 Episoden der „Muppet Show" läuft im Streamingdienst Disney+ ein vorgeschalteter Hinweis, der vor „negativen Darstellungen und/oder falscher Behandlung von Personen oder Kulturen" warnt. Das geht auf die Stories-Matter-Initiative zurück, wegen der Disney bereits Filme wie

---

4   Ute Welty: „‚Ich lasse keine Religion und keine Ethnie aus'" (Interview mit Lisa Eckhart), Deutschlandfunk online, 17.08.2020.
5   Marc Röhlig: „Polizei-Satire von Aurel: Die wahre ‚Cancel Culture' ist konservativ", Spiegel online, 20.08.2020.

das „Dschungelbuch" oder „Dumbo" mit diesen Hinweisen versehen hat.[6]

Unkorrektes Leugnen

Dass es auch abseits dieser Gruppen Minderheiten gibt, die als Feindbild dienen und die Ziel von Witz und Spott aus allen Lagern sind, davon liest man selten etwas. Wer glaubt, dass Feindbilder als Vorlage für Witz und Spott ausgedient haben, der hat nicht verstanden, warum es Feindbilder gibt. Von Werner Kroeber-Riel stammt der Satz: „Bilder sind schnelle Schüsse ins Gehirn", und so ist das auch mit Feindbildern. Es gibt nicht viel, was Menschen innerhalb weniger Augenblicke so verbindet wie ein gemeinsames Feindbild. Kroeber-Riel: „Feindbilder können eine Andersartigkeit bewusst machen, indem sie bei der Selbst- und Fremdkategorisierung wirken, die von dem Wunsch nach positiver sozialer Identität geleitet wird."[7]

Vorbild für die aktuellen Feindbilder sind all jene, die sich nicht dem gesellschaftlichen Konsens anschließen. Die zweifeln, die „leugnen", die Menschen oder Ideologien anhängen, die kein gutes Image haben. Muss man jede dieser Ansichten teilen? Nein! Aber haben sie es nur aufgrund ihrer Einstellung verdient, jeglichen Respekt aberkannt zu bekommen?

Der Mechanismus der Aberkennung von Respekt folgt einem Muster. Dieter Nuhr schildert es sinngemäß so: Es werden Begriffe gefunden, die diese Person, aufgrund ihrer

6 Axel Weidemann: „Disney versieht auch ,Muppet Show' mit Warnhinweis", F.A.Z. online, 22.02.2021.
7 Zit. n. Stefan Bukacek: „Feindbildmechanismen in politischer und kommerzieller Werbung" in: Mythos-Magazin 02/2008, S. 4, 7.

Meinungen über geschützte Bereiche, in ein Raster schieben. Diese Begriffe tragen bewusst das Beiwort „Leugner", was an den Begriff „Holocaust-Leugner" erinnert, und benannte Personen erfahren eine ähnliche Abwertung wie jene, die als Holocaust-Leugner klassifiziert wurden.[8]

Der große Unterschied dieser Bezeichnungen besteht im rechtlichen Umgang. Die Leugnung des Holocaust ist in 18 Ländern zu Recht unter Strafe gestellt, in Deutschland nach § 130 StGB. Wissenschafts-Leugner, Corona-Leugner, Klima-Leugner etc. erfahren „nur" eine öffentliche Ächtung. Allerdings wird eine Person, die das Etikett Leugner trägt, nicht nur für ihre scheinbar merkwürdigen Ansichten, sondern als Ganzes geächtet und aus Teilen des öffentlichen Diskurses von vornherein ausgeschlossen, sowohl in privaten wie auch in beruflichen Bereichen. Das geschieht, um im Zeichen der Political Correctness den eigenen Stall sauber zu halten und nicht mit einem solchen „Subjekt" in Verbindung gebracht zu werden (Kontaktschuld).[9]

Die Political Correctness nimmt vieles recht ernst, außer wenn es darum geht, ihre eigenen blinden Flecken aufzudecken. Die Propagandisten der Political Correctness brüsten sich in den von ihnen aufgestellten Konventionen mit moralischer Reinheit und ziehen sich selbst die Uniform der Tugendpolizei an, um damit ihre Präsenz und Wichtigkeit zu zeigen. Jeder, den sie entdecken und der sich nicht an die von ihnen aufgestellten Konventionen hält, wird an den medialen Pranger gestellt. Dabei ist diese selbst geschaffene Konvention nicht ohne weiteres zu vereinbaren mit dem, was

---

8 „phoenix persönlich: Dieter Nuhr bei Alfred Schier", Phoenix, YouTube, 25.09.2020.
9 Jakob Buhre: „Damit ist jedes Ihrer Argumente wertlos" (Interview mit Michael Meyen), Planet Interview, 14.07.2020.

sich im Laufe der Zeit als gesellschaftliche Konvention herausgebildet hat. Diese vermeintlich allgemeingültige Konvention ist meist eine ausgedachte, normative, oktroyierte.

Außerdem ist der Umstand, dass es in der Satire nicht darum geht, seine eigene Meinung darzustellen, in Vergessenheit geraten. Dass Satire ein humoristisches Mittel ist, das dazu dient, gesellschaftliche Missstände in den Bereichen der Kultur, der Politik und dem sozialen Leben aufzeigen. Mit den Stilmitteln Ironie, Übertreibung und Verfremdung kann vom Künstler jede erdenkliche Haltung eingenommen werden, um das darzustellen, was in seinen Augen darstellenswert ist. Dabei ist es auch nicht maßgeblich, wie etwas gesagt wird, sondern was.

So musste Serdar Somuncu erst kürzlich einen Sturm der Entrüstung aushalten, da das Wie seines Podcasts bei Radio Eins nicht dem entsprach, was die politkorrekten Dauerempörten für angemessen halten. Zum Thema Cancel Culture sagte er unter anderem: „Ob das Zigeunerschnitzel heißt oder Mohrenwirt, ist mir egal. Die Leute sollen sich f***** und stunden- und tage- und wochenlang im Internet diskutieren, ob das berechtigt ist, [sic] oder nicht.' Solange es nicht unter Strafe stehe, sage er ‚N****'".[10] Diese Wortwahl wurde via Twitter harsch kritisiert, so dass der Sender darauf reagierte und sich bemühte, die Aussage richtig einzuordnen. Die Wortwahl war bewusst provokant und überspitzt gewählt, um einen Denkprozess in Gang zu setzen. Dennoch entschuldigte sich der Sender noch lang und breit für besagten Ausschnitt und ließ den Beitrag überarbeiten, damit

---

10 „RBB streicht strittige Passagen aus Somuncu-Podcast – und löscht das Original", Welt online, 16.09.2020.

die missverständlichen Passagen eingeordnet bzw. gelöscht werden konnten.

Dieter Nuhr im Visier

Im Fall von Dieter Nuhr wird nicht unterschieden zwischen der Privatperson und der künstlerischen Darbietung. So werden die Aussagen, die er in seinen Auftritten macht, auch ihm als Privatperson in den Mund gelegt. Dass Satire nicht zwingend die persönliche Meinung des Satirikers widerspiegelt, wird mutwillig (oder naiv) ignoriert. So wird er beispielsweise bezichtigt, ein „Klimaleugner" (und damit in tollkühner Verallgemeinerung auch ein „Wissenschaftsfeind") zu sein, wenn er sich in seinen Beiträgen kritisch mit der Klimapolitik auseinandersetzt oder es wagt, etwas Spöttisches über die heiligen Kinder der Klimaretterbewegung zu sagen.

In den meisten Fällen geht es in seinen Beiträgen um eine übertriebene Darstellung von Sachverhalten und Ironie. Zu den Fridays-For-Future-Demos sagte er beispielsweise folgendes: „Ich werde, weil meine Tochter zu den Fridays-For-Future-Demos geht, in ihrem Kinderzimmer nicht mehr heizen."[11] Ob dies den Tatsachen entspricht, tut nichts zur Sache, da es eben nicht um die Realität, sondern um Satire geht.

Diese Pointen zielen darauf ab, die Denkweise um diese Thematik in Frage zu stellen. Manche fühlen sich jedoch durch diesen Humor angegriffen, wie etwa Jan Böhmermann: „[Greta] hat drei wichtige Forderungen: Erstens Emissionen senken. Klimafreundlicher leben ist Forderung zwei. Und die wichtigste Forderung von Greta Thunberg: Irgendjemand soll

11 „Mehr Oberlehrer als Satiriker: Dieter Nuhr ging auf Weltreise", Tagblatt online, 16.01.2021.

verdammt nochmal endlich Dieter Nuhr die Fresse polieren."[12] Er macht damit deutlich, worum es den Empörten geht. Wie kann jemand etwas angreifen, was so ehrbare Absichten habe? In Humor verpackte Kritik trifft manchmal besonders, sogar jene, die selbst als Satiriker gelten.

So hat Dieter Nuhr in den Augen einiger keinen guten Stand. So wurde das Statement, das Dieter Nuhr zum 100. Geburtstag der Deutschen Forschungsgemeinschaft „DFG 2020 – Für das Wissen entscheiden" verfasste und von der DFG selbst gelobt wurde, kurz nach seinem Erscheinen wieder gelöscht. Selbsternannte Tugendwächter forderten die Entfernung dieses Beitrags und die DFG ist dem willfährig nachgekommen. Das wurde damit begründet, Dieter Nuhr sei ein „Wissenschaftsleugner" und dürfe nicht Aushängeschild für eine Gesellschaft sein, die sich Wissenschaft auf die Fahne geschrieben hat.

Glücklicherweise führte die allzu schnelle Reaktion der DFG wiederum zu Kritik von Seiten derer, die die Angelegenheit etwas differenzierter betrachteten. Daraufhin bot man Nuhr zunächst an, den Beitrag mit „ergänzender Kommentierung" wieder aufzunehmen. Das lehnte dieser ab. Sein Kommentar: „Was soll das denn? Alle anderen sagen frei ihre Meinung und meine wird mit einer Warnung versehen wie eine Zigarettenpackung." Schließlich wurde der Beitrag dann doch wieder online gestellt. Und die DFG schrieb in einer Stellungnahme, sie „bedauert es ausdrücklich, das Statement von Dieter Nuhr vorschnell von der Internetseite der Online-Aktion #fürdasWissen heruntergenommen zu haben. [...] Auch wenn seine Pointiertheit als Satiriker für

---

12 „Böhmermann poltert derb im Streit um Greta Thunberg: ‚Endlich Dieter Nuhr die Fresse polieren'", Münchner Merkur online, 30.01.2020.

manchen irritierend sein mag, so ist gerade eine Institution wie die DFG der Freiheit des Denkens auf Basis der Aufklärung verpflichtet."[13]

Tatsächlich hat der „Wissenschaftsfeind" Dieter Nuhr in seinem Beitrag ein gravierendes Problem des derzeitigen Umgangs mit Wissenschaft pointiert benannt und diese gegen Vereinnahmung verteidigt: „Wissenschaft ist nämlich keine Heilslehre, keine Religion, die absolute Wahrheiten verkündet. Und wer beständig ruft ‚Folgt der Wissenschaft!', der hat das offensichtlich nicht begriffen. Wissenschaft weiß nicht alles, ist aber die einzige vernünftige Wissensbasis, die wir haben. Deshalb ist sie so wichtig."

Lisa Eckhart
unter Verdacht

Der zweite prominente Fall, der im vergangenen Jahr die Debatte um Cancel Culture in Deutschland anfachte, war der der Kabarettistin Lisa Eckhart. Das Harbour Front Festival hatte sie zunächst eingeladen, diese Einladung dann aber später zurückgezogen, da „öffentliche Gruppen" Stimmung gegen die Einladung Eckharts gemacht hatten.[14] Zudem sollen sich andere Künstler geweigert haben, mit Eckhart aufzutreten. Der Humor der Österreicherin ist in der Tat besonders und ungewohnt. Er schockiert durch das ganze Bühnenprogramm hindurch und genau darauf zielt Lisa Eckhart ab. Sie will schockieren und, ja, vielleicht auch etwas anekeln. Über ihr kürzlich erschienenes Buch heißt es, sie „streichelt mit

---

[13] „DFG stellt Beitrag von Dieter Nuhr wieder auf die Internetseite der Online-Aktion #fürdasWissen", Deutsche Forschungsgemeinschaft online, 06.08.2020.
[14] Danny Marques Marcalo: „Harbour Front Literaturfestival: Eckhart lehnt erneute Einladung ab", NDR online, 10.08.2020.

dem Samthandschuh offene Wunden auf die Haut"[15] und so kann man auch ihre Bühnenshow verstehen. Dabei geht es ihr gerade darum, dass wirklich jeder sein Fett wegkriegt, wozu sie eigens Listen führt, damit auch wirklich kein Klischee vergessen wird.

Dazu folgende Beispiele: „Ich möchte nicht rassistisch klingen, bitte. Es gibt sehr viele Dinge, die ich am Inder besser finde als an anderen Geräten."[16] Oder: „Am meisten enttäuscht es von den Juden, da haben wir immer gegen den Vorwurf gewettert, denen ginge es nur ums Geld, und jetzt plötzlich kommt raus, denen geht's wirklich nicht ums Geld, denen geht's um die Weiber, und deshalb brauchen sie das Geld."[17]

Diese Pointen kriegt die Tugendpolizei in den falschen Hals. So wird nicht nur die Satirikerin selbst für diese Art des Humors angegriffen, auch ihr Publikum wird gleich mit diffamiert. „Diese Grenzverletzungen fördern keinerlei Erkenntnis" schreibt die Zeit, „demaskieren weder Macht noch kulturelle Vorurteile, reproduzieren sie vielmehr. Komisch finden kann das nur ein verklemmtes Publikum, das denkt: Hihi, darüber macht man doch keine Witze. Dieses verklemmte Publikum gibt es natürlich, und wer gelernt hat, seinen Erfolg in Applaus und Aufmerksamkeit zu messen, findet hier gewiss dankbare Goutanten von Gratismut. Satire darf ja schließlich alles, und also muss sie auch auf den Gräbern der Ermordeten und den Nerven der Lebenden rumtrampeln dürfen."[18]

15 Welty, s. Anm. 4.
16 „Lisa Eckhart Live! Lisa Eckhart", Comedy & Satire im Ersten, YouTube, 20.03.2020.
17 Tom Uhlig: „Antisemitismus aus der WDR-Mediathek", Jüdische Allgemeine online, 30.04.2020.
18 „Sich schön inkorrekt durchamüsieren", 06.05.2020.

Unterstellt wird dem Publikum zum einen, selbst keine Diskriminierungserfahrungen haben zu können und diesen Umstand im Kabarett auszukosten, da es sich hier so schön auf Kosten von Minderheiten „durchamüsieren" kann. Und zum anderen, verklemmt und irgendwie auch dumm zu sein, da es diese Art von Humor unterstütze und unreflektiert alles, was im Bühnenprogramm dargeboten wird, für bare Münze nimmt.

Tugendpolizei

Doch Humor, der es wagt, die Wunden der Vergangenheit zu benennen, ist nicht zwangsläufig schlecht, er hat sogar eine Aufgabe. Er will verkrustete Denkweisen aufbrechen, darstellen, was es bedeuten kann, in einer solchen Art und Weise zu denken. Er will den Ekel, den Schock evozieren, den diese Art von Darstellung hervorbringt. Denn dieser schockierende Stil hat einen besonderen Nutzen. Er spricht an, was keiner zu sagen wagt, aber eben nicht, um diese Denkweise zu fördern, sondern um sie sichtbar zu machen. Es geht darum, sie aus dem Verborgenen zutage zu fördern und sie plakativ vor Augen zu führen. Es wird schwierig, diese Art der Denkweisen aufzubrechen, wenn der einzige Umgang damit darin besteht, alles totzuschweigen und zu verdrängen, was jemals schlimm gewesen ist.

Eine solche Art der Darstellung kennen wir ebenfalls aus der bildenden Kunst. So wird beispielsweise in Sansibar der Zeit des Sklavenhandels mittels eines Denkmals gedacht, das angekettete Sklaven eingesenkt in den Boden darstellt. Bei solchen Skulpturen oder Gemälden wird aber selten der Vorwurf erhoben, dass sie das, was sie darstellen, dadurch fördern würden.

Aber das scheint der Tugendpolizei nicht aufzufallen, da sie sich im Recht sieht, wenn sie Satiriker, die nicht ihrer Konvention folgen, mundtot machen möchte. Dass sie sich mit diesem Vorgehen prinzipiell auf die gleiche Stufe begibt wie andere Extremisten, die mit Gewalt gegen die Satiriker von Charlie Hebdo vorgegangen sind, scheint ebenfalls nicht aufzufallen.

Denn auch radikal-islamische Fanatiker sehen sich durch Humor in ihrem Weltbild angegriffen und verletzt, sie sehen sich im Recht, die Verbreiter dieses Humors sogar tätlich anzugreifen – nicht nur mit Worten. Damit überschreiten sie das mediale Vorgehen der Diffamierung und greifen die körperliche Unversehrtheit der Künstler und deren Verteidiger an.

Mit Samuel Paty musste ein weiterer Mensch durch islamistischen Terror sterben, der sich am Beispiel von Mohammed-Karikaturen des Satire-Magazins Charlie Hebdo für eine umfassende Meinungsfreiheit eingesetzt hatte. Er war in den Augen der radikalen Eiferer zum Feind ihrer Werte geworden und hatte so sein Leben verspielt. Gleichzeitig wurde an ihm ein Exempel statuiert, dass demonstrierte, was mit den Feinden des „wahren Islams" geschehen kann.

Humor muss manchmal wehtun

Wenn Humor aber nur noch das darstellen darf, was in aller Augen rein und keusch ist, wie soll er dann einer seiner grundlegenden Funktionen nachkommen? Denn es scheint in Vergessenheit zu geraten, dass die Aufgabe der Satire nicht nur darin liegt, nach oben zu treten und moralisch einwandfreie Witze zu machen. Meist ist Humor gerade dann am lustigsten, wenn er unter die Gürtellinie zielt. Nicht für jeden natürlich, aber niemand wird gezwungen, sich etwas anzuhören, was ihm nicht passt. Es aber zu verteufeln und verbieten zu wollen, ist der falsche Weg, wenn eine freie Kultur erhalten bleiben soll und man Fanatikern keinen Raum geben will.

Humor sollte *alle* relevanten Themen einer Gesellschaft thematisieren dürfen. Möglichst aus *jeder* Perspektive. Wie gut kann man über ein Thema diskutieren, dessen vielfältige Betrachtungsweisen man nicht kennt? Und der Satiriker kann seine Aufgabe darin sehen, bisher unbeachtete Seiten aufzuzeigen, auch dann, wenn diese Sicht einige schockiert. Auch der Schrecken und das Entsetzen können satirische Mittel sein, die bewusst eingesetzt werden, um beim Publikum auch dort anzusetzen, wo es weh tut.

Da, wo es weh tut, sitzt oft die Seele und auch in der Seele einer Gesellschaft gibt es Wunden und Narben. Es ist verständlich, dass sich manche wünschen, diese Stellen nie wieder zu berühren, da sie mit so viel Schmerz und Leid verbunden sind. Aber wie mit den körperlichen Versehrtheiten so ist es auch mit den seelischen, man tut sich keinen Gefallen, damit, sie einfach zu verdrängen. Und welcher Umgang mit schwierigen Themen ist besser zu ertragen als Humor? Hier kann man Verbundenheit und Trost finden in einer Welt, die immer mehr auseinanderzubrechen droht.

Unbefangener Humor ist ein wichtiger Teil jeder Kultur und jeder Gemeinschaft und sollte gewahrt werden, denn Lachen ist eine unserer wesentlichsten Ausdrucksformen. Lachen führt zu körperlicher Entlastung und ist ebenso Abwehrmechanismus. Außerdem ist es ein wichtiges Mittel des sozialen Miteinanders, da sich durch gemeinsames Lachen ein Gefühl der Verbundenheit und Vertrautheit einstellt.

Wenn wir lachen, gehören wir zusammen, auch wenn es manchmal weh tut.

AUTOREN

ROBERT BENKENS

Robert Benkens ist Gymnasiallehrer für die Fächer Deutsch und Politik-Wirtschaft, Mitautor der Abi-Box Deutsch zum Thema „Journalistische Sprache/Zeitung" und begleitet erste journalistische Gehversuche seiner Schüler auf lfz-ol.de.

DETLEF BRENDEL

Detlef Brendel ist als Wirtschaftspublizist tätig und leitet eine Presseagentur. Er ist Autor des Buches „Schluss mit Essverboten!", in dem er sich u.a. kritisch mit der Bevormundung der Verbraucher beschäftigt.

MICHAEL BROSS

Michael Bross ist Kommunikationsberater für Vereine und Verbände der mittelständischen Wirtschaft.

NICK BUCKLEY

Nick Buckley arbeitet für den gemeinnützigen Verein Mancunian Way in Manchester. Für seine Arbeit mit Obdachlosen erhielt er 2019 den Most Excellent Order of the British Empire (MBE). Das mit ihm geführt Interview ist zuerst im britischen Novo-Partnermagazin Spiked erschienen. Aus dem Englischen übersetzt von Thilo Spahl.

ILKA BÜHNER

Ilka Bühner studierte Geisteswissenschaften und arbeitet als Technische Redakteurin in Köln.

KARIM DABBOUZ

Karim Dabbouz arbeitet als freier Berater für digitales Marketing und Transformation. Er studierte Soziologie und Medieninformatik.

FRANK FUREDI

Prof. Frank Furedi ist britischer Soziologe und Autor. Sein Beitrag erschien zuerst im britischen Novo-Partnermagazin Spiked. Aus dem Englischen übersetzt von Thilo Spahl.

ALEXANDER HORN

Alexander Horn lebt und arbeitet als selbständiger Unternehmensberater in Frankfurt/Main. Er ist Geschäftsführer des Novo Argumente Verlags. 2020 erschien sein Buch „Die Zombiewirtschaft: Warum die Politik Innovation behindert und die Unternehmen in Deutschland zu Wohlstandsbremsen geworden sind".

MICK HUME

Mick Hume ist ein britischer Journalist. Sein Buch „Trigger Warning: Is the Fear of Being Offensive Killing Free Speech?" ist bei Harper Collins erschienen. Sein Beitrag erschien zuerst im britischen Novo-Partnermagazin Spiked. Aus dem Englischen übersetzt von Thilo Spahl.

CARLOS A. GEBAUER

Carlos A. Gebauer arbeitet als Rechtsanwalt und Fachanwalt für Medizinrecht in Düsseldorf, ist zugleich Richter am Anwaltsgerichtshof NRW, Vorstandsmitglied der Friedrich-August-von-Hayek-Gesellschaft und publiziert darüber hinaus regelmäßig puristisch liberale Texte, u.a. als Kolumnist in der Zeitschrift eigentümlich frei. Er bloggt unter „Make love not law".

CHRISTOPH LÖVENICH

Christoph Lövenich ist Novo-Redakteur und wohnt in Bonn.

SEBASTIAN LÜNING

Dr. habil. Sebastian Lüning ist Geowissenschaftler und als offizieller Gutachter an den Berichten des Weltklimarats IPCC beteiligt. Er publiziert regelmäßig in begutachteten Fachmagazinen zum Klimawandel. Auf seinem Youtube-Kanal „Klimaschau" informiert Lüning wöchentlich über Nachrichten zum Klimawandel und zur Energiewende. Zudem ist er Webmaster des Blogs Kalte Sonne (kaltesonne.de). Zuletzt veröffentlichte er zusammen mit Fritz Vahrenholt das Buch „Unerwünschte Wahrheiten: Was Sie über den Klimawandel wissen sollten". Der Beitrag erschien zuerst auf ScienceFiles.

MILOSZ MATUSCHEK

Milosz Matuschek ist Jurist und Publizist. Er ist Autor mehrerer Bücher und war u.a. langjähriger Kolumnist der NZZ. Mit Gunnar Kaiser hat er den „Appell für freie Debattenräume" ins Leben gerufen, der sich gegen Cancel Culture richtet (idweurope.org). Texte von ihm erscheinen derzeit u.a. in seinem eigenen Blog „Freischwebende Intelligenz" (miloszmatuschek.substack.com).

SABINE MERTENS

Sabine Mertens, Jahrgang 1957, qua Geburt von gestern, Rechtslinkshänder, Synästhetiker. Grundsätzlich freundlich, aber bestimmt. Lebt und arbeitet in Hamburg.

MICHAEL VON PROLLIUS

Dr. Michael von Prollius ist Publizist und promovierter Wirtschaftshistoriker. Sein Blog heißt 2076 (www.zwanzigsechsundsiebzig.de).

THILO SPAHL

Thilo Spahl ist Diplom-Psychologe und lebt in Berlin. Er ist freier Wissenschaftsautor, Mitgründer des Freiblickinstituts und Novo-Redakteur. Zuletzt hat er das Buch „Schluss mit der Klimakrise. Problemlösung statt Katastrophenbeschwörung" (Novo Argumente Verlag 2020) herausgegeben.

FRITZ VAHRENHOLT

Prof. Fritz Vahrenholt ist Chemiker. Er war in den 1990er Jahren Umweltsenator (SPD) in Hamburg, danach u.a. Vorstand der Deutschen Shell, Vorstandsvorsitzender der REpower Systems und Vorstandsvorsitzender des RWE-Tochterunternehmens RWE Innogy, außerdem Alleinvorstand der Deutschen Wildtier Stiftung und Honorarprofessor an der Universität Hamburg im Fachbereich Chemie. Er ist Mitbetreiber des Blogs Kalte Sonne (kaltesonne.de). Zuletzt erschien von ihm und Sebastian Lüning das Buch „Unerwünschte Wahrheiten: Was Sie über den Klimawandel wissen sollten". Der Beitrag erschien zuerst auf ScienceFiles.

KARO VOORMANN

Karo Voormann ist ein Pseudonym.

COLIN WRIGHT

Colin Wright ist Managing Editor des Magazins Quillette (quillette.com). Dort ist sein Beitrag zuerst erschienen. Aus dem Englischen übersetzt von Thilo Spahl.

KOLJA ZYDATISS

Kolja Zydatiss ist Novo-Redakteur, gesellschaftspolitischer Sprecher des Vereins Freiblickinstitut und Autor des Buches „Cancel Culture: Demokratie in Gefahr" (Solibro 2021). Er lebt in Berlin.

Unabhängig, unangepasst und unbequem

**Novo – das politische Magazin
in der Tradition von Aufklärung und
Humanismus.**

novo-
argumente.com

Novo Argumente für den Fortschritt